U0107374

乾隆年号下的世界 下

破壁机

历史

下

1736—1795

China
and
the World

孙宇 / 著

新世界出版社
NEW WORLD PRESS

60 税收

　　乾隆三十五年，公元1770年3月5日，英属北美殖民地马萨诸塞首府波士顿，这座万余人口的寂静小城依然没有挣脱严冬的纠缠，冷得要死。

　　当天晚上，与乾隆年号同龄的三十五岁的当地律师约翰·亚当斯待在波士顿南郊的朋友家里，和跟自己合伙开律师事务所的这些朋友们一起畅想着开春之后就开庭的几个案子，估算着能从中赚到多少代理费。

　　亚当斯脸上难得一见的眉飞色舞的模样看上去很有些滑稽。

　　幸好英属北美殖民地不是个看脸的社会，不然亚当斯以其颜值，恐怕就只能去搬砖了。约翰·亚当斯身高不足一米七，这在当地人中算是非常矮了。他肥硕的身板将整个身体的轮廓拉成横向发展。脸庞浑圆，透着红。眉毛本来长得挺漂亮的，修长且清晰，配合着上眼睑的曲线温柔地往下蜿蜒，典型的柳叶弯眉。若是长在一个爱笑的女人的脸上一定很漂亮，不是吗？可惜生在一个不爱笑的，而且还是一个谢顶的男人的脸上，这就寒碜了。

　　总算他还有一双深邃的湛蓝色眼睛，为他的颜值挽留了一些分数。更幸运的是，亚当斯拥有努力与才能，这让人们可以轻易地忽略掉其外貌上的缺憾，从另一个角度给予他肯定。

　　1755年，他从哈佛大学毕业，1758年成为一名律师。辛苦经营到现在，他的律师事务所已是整个马萨诸塞州最好的一家。努力和才华为他带来丰厚的收入，他又精打细算地用这些收入经营起了一个幸福的小家庭。1764年，他与小他十岁的妻子结婚；1767年，他们的长子约翰·昆西·亚当斯出生；而现在，他的第二个孩子已经在妻子的肚子里了。

因此，即便是如此严酷的冬日，也丝毫不影响亚当斯畅想未来的信心。

"砰！"远处传来一声闷响，吓僵了屋子里所有人的笑脸。七年战争依旧历历在目，大家明白，那是枪声。

正当大家面面相觑的时候，传来了第二声、第三声……

法国人打过来了？或者是印第安人？一边想着，约翰·亚当斯一边起身抓起外套，告辞准备回家。且不管是谁因为什么原因放枪，家里的妻儿都需要他立即回去保护。

在一尺深的雪中赶路，就连肌肉男也会感到费劲，何况是亚当斯这样的胖子。但在半道上，当他突然听到波士顿城内传来急促的钟声，亚当斯还是决定尽弃前功，转身往钟声传来的方向前进。

那是城里召唤所有人前去帮忙救火的钟声，那代表着波士顿建城百余年来一直依靠的守望相助、义不容辞。

当亚当斯赶到时，他惊奇地发现，火，并不在城里的哪栋房屋中，而是燃烧在每个人的眼里。

出大事了！

就在刚才，正在例行巡城任务的一个英军小分队突遭一伙波士顿人的放肆骚扰，英军上尉托马斯·普雷斯顿在手足无措之际贸然触动扳机，不料却正好打死带头闹事的一个黑人——克利斯珀斯·阿塔克斯。随后，其他士兵也跟着向如同他们自己一样陷入惊惶的人群连发数枪。

三人当场死于枪下，另有六人受伤。

城里的钟声响了。闻声而来的波士顿人眼见一边是荷枪实弹的英国红衫军，一边是手无寸铁的本地百姓，便想当然地把事故责任垒到了前者身上。他们目睹现场惨状，愤怒地将普雷斯顿一干人包围起来。等亚当斯到来时，人群已然相当庞大。亚当斯不喜欢拥挤，肥胖矮小的身段使他在拥挤的场合中无法保持体面的风度，他只好放弃挤进人群核心的打算，找个不错的位置观察事态发展，时刻准备在大家需要自己的时候发挥作用。

亚当斯睁大他那湛蓝的眼睛，真切地看见窘迫的英军小队已经被蜂拥而至的波士顿人吓破了胆。他们虽然还端着枪，但都刻意把手指放在离扳机较远的位置，生怕不小心又走了火，再打死或打伤某个当地人，而引来怒火将自己吞没。

此刻，他们如昆虫一般惊惶而机械地扫视着围在身边的人群，只要有人脸上露出一丁点儿想冲上前的神色，他们就猛地转过枪筒将其瞄准，恫吓其冷静下来。

除此之外，他们不知道还能怎样做。

此刻，围困着英军的波士顿人群情激奋，要这几个英国兵马上偿命的呼喊声此起彼伏。人人都想严惩这帮混蛋，但没人敢第一个冲上去。人家手上有枪，别的不说，至少第一个冲上去的人肯定非死即伤。于是每个人都只是动口不动手。

除此之外，他们都不知道能怎么做。

双方都不知道该如何前进，也不知道该如何后退。场面虽然热闹非凡，但实质上却僵持无解。看出这一层，激荡的心情已经被来回奔跑消耗殆尽的亚当斯忽然觉得有些好笑。但他不能真的笑出来，那样不好，身边的人会认为那是嘲笑弱势的本地人，缺乏正义感。

对于什么是正义，作为法律从业者的亚当斯有自己的答案。

更多的英军和更多的波士顿人分别得到消息而前来支援。最后，驻扎波士顿的英军全都来了，共两百来号人；波士顿居民也差不多都来了，共一万多人。两年前，这拨英军奉命前来此地驻扎，听说这里的居民才一万多人，心生蔑视，还什么马萨诸塞最大的城市呢，才这个数？

60
税收

355

直到今天，他们才直观地感受到，把这个数的人群全部集中起来是个什么概念。

是个让他们双腿直打哆嗦，不敢动弹的概念。

直到午夜时分，僵局才被打破：波士顿市议会来人了，逮捕了英军小队长托马斯·普雷斯顿上尉及小队成员。驻波士顿英军指挥官达尔瑞普上校迫于压力，没有阻止市议会执法。

"今天晚上就这么着吧，上法庭再说！"他在心里这么打算。根据他掌握的情况，事情的起因是一群当地人莫名其妙地从斜刺里冲出来想要殴打自己的士兵，普雷斯顿开枪还击是一个训练有素的军人的下意识的自卫反应。

密集的人群让开一条路，让议会的人把肇事英军带走了。"今天晚上就这么着吧，上法庭再说！"人们都在心里这么想，想着法律会以人民的名义严惩凶手，不管事情的起因如何，民意不可违！

随后，人群散了，亚当斯也回家了。哄睡为他提心吊胆一整晚的妻儿之后，他仰面躺在床上，双手抱着后脑勺，望着什么都看不见的天花板出神。

为什么会出这样的事？英军为什么要对波士顿人开枪？波士顿人为什么要招惹英军？英军为什么要在波士顿驻扎？……一连串的追问让亚当斯想起近些年的风波不断。

乾隆二十八年，公元1763年，七年战争结束之后，英属北美殖民地与母国之间的关系中的不和谐因素开始成长，并迅速浮出水面。

战胜只是一个结果，虽然是个不错的结果，但也无法代替战争的全部。战胜的英国很快发觉自己和法国一样，因为这场战争而背上了沉重的债务包袱。

英国政府一共欠债一亿四千五百万英镑，每年还有近五十万英镑的财政赤字。如果不开辟一些新的财源，英国政府将被这些利滚利的债务拖下地狱。

一定要止渴！即使饮鸩，也要止渴！当时刚刚登基的英王乔治三世雄心勃勃地要加强自己对国政的控制力，做一位真正的国王，若长期被债务困扰，他的这些想法就只能是一堆空谈。因此他极力催逼政府赶紧拿出解决方案。

1764年，英国行动起来了，时任首相乔治·格伦威尔首先提出了解决方案：加紧倾销英国本土生产的商品。然而，世界市场原先的主要买主欧洲大陆正在舔舐战争伤口，购买力有限，其他地区的市场又尚未打开。

放眼全球，当时能再消化一些英国商品的，只有英国自己的北美殖民地了。于是1764年，英国国会通过了一系列法案，规定一些英国本土产品只能销往北美，北美也必须购买，并且禁止所有的英属北美殖民地自行发行流通纸币，要求它们统一使用英镑。

英国国会认为北美是自家的地盘，想怎样就怎样，并不认为这样做会引发什么大不了的后果。尽管当时北美已有异议，纽约地方议会认为，英国国会此举侵犯了北美的利益，尤其是在北美在国会根本没有代表，没有任何发言权的情况下。

乔治·格伦威尔并不在意这些杂音。针对殖民地"无代表不纳税"的论调，格伦威尔的回应是"实质性代表"论。谁说国会议员只代表选举他的那个地方？国会议员是全国人民的代表！他们（北美殖民地人）毫无疑问属于大不列颠百姓的一部分，并且是重要的一部分，他们也被议会代表。

这是个有意思的说法，人们不是把议会里的议员作为自己的代表，而是"被"议会代表了。

既然如此，现在国会里的每一位议员都可以说是你们北美殖民地的代表。

再说了，别说你们北美没有代表，我们本土新兴的工业城市曼彻斯特、伯明翰等不也在国会里没有本地议员吗？人家都没闹事呢，你这穷山恶水的北美急什么？

第一点是糊弄学生的心灵鸡汤，北美人并不买账。关于第二点，并非曼彻斯特、伯明翰这些城市不被允许选举本地议员进入国会，人家只不过是正忙着挣钱，暂时顾不过来而已。

另外，考虑北美的防务需求，格伦威尔准备在北美长期驻扎一支一万两千人的正规军，而这支军队的开支，他认为应该由北美殖民地来负担。因此，他接着在国会推广他的新搜刮计划——印花税法案。

什么叫印花税？就是在国家颁发给个人或社会团体的各种证件上贴一张印着花纹的小票，不管你觉得那小票上的印花好不好看，你都得出钱买下它，价格在半便士到二十先令不等（当时，一英镑为二十先令，一先令为十二便士），不然就别想领到证件。

这本来只是一个数额较少、几乎没人在意的小税种，况且印花税已在英国本土执行，并没有遇到什么阻碍，所以北美也该如此。

但格伦威尔可能忘了，征税，在英国从来就不是一件小事。本书一开始就提到过，英国君主立宪制度的诞生，就是肇始于十三世纪的那次惊世骇俗的贵族抗税斗争，事后，贵族逼迫英王签订的《大宪章》为英国的君宪制度奠定了基础。此后，征税的权力一直掌握在英国国会手中。

后来，英国在世界范围内赢得了大片殖民地，但国会议员依然全部来自英国本土，殖民地人在国会中没有代表权。根据权利与义务对等的原则，有代表权的地区就有交税的义务；相反，无代表权则不纳税。英属北美殖民地建立以来，英国政府也从来没有动过要在这里收税的念头。

英国本土与北美殖民地之间的关系并不类似于父子关系，而是类似兄弟关系，哥哥的地位略高于弟弟，但哥哥并不会啥事都管着弟弟。长期以来，英属北美殖民地主权在英王，治权在自己，英国并没有管理过北美具体的事务，北美人也过惯了高度自治的生活。这印花税一来，立即被他们解读为暴政的前奏。

殖民地人约翰·迪金森说："有些人觉得英国征收的税额很轻，不会产生什么严重后果，这种想法是一个致命的错误……问题的关键不在于税额的轻重，而在于英国议会是否拥有向殖民地征税的权力。"

所以，这不是钱多钱少的事儿，而是个原则性问题。问题的关键不是邪恶已经以何种形式出现，而是依事物的本质，邪恶可能会以何种形式出现。

1764年底，弗吉尼亚议会公开反对征收印花税，理由是征税没有经过北美人的同意。1765年5月，弗吉尼亚议会开会讨论议员帕特里克·亨利提出的几个应对方案，采纳了其中一些相对温和的手段。但在当地报纸的推波助澜下，在北美社会引起强烈反响的却是亨利的方案中态度强硬的那几条。

其中一项认为弗吉尼亚可以拒绝所有"外来的"附加税，不承认弗吉尼亚拥有这项权利的人就是弗吉尼亚的敌人，哪怕他是弗吉尼亚本地人，也是个甘做英王走狗的"弗奸"。

尤其重要的是，这项主张开始将来自英国议会的法令当作某种"外来"的东西。

格伦威尔对此依旧视若无睹。和多数本土英国人一样，他看不起北美人。他也相信那句笑话："只要有一千个士兵，就能连哄带吓地阉割北美所有的男人。"就你们这么一帮人，老子就不给你们国会代表权，就要收你们的税，怎么着？在国会尚未最终通过印花税法案的情况下，格伦威尔指定的包税人就已经带着印花税票穿越大西洋登陆北美了。

一时间，北美几乎所有的印刷品——不光是国家证件，还包括报纸、日历，甚至扑克牌上都被贴上了印花。这么发展下去，说不定以后擦屁股的草纸上都要贴花了，英属北美殖民地上上下下几乎所有人都被这个印花税给惹毛了。

乾隆三十年，公元1765年8月，波士顿发生抗税暴动，底层平民袭击

60
税收

了印花税包税人的办公室和住宅。暴动风潮很快波及临近的纽约等地。

波士顿毕竟是个小城，阶层虽分明但也联系紧密。整个北美殖民地也都是如此。这里的精英阶层没有那种"秀才造反，十年不成"的毛病，底层的愤怒很快促使地方精英也加快了行动。1765年10月，十三个英属北美殖民地中的九个派出代表来到波士顿开会，集中讨论针对印花税的对策。

这是英属北美殖民地史上的第一次集中会议。这代表了一种趋势，英国殖民当局称之为"危险的趋势"。

英国国会决定强硬回应这种趋势，公元1765年11月，国会正式通过印花税法案。但上下一心的北美人也没有让步，北美的印花税包税人纷纷被迫辞职，贴上了印花税票的所有物品都遭到北美人的抵制。

乾隆三十一年，公元1766年3月，英国国会被迫废除印花税，以让步的方式结束了这次对峙危机。但同时，国会发布了《权利申明法案》，盛气凌人地告诫北美：无论在什么情况下，英国国会都对殖民地有立法权。

这"无论在什么情况下"是指什么情况呢？当然是指无论国会有没有来自北美的代表这一情况。国会自以为这为以后卷土重来留下了余地，实际上这却为以后的危机埋下了伏笔。

"应该就是从那时候起吧，"亚当斯心想，"北美和英国本土的疏离露出水面了。"

亚当斯躺久了，身体觉得僵硬不适，就干脆起床披上外套，擎起灯烛走进他的书房，找出自己1765年时的日记。翻到那年三月，自己潦草的字迹写的是："人们越来越关心自己的自由……更加坚定了捍卫自由的决心……我们的新闻界在怒吼，我们的牧师在疾呼，我们的立法机构在决议，我们的城镇在投票。王室官员个个忧心忡忡，害怕他们的小伎俩被拆穿。"

自1766年消停了一年之后，乾隆三十二年，公元1767年，英国果然卷土重来了。英国专门设立了管理北美事务的内阁大臣，又把加税的手段拿出来。财政大臣汤森提高了纸张、茶叶等商品出口到北美的税额，这称为《汤森税法》。

汤森得意洋洋地自夸说能从北美殖民地这头大笨肥鹅身上扯下一大把羽毛，还不会让它疼得哇哇乱叫。

与之前的印花税不同，《汤森税法》所涉及的商品是北美只能依靠进口的必需品。汤森认为这些商品北美人根本无法抵制，并且在出口的商船起航时即完税，商品到达北美时，税收已经作为成本摊进了商品的价格，短时间内，北美人看不出来到底是怎么回事儿。

为防止北美人用走私的方法对抗汤森税，英国政府还配套地在北美弄了个海事法庭，专门用来对付北美殖民地那些违抗《汤森税法》的走私商，该法庭有权在没有陪审团的情况下做出判决。

陪审团，什么鬼？

陪审团是英国法律体系下的重要制度，陪审团掌握着对被告的定罪权。也就是说，被告是否有罪，法官说了不算，陪审团说了算。法庭审案之初，法官会同控辩双方一起在当地普通群众里选出几位来当陪审员，他们要在全程听完庭审所有的控诉和辩护后闭门开会，裁决被告是否有罪。如果他们一致裁决被告有罪，法官就会依法量刑宣判。注意，这里的一致是绝对意义上的，若陪审团中有一人与他人意见不同，则整个案子要发回重审。

没有陪审团，法官就可定罪，这在英国，已是无法无天的意思了。

正如亚当斯在日记里所言，英国当局的确非常害怕他们从北美人兜里偷钱的小伎俩被拆穿。

1768年，英国逮捕了不与当局合作的波士顿激进名流——在黑白两道都很吃得开的约翰·汉考克，指控其有走私嫌疑而将其送上了没有陪审团的海事法庭。

幸而，英国的独立司法体系源远流长，其制度的完备不是一下子就能被破坏殆尽的。海事法庭虽然废除了陪审团制度，但还有很多能够保

60

税收

障人们自由权利的设置，例如律师制度。

基于任何人在被定罪之前都是无罪的假设，法庭上的原告被告双方是平等的：原告有权举证控诉，被告也有权质证辩护；原告可以请求旁人，一般是律师，代理自己的诉讼，被告自然也有权这样做。

律师制度是西方法律的根本制度之一，它的地位高于只在英国法律体系下流行的陪审团制度，就算是海事法庭，也不得不尊重这一制度。

约翰·汉考克为自己请来的律师不是旁人，正是约翰·亚当斯。两年前的那次诉讼，亚当斯至今想起来，依然为自己感到骄傲。他谢绝了汉考克的代理费，免费为他打这场官司。在法庭上，亚当斯逢山开路，遇水架桥，落落大方地以严密的逻辑将当局的指控及其所谓的证据逐个戳穿。

法庭之外，民众也以自己的方式给两个约翰以支持。他们冲进英国当局的海关衙门，收缴了他们的印信。当局的海关官员吓得跑进停泊在波士顿港口的一艘军舰不敢下来。

亚当斯最终保护汉考克无罪走出法庭。

但看到民众的行动，他却并不感到喜悦；相反，他觉得反感和担忧。这个崇尚理性思考、热爱雅致文化的人看不起没有受过教育的底层民众，对一切形式和程度的暴力都感到反感。同时，他也担忧民众这种冒失的打草惊蛇的做法，会招致英国更加强硬的报复。

果然，英国政府眼见经济、法律等保守疗法不见效，终于决定要下猛药，来硬的了。乾隆三十三年，公元1768年10月，红衫军进驻波士顿，英国政府率先摆出一副随时准备撕破脸打一架的阵仗。

接下来呢？拳头扬起来了，架势摆起来了，真的撕破脸打一架吗？似乎还为时尚早。在英国的绅士文化中，军人的对手只能是军人，波士顿人虽然闹事，但依然是些手无寸铁的百姓，头脑清醒时的英国兵不能拿他们怎么样。

那么，把兵撤回去吗？那岂不是又彻底成了波士顿人的笑料？英国人的这步杀招，出早了。后面该怎么办？英国进退两难。

本杰明·富兰克林当时说："（英军）在这里找不到一场叛乱，反而会激发一场出来。"

除了继续消解当地人对英国的尊重，继续累积北美与英国的矛盾，波士顿驻军无所事事，百无一用。

当然，他们还有个用处，就是充当波士顿人的玩物。毒舌的波士顿人把这些穿着红色军装的兵士们比作当地著名的特色小吃波士顿龙虾，因为英国兵和那种傻大虾一样穿着红色的"外套"。

胆大的波士顿人还把英国兵当作打雪仗的活靶子，他们认为在那令人恶心的红衫上突然抹上一层白，是一件很能带来快乐的事情。要是在雪球里裹上一个石子扔过去，那就更有意思了。

波士顿底层民众负责玩弄英国士兵，波士顿的精英们则负责玩弄英国高层：殖民地各级政商联合一致地进行走私活动，凭借走私得来的商品，北美的日常所需得到了满足；各殖民地还联合起来抵制英国商品。这些做法害得《汤森税法》执行两年以来，收入不过区区六百英镑，仅为原计划收入的百分之零点零零一。

汤森的原计划是到新税征收的第二年，收入达到四十三万英镑。这笔收入原计划是用来供养包括波士顿在内的所有北美殖民地的英国驻军，现在反倒连续几个月发不出军饷。被嘲笑成龙虾的波士顿驻军不光吃不上龙虾，还被迫在不轮岗的时候去城里打点儿零工挣点儿小钱。

波士顿本就是个小城，就业机会不多，驻地英军饥不择食地闯入劳务市场，占据了本地人的生意，压低了劳动力价格。波士顿平民对他们的态度逐渐由一般的嘲弄嫌恶转向敌视对立。

这终于发展为乾隆三十五年，公元1770年3月5日晚九时的恶性冲突事情。当天，英军小队长托马斯·普雷斯顿上尉带着他的七人小队去波士顿市内增援被市民纠缠的一队战友，在解决纠纷的过程中与市民发生了推搡。混乱中，市民克利斯珀斯·阿塔克斯重重地打了英军士兵蒙特

60
税收

哥莫瑞一闷棍，普雷斯顿上尉见状，惊怒交加，手指下意识地扣动了扳机……

天知道普雷斯顿上尉是不是故意开枪的，总之事情已经发生了。

约翰·亚当斯对今晚发生的事情感到十分困惑：钟声的响起、市民的聚集，一切都显得那么恰好和及时，像是经过预演。他认为，"在过去的许多个月中，有些人一直想办法在波士顿的下层民众与士兵之间挑起争吵与格斗，点燃彼此的憎恨。我怀疑今天的事情是有人刻意挑起的……（但实际上，）波士顿人团结起来，要求国王撤走军队，比煽动起目前这种激烈的情绪要好得多。后者只会带来持续不断的民事或刑事诉讼，使得整个镇子纷扰不定。不列颠政府的意图还没有完全显露，我们不知道这样搞，城市是否能得到乡村的支持，马萨诸塞是否能得到其他殖民地的支持"。

"不过，且不管这些，就今天的这起命案来说，此后的一切就交给法律吧。"亚当斯心想，"如果英军想要凭借武力恫吓法庭的话，那时候，作为法律从业者的我决不会袖手旁观。"

夜已深沉。亚当斯仰望星月光辉，心中感慨莫名，难以言表，想要倾述，却无知音。他不知道，大洋彼岸此刻也有个人，同样在面对着星空感慨。多年后，他将写下一句话，将他们此刻的心绪表达得淋漓尽致。

那是个普鲁士人，叫作伊曼纽尔·康德。他说过："有两样东西，人们越是经常持久地对之凝神思索，内心就越是充满常新而日增的惊奇与敬畏。它们即是我头上的星空和我心中的道德律。"

正义

即使前一天睡得很晚，亚当斯依然坚持早起，顶着寒风去自己的律师事务所上班。他隐隐感觉，昨天晚上发生的事情，一定会有自己的份，多半会有人让他出庭为某个受害人向英军索赔。

果然，走到事务所门口，见有人比他来得还早。看那人瑟瑟发抖的样子，想必已在风雪中等候他多时了。亚当斯赶紧将那人请进屋里，为他端茶生火。

波士顿城里，有一半的人亚当斯能叫上名字，另一半也能认个脸熟，而眼前的这个人，亚当斯一点印象都没有。

来人自我介绍叫詹姆斯·福瑞斯特，是驻波士顿英军的随从文官，平时住在城外的军营里，很少到城里来。

亚当斯听闻福瑞斯特的身份，心生防备，赶紧问起他的来意。

福瑞斯特开门见山道："尊敬的亚当斯先生，我此来是为请您出任普雷斯顿上尉的辩护人。"

"谁？"亚当斯惊诧，以为自己听错了。

"普雷斯顿上尉，就是昨天开枪打死波士顿居民的那个军人。"福瑞斯特补充说明。

"为什么找我？"亚当斯有些生气。

"因为没有人愿意为他辩护，开庭的时候他很可能将没有辩护人！"福瑞斯特的理由简单明了。

听见这话，律师亚当斯脸上的怒色瞬时消散，他坐回自己的办公桌前，低头陷入了沉思。福瑞斯特的话旁人听来无关痛痒，甚至会幸灾乐祸，而在一个以法律为信仰的人听来，却正切中要害。

被告怎么能没有辩护人？！

在我们中国人看来，这简直算不上一个问题。尽管今天律师制度早已在中国建立完善，大多数人依然觉得，律师不应该在法庭上去为恶人、敌人说话，依然认为律师是歪曲事实、无事生非、颠倒黑白的讼棍。

很多人认为被告就应该没有辩护人，恶人无权为自己辩护，应该老老实实地遵从法律的判决，该坐牢的坐牢，该死的死。甚至干脆不进行法庭审判，直接把恶人拖到大街上让大家乱棍打死才解恨。

而在1770年的波士顿，大多数民众对于开枪杀人的英国士兵，也是这么认为的。愤怒的民众忘记了英国法律关于无罪推定的原则传统，即任何人在被法庭正式定罪之前，都被假设为无罪。他们断定这些开枪致命的英国军人个个都死有余辜，谁要是为他们辩护，谁就是英国人的狗，是出卖波士顿人民的"波奸"。因此，波士顿几乎所有的律师都不敢接手普雷斯顿的代理业务。

无可奈何的福瑞斯特这才找到亚当斯门上，抱着试一试的心态前来求告。

"亚当斯先生，您知道，按照法律，我们每个人都是拥有自卫权的。当时的情况是克利斯珀斯·阿塔克斯带着人突然近距离袭击普雷斯顿上尉的士兵，士兵开枪完全是下意识的自卫反应……"

"是否如此，我会调查的……"亚当斯还在思考，打断了福瑞斯特的倾诉。

但从这句话，福瑞斯特听出亚当斯其实已经倾向于答应他的请求了。

此刻，亚当斯依然在沉思，他的眼神落在办公室放的一尊小雕像上。那是一尊正义女神塑像，正义女神是西方律师这一行的祖师婆，每个律师事务所里都有这么一尊像。

那女神来自希腊神话，名唤忒弥斯，有着和其他希腊神明一样的健美身姿和端庄神态。尽管如此，她的塑像依然辨识度极高，因为她总是一手持剑，一手持天平。

最重要的是，她的眼前总是蒙着一块布。你看不见她的眼睛，当然，她也看不见你，看不见你想给她看的一切，不管你是在她面前号啕大哭，还是在她面前趾高气扬。

正义女神居然看不见，那还谈何正义，这不瞎扯吗？但亚当斯知道，真正的正义，恰恰就是从这里谈起的。

正义，并不一定要靠杀富济贫的侠义来实现，但一定得靠独立于一切情感之外的理智来实现。

在定夺自己是否要接受福瑞斯特的邀请，出庭为"敌人"辩护时，亚当斯的思考贯穿了整个西方法律的发展历史。

以商业为基础的西方文明要求人们具有独立自主的品质。自然哲学的教化将独立自主的意识在人们内心奠基，而人与人之间的平等则是独立自主显现于现实之中的外在条件。

平等，从古到今都是一个迂阔空泛的口号。在人类的众多宏远理想中，平等恐怕是最难实现的一个。人与人之间到底哪点儿能平等？从颜值高低到财富多寡，从君尊臣卑到夫唱妇随，平等在哪里呢？的确，如果没有法律，平等不仅迂阔空泛，还会变得软弱无力。

公元前449年，古罗马共和国颁布《十二铜表法》，是为欧洲法治的肇始。时过境迁，其具体内容已经意义不大。促使亚当斯在两千多年后想起《十二铜表法》的，是其为了保护私有财产而确立的自由民在私法范围平等的法治。后来，随着罗马帝国一起兴盛起来的罗马法，将这个原则阐述为"任何权力都不得凌驾于法律之上"。

这一不允许任何人有超越法律的特权的原则，也就是我们如今熟知的"法律面前，人人平等"。

两千多年来，法律面前人人平等的原则几经成败浮沉，终于薪火相传，照亮了亚当斯此刻的思绪。

法律从来都无意于促使人人平等，那是一个过于宏大的任务。法律能做的是守住平等的底线，让那些被迫来到它的面前、寻求正义裁决的人们拥有相互平等的地位，哪怕控辩双方是国王与乞丐。

平等的理想因其内容过多、变化过快而显得大而无当。法律要追求平等，就要在其无数内容中标定一个可执行的稳定的标准，否则平等又将沦为空谈。

法律意义上的平等，专指人格平等。

什么是人格？我们常听打架的人说动手的原因是别人侮辱他的人格，这句话里的人格其实只是充当反身代词"自己"；也常听骗子们说以他的人格担保，这里的人格一般是指他那其实并不存在的良心。这些都不是人格的原意，更不是法律意义上的人格。

在法律上，人格是指权利能力，是指某人所具有的成为权利的载体的能力。法律上的人人平等，就是人格平等，就是权利能力的平等。通俗地说，即我拥有的权利，对方同样拥有；我能做的事，对方也能做；我没有的权利，对方同样没有；我不能做的事，对方也不能做。

权利能力的平等，以一种高度抽象的方式排除了其他生拉硬拽的平等，控辩双方不需要在法庭上耀武扬威，也不需要一把鼻涕一把泪地哭诉。这些都与法律无关，控辩双方要做的只是好好讲道理。

这就是正义女神不睁开眼的原因。她不需要看，人类的面部写满了虚伪，那没什么好看的；她只需要倾听，然后思考决断。

唯有如此，才能法律面前，人人平等。有了平等，作为信仰的法律才有尊严，作为工具的法律也才有作用。

对于法律而言，这种平等绝非可有可无的，而是不可或缺的，必须在每个个案中将这种平等落实。

368

所以，英军枪杀平民一案，被告也不能没有辩护人。在亚当斯心中，法律的大堤上容不得任何一处蚁穴。

亚当斯站起来，抻了抻身子，踱到窗边。福瑞斯特探看他表情轻松，知道这事已经十拿九稳。

窗外的街道已在不知不觉间躁动起来，无数张阴沉的脸正在汇集，一个、两个，然后三五成群，然后七嘴八舌，最后万人空巷了。

亚当斯听见他们愤怒地说，今天凌晨有两个被枪击的伤者在医院不治身亡了，这样一来，昨晚枪击事件的死者就上升为五人了。人们正准备去市议会门口请愿，要求法庭重判凶手，让民众满意。

福瑞斯特也听到了。他回过头来看亚当斯，见他再次蹙紧的眉头，知道他可能要重新考虑自己的请求了。

窗外的人群突然沸腾，爆发出刺耳的欢呼声。亚当斯赶紧一看，原来是人群中有人点燃了一面英国国旗，燃烧的旗被人在空中挥舞了一阵，烧尽后又被拽到地上，踏进了泥水里。

"何必如此？"亚当斯对此嗤之以鼻。他觉得用这种羞辱式的手段对待对手，其实也是在羞辱自己。而当他看见辱旗的人们咬着牙齿、自鸣得意地大笑着的表情，他的心中升腾起一种莫名的恐惧。

知识给人力量，愚昧同样能给人力量，往往还是一种更加强大的破坏力。眼下，因愤怒而自贬智慧的波士顿人已经走到了愚昧的边缘，随时都有可能爆发出这种破坏力。

如果自己在这个时候站到他们的对立面去，定遭千夫所指。那样会不会有什么危险？暴怒的民众会不会威胁自己的生命安全？威胁自己家人的生命安全？

亚当斯看着福瑞斯特，几次想出言谢绝他的请求，但几次都没说出口。他就那么看着福瑞斯特，就好像是在看着普雷斯顿本人，又好像是在看着自己。

人生充满未知，没有什么不可能。如果是自己像普雷斯顿那样突然

61

正义

被别人袭击，该怎么办呢？我难道要先问问袭击者是不是故意要打死自己，然后才能行使自卫权？我是否要先问问袭击者自己自卫时打他身上哪个地方不会致命，然后才能行使自卫权？

当然不行。

亚当斯想起自己曾经手的一些类似案例：在自卫的前提下致人伤亡，属于防卫过当，其刑罚远较故意杀人罪的刑罚为轻。何况关于军人的自卫权，英国法律中还有专门的另行规定。

"De similibus idem est judicium." 亚当斯自言自语了一句拉丁文。那是早年间学习法律时就熟记于心的一个法律格言，意思是：应当对类似事件做出相同裁判。

亚当斯的思考终于洞穿了这起事件中当事双方的身份明显对立这个十分刺眼的干扰因素，清楚地认识到在法律意义上，这就是个防卫过当的罪名适用问题。对于法律而言，其他都是扯犊子。

想到这里，亚当斯向桌上的正义女神像投去了景仰的目光。

再回过头看窗外，刚刚聚集的人群已经离开，前往市议会请愿去了，窗外留下一片狼藉：雪泥混杂的污水、随风狂舞的灰烬、乱七八糟的脚印坑。

亚当斯厌恶这种混乱无序的场面。法律应该被所有人信仰，不然将形同虚设。一旦法律形同虚设，或者说制造混乱的人绑架了法律，那么整个社会都会变得如同眼前一般肮脏。

法律不能刻意奉迎，不论是君权还是民意。一旦那样做了，法律将失去其独立性，那就会是法律的末日。而法律的末日，就是暴政的起始。暴政有很多种，有独裁的个人暴政，有贵族垄断的少数人暴政，也有一哄而上的多数人暴政。

法律为这三种暴政分别提供了药方：用法治对抗个人暴政，用民主对抗少数人暴政，用个人权利与自由对抗多数人暴政。

那么，现在我该做的就是帮助普雷斯顿用他的权利对抗多数人的暴政，制止多数人妄图凭借声势绑架法律。

想到这里，亚当斯胸中豪气顿生，正所谓"道之所在，虽千万人吾往矣"。亚当斯朗声对福瑞斯特说道："如果上尉认为没有我出庭，就无法得到公正的审理，那么，我接受此案。"

法庭上，事件的真相澄清了：当晚，几个波士顿人突然蹿出，叫嚷着"打死他们"，并向英军抛掷雪球，其间有尖锐的冰块、石块。在已有英军受伤的情况下，上尉普雷斯顿开枪还击。

根据英国法律，亚当斯的辩护意见认为：如果军人在执行任务时开枪还击一个对他进行羞辱并攻击的人，是正当的；而致人死亡，实际上是这个正当行为的偶然后果，当事者应当从轻发落。

面对法庭上旁听群众对他的辱骂，亚当斯控制好情绪，平静地回应他们："法律一方面对被告的乞求与哀叫无动于衷，另一方面对公众的叫嚷不理不睬……它永远只是理智的。"

意识到自己文绉绉的话大家不懂，他又补充说："自卫的权利，是捍卫自由和私有财产的基础。如果英国士兵的自卫不被认可，那么我们就自行切除了自由和私有财产的基础。"

愤怒的群众依然不理会，亚当斯也不再辩解，他的眼神转向法官，他相信同是法律从业人员的法官理解他的话。

果然，最后陪审团裁定包括普雷斯顿在内的六名英军无罪，法官将其当庭释放，另有两人被裁定为防卫过当。

亚当斯胜利了。虽然在此后的很长一段时间，他都在遭受波士顿人的说三道四、指指点点，他的律师事务所也很久没接到什么案子，他也坦然接受，毕竟比起预想中自己和家人的生命受到威胁，这样的结果还算好的呢。

法律要成为北美殖民地的信仰，尚需要时间。亚当斯感到自豪的是，他这次的决定让这一时间缩短了不少。

多年后，法国人托克维尔到访已经独立为美利坚合众国的北美殖民

61

正义

地。经过认真的观察与思索，他说："在美国，所有重要的问题都会转化为法律问题。"

约翰·亚当斯以后成了这个国家的第二任总统。

波士顿惨案发生整整三年之后，约翰·亚当斯在日记中这样写道："我为普雷斯顿和士兵们进行辩护，所收获的是自身的忧虑和他人的责难。然而，这是我毕生最英勇、最无私、最慷慨和最公正的行动之一，这也是我为我的国家所做过的最好的事情之一……但是，本城将那夜发生的事情称为一场屠杀不是没有道理的，无罪判决也不能用来支持总督和大臣们的作为，正是他们将军队派到这里。发生的事情恰恰最能证明一支常备军会带来什么样的危险。"

62 新生

乾隆三十五年，公元1770年的西欧，国际关系异常平静，英法两国各有各的麻烦，暂时无暇为难对方。

那年5月，善于粉饰太平的法国王室用为皇太孙完婚的方式大办庆典，做出一副与民同乐的样子，让法国看起来又像是回到了"太阳王"路易十四治下的巅峰时代。

法国皇室的新娘正值豆蔻年华，来自奥地利，乃是奥地利女王特蕾莎的掌上明珠，叫作玛丽·安托瓦内特。人们都说这位公主和她母亲年轻时的模样很像，美极了。

这位公主在七岁那年，在维也纳的皇宫里和母亲一起欣赏一位叫莫扎特的六岁音乐神童的表演。可能是因为紧张，那个小弟弟在表演前跌了一跤，公主赶紧上前把他扶起来。莫扎特小弟弟顿时被公主的美丽和善良摄住了心魄，居然忘记了紧张，向在场的所有人说希望在自己未来的婚礼上亲亲公主的嘴。

特蕾莎女王被莫扎特小弟弟的天真给逗乐了，谁能在自己的婚礼上亲吻不是自己新娘的人的嘴巴呢？但也不过笑笑而已，公主只会嫁给王子，而非音乐家。

结婚那年，法国的皇太孙十六岁。他的父亲在他十一岁时就死了，于是他的爷爷、法王路易十五把他立为王储。他将在未来成为新的法王，按照波旁王朝的惯例，他的名号将是"路易十六"。

5月16日，在巴黎为王储新婚而举行的焰火晚会发生了意外，焰火引发了巨大火灾，导致132人丧生。

路易十五心感不祥。

8月27日，德意志符腾堡公国首都斯图加特，一位神父正在一个普通公务员的家里，为其新生的婴儿施洗，并为婴儿命名。

"格奥尔格·威廉·弗里德里希。"神父一边说出几个早就被用滥了的普通德意志男孩的名字，一边做出一副煞有介事的表情，好像这几个名字真的是上帝所赐。

"孩子姓什么？"神父忘了。

"黑格尔。"在一边儿站着的紧张虔诚的父亲回答道。

"好，这孩子就叫格奥尔格·威廉·弗里德里希·黑格尔。"

伟大的哲学家黑格尔诞生了。

12月16日，另一位神父用同样用滥了的名字，同样煞有介事地为另一位男婴命名为"路德维希"。

那个婴儿姓贝多芬。

东欧这边，俄国很忙，女皇叶卡捷琳娜正在与世仇奥斯曼土耳其争夺黑海地区。在高喊"乌拉"向前冲锋的俄国军阵里，有一支东方人面孔、穿着打扮明显不同的沉默骑兵。他们并不跟疯癫的俄罗斯军人一起大声吼叫，只是安静冷血地完成着叶卡捷琳娜女皇交给他们的任务，放箭、冲锋、接敌、砍杀……

这支军队的首领叫渥巴锡，漠西蒙古土尔扈特部大汗。

63 出走

乾隆三十五年，公元1770年秋，高加索山脉，俄土两军对阵的战场。

张弓，搭箭，左手虎口推开弓把，右手拇指扣住弓弦，左臂前挺如托泰山，右臂回揽如抱婴孩，箭羽拉至唇边，弓弦停在耳畔，凝神定睛，撒手出箭。这是草原人代代相传的箭术，冒顿单于是这般射箭，成吉思汗也是这般。

渥巴锡也是这般。

不过，不知道怎么回事，平时箭无虚发的渥巴锡今天一箭也没有射中靶心。

心乱了，就连射箭这种蒙古人的本能之事，也做不好了。渥巴锡不断地微调自己的姿势，可直到最后他两臂酸麻手发抖，不得不恼怒地扔掉长弓，他也还是没射中一发。

"你们这些矮矬子蒙古人，骑着跟兔子一般大小的马，挽着玩具似的弓。对，玩具！就是玩具！弓箭现在已经只是小孩的玩具了。你以为现在还是十三世纪？你以为你是成吉思汗？"俄国将领麦德姆傲慢的当面羞辱之辞一直在渥巴锡的耳边回荡。

两年前，土尔扈特部大汗渥巴锡被迫接受了俄国女皇叶卡捷琳娜的征兵令，集合所有壮年男子共一万余人南征高加索，与俄国军队一起对阵奥斯曼土耳其帝国。

只要战事稍有不顺，同行的俄将麦德姆就要灌几瓶伏特加。只要灌了伏特加，麦德姆就要拿渥巴锡撒气。

俄国军队里看不起土尔扈特的人很多，麦德姆只是其中的一个。俄国人看不起有关土尔扈特人的一切，包括他们的外貌、衣着、语言、风俗，甚至信仰。

"我说渥巴锡，"麦德姆尖酸刻薄的嗓音又在渥巴锡的脑海里回响，"你和你的那些个族人能不能不要再信你们那个什么喇嘛教了，好不好？那喇嘛教跟巫术有啥区别……"

今天下午，渥巴锡听到麦德姆说出这般疯话时，气得满脸通红，怒目圆睁，才勉强逼停麦德姆的那张疯嘴。但接下去，渥巴锡还能做什么呢？瞪了麦德姆一会儿，他也只能忍气吞声，拂袖而去。他无法捍卫自己和民族的尊严，尽管他是土尔扈特部的汗王。

"你们看这个蒙古人，费那么大劲儿把眼睛瞪大，结果也还是只有那么一丁点儿大。"麦德姆把右手的拇指和食指指尖捏在一起，做出一个表示渺小的手势，然后放肆地笑着。他身边的俄国人也都那么放肆地笑着。这笑像箭簇一般，射痛了已经走出老远的渥巴锡。

胡乱射了一通箭之后，渥巴锡回到大帐里，叫来传令官，命令所率军队立即拔营起寨。

"去哪儿，大汗？"传令官问他。

"回去，回伏尔加河。"渥巴锡咬牙切齿地回答。

伏尔加河是土尔扈特人现在的家。土尔扈特人是漠西厄鲁特蒙古四部之一，其余三部是准噶尔、和硕特、杜尔伯特。公元1628年，明崇祯元年，土尔扈特部与强势崛起的准噶尔部不和，被迫向西迁移。

穿过哈萨克荒原，土尔扈特人见到了里海，一片无愧于海之名的辽阔湖泊。在里海北岸，由东到西一路走来，土尔扈特人先后看到恩巴河、乌拉尔河、伏尔加河汇入里海，也看到了这三条大河恩赐给他们的丰美草原。

或者说是暂借给他们。

土尔扈特人来到伏尔加河畔时，当地的原住民还都不是他们的对手，俄罗斯人对这里还不感兴趣。

"阿玉奇汗的时候，俄罗斯人恐怕不敢如此羞辱我们吧……"望着秋夜的满天朗星，渥巴锡心酸地追忆起传说中的美好时光。

阿玉奇是渥巴锡的曾祖父，是土尔扈特人来到伏尔加河后的第四任大汗。从阿玉奇于公元1672年继任，到他在公元1724年逝世，这五十多年间，土尔扈特部在他的带领下走向鼎盛。那时候，土尔扈特的牧场向西拓展到顿河流域，直抵黑海。无论是北边的俄罗斯，还是南边的土耳其，都不敢小觑这支远道而来的蒙古人。

就连远在北京的康熙帝也注意到了土尔扈特的兴盛。公元1712年，康熙五十一年，康熙帝派大臣图里琛千里迢迢而来，试图拉拢他们夹击与清王朝对峙的准噶尔。阿玉奇礼貌地回绝了康熙帝。伏尔加河岁月静好，土尔扈特人不想再回到蒙古高原那个是非之地。

土尔扈特的光芒，就连远方的清王朝都能看得到，近在眼前的俄罗斯又怎会眼瞎？与阿玉奇同时代的俄国沙皇是彼得一世。从他开始，俄罗斯走向强盛。

渥巴锡从来没有见识过曾祖阿玉奇时代的繁盛。他生得晚了，乾隆八年，公元1743年，渥巴锡出世时，阿玉奇早已作古。那个时代的光辉早已不在，土尔扈特部已在阿玉奇汗逝世后的内讧中挣扎了多年。

内讧，蒙古人的专长。

乾隆二十六年，公元1761年，漫长的内讧终于尘埃落定，时年十八岁的渥巴锡成为土尔扈特部西迁后的第八代汗王。此时，他眼中所见的伏尔加河，已经不再是当年张开怀抱迎接飘零远客时的温柔模样，里海北岸的大平原也逐渐变得面目狰狞，找不到往日的慈祥了。

在西方人的记述中，常常将土尔扈特人称为"卡尔梅克人"，将渥巴锡的先人们在伏尔加河流域开拓的这片牧场称为"卡尔梅克汗国"。

而实际上，土尔扈特人从来没有在那里建立过一个什么"国"。

一个国，必须要有相对稳定的疆域。所谓疆域，则必然具有排他性，必须对外国人实施有条件或无条件的封闭。而在从恩巴河到伏尔加河的土尔扈特游牧区，却并没有这样的封闭排他的地界。土尔扈特人没有疆域的概念，只有活动范围的认识，只要土尔扈特人认为不对其构成威胁，什么人都可以进入其活动范围。

土尔扈特不在乎疆域这种名分，可俄罗斯人很在乎，他们早就单方面地把土尔扈特的牧场划进了他们的版图。越来越多的俄罗斯人向伏尔加河迁徙，他们开始在土尔扈特的牧场上开辟农田，建立城镇。彼得一世改革之后，俄国国力渐强，沙皇在伏尔加河也逐渐有了话语权。

俄国用温水煮青蛙的办法，不动声色地将大量农业人口迁入伏尔加河草原。等土尔扈特人发觉自己和俄罗斯农民之间的冲突愈发频繁之时，也就是阿玉奇汗逝世以后的那段时间里，土尔扈特的牧场已经大面积萎缩，牲畜产量也大幅减少，游牧经济已被挤压到崩溃的边缘。

乾隆三十年，公元1765年，渥巴锡向俄国当局提出抗议："如果俄国移民继续增长，卡尔梅克人的畜牧业将不可避免地由于饲料不足而崩溃。"

然而，叶卡捷琳娜女皇给他的回应，却是颁布了《国有土地出售法案》，规定俄国地主可以出钱购买国有土地，条件是地主必须带着他的农奴一起迁到所购得的土地上居住。

所谓的"国有土地"，自然包括土尔扈特人游牧的伏尔加河。俄国就此跟土尔扈特摊牌：我想要的就是你的土地。

这就把土尔扈特人逼入了绝境。

土尔扈特人在历史上，从未将对手逼入过绝境，也没有被对手逼入绝境过。虽然掠夺是他们的生活方式之一，但他们懂得适可而止。譬如三百多年前，他们还被叫作瓦剌人时，曾经俘虏了明朝皇帝，兵临北京城下，虽然明王朝的救星于谦给他们带来了一些挫折，但复兴蒙元王朝的机会依然存在，然而他们却选择了适可而止。

对手擅长制造他们生活所需的茶叶、丝绸、瓷器、铁器，等等。如果真的消灭了对手，制造这些东西的业务就得他们自己去管理，那样成本太高，还不如等对手造好了自己去拿，不管是通过交易还是掠夺。

所以，土尔扈特人不会置对手于死地。

一百多年来，土尔扈特对待俄国，就像当年在东方对待中原王朝一般时战时和。打起来的时候，土尔扈特可以残忍地把俄罗斯的一整座城市杀得鸡犬不留；不打的时候，土尔扈特也可以恭顺地亲吻沙皇的脚尖，向他称臣。土尔扈特从未想过要征服俄罗斯，也从来没有真心臣服于俄罗斯。

然而，这一策略成功的必要条件之一，就是对方也不会将自己逼入绝境，没有彻底消灭自己的企图。正如东方的中原王朝，要的只是边境安定，无意也无力扫平草原。

但现在的俄国不同，罗曼诺夫皇室对领土有着永无休止的欲望，为了实现这个欲望，他们有持久稳定、心狠手辣的战略构想，也有无数野心勃勃的冒险家付诸实践。到渥巴锡所处的十八世纪下半叶，俄国的势力所及早已穷尽了亚洲北部，跨过了白令海峡登上了新大陆，又怎会继续忍耐土尔扈特人在距离彼得堡并不遥远的伏尔加河下游悠然放牧？

通过多年的移民，俄国已经成功地在里海草原开拓了农业，压缩了游牧，釜底抽薪地破坏了土尔扈特赖以生存的经济基础。蒙古人以游牧为生，除了牛羊身上所产的皮、肉、奶，别无他物。生活中的各种必须之物，蒙古人要么以畜牧所产与他人交换，要么上马拉弓从别人手中抢夺。

游牧经济是蒙古人的一切。游牧兴盛，蒙古人就能战能和，进退自如；游牧衰颓，蒙古人就会百业萧条，任人摆布。

现如今，土尔扈特已经打不过俄罗斯，畜牧产出的下滑又让他们能从市场上换回的物资越来越少。土尔扈特的经济由此陷入恶性循环，光景一年不如一年，不得不依靠为俄罗斯充当雇佣军获得的报酬来维持生计。俄罗斯见多年经营即将瓜熟蒂落，也顺势加紧了对土尔扈特人的逼迫。

这次俄土战争，叶卡捷琳娜女皇又要土尔扈特出兵助战。渥巴锡借口人员不足推脱，不想叶卡捷琳娜竟然准确地说出了精确到个位数的土尔扈特部的人口数字：共计四万一千五百二十三帐！每帐出兵一人，就能有四万大军，怎么可能人员不足？

直到两年后的今天，渥巴锡依然记得自己收到女皇答复时心乱如麻。在这种复杂的心绪里，先是有一份惊愕，自己多年来从没细数过土尔扈特人共有多少，不想俄罗斯人竟然知道得这么清楚。想到这一层，渥巴锡又顿感背心发凉，原来俄国对自己的窥视如此用心。

这又让渥巴锡感到愤怒。现在我土尔扈特人只剩下四万余帐，不都是拜你俄罗斯人所赐吗？要知道，五十多年前，曾祖阿玉奇在位时，我土尔扈特人有整整七万帐！

想到这些，渥巴锡又想起今天在麦德姆那里所遭受到的屈辱。愤怒为他今天决定撤军脱离战场提供了充分的理由，使他有胆气面对这个行动将会带来的一切后果。

接下来，俄国必会前来报复……

回到伏尔加河的牧场，渥巴锡径直去找大喇嘛洛桑丹增。

"大汗！您怎么回来了？"洛桑丹增惊讶地问。

渥巴锡看了洛桑丹增一眼，欲言又止，他不想把那些难堪的事情复述一遍。

但不用渥巴锡多说，洛桑丹增想想也就猜到了大概发生了什么事。渥巴锡的遭遇，洛桑丹增同样经历过。作为土尔扈特人的精神领袖，洛桑丹增长时间目睹俄国人对藏传佛教的各种歧视与羞辱。他们还强行推行东正教，他们经常拿枪指着土尔扈特人，要他们学神父在胸前画十字。

藏传佛教的信仰和伏尔加河的牧场一样，萎缩到了岌岌可危的地步，洛桑丹增心急如焚。

"那么，大汗，接下来，真的要走那一步了吗？"洛桑丹增问道。

"恐怕是时候了。俄土战争大局已定，俄国即将赢得胜利，他们很快就会回来报复我们，再不走，就走不了咯。对了，达赖喇嘛那边回话了吗？我们的计划正确吗？"渥巴锡回答。他计划带领土尔扈特人离开伏尔加河，转移牧场。

"您在高加索的时候，达赖喇嘛的回信到了。他说今年就是行动的最佳时机。"洛桑丹增说。

如今的世界早已不像百年前那般空旷无垠，任由蒙古人驰骋翱翔。草原已经拥挤不堪，周围到处都是俄罗斯农民，他们不会允许土尔扈特人四处迁徙。

因此，洛桑丹增才佩服渥巴锡的思维。这是一种超越时空局限的思维，他计划中的转场目的地，是万里之外的额尔齐斯河上游，百年之前土尔扈特的先人们最初的牧场。

"看来，我们的计划符合佛祖的旨意……"渥巴锡感到心中有底，信心满满，又说，"舍楞呢？去把舍楞叫来，我再问问他。"

舍楞是个准噶尔人，当年曾经追随阿睦尔撒纳和清王朝军队作战，战败后被乾隆帝点名追缉，逃到土尔扈特避难，跟渥巴锡讲过很多有关准噶尔故地，也就是现在清王朝的属地新疆的情况。

土尔扈特人离开之后，他们曾经的牧场被准噶尔人占据过，而现在又已纳入了大清王朝。

舍楞来了。

渥巴锡问他："你以前说过，准噶尔人已经被博格德汗（指乾隆皇帝）全部杀光了，那么现在准噶尔故地上住的都是些什么人？"

舍楞心中有些失望。若是渥巴锡早几年问起这事，他就能回答说准噶尔故地十分空虚，正是杀回伊犁为故主报仇，也为新主立功的大好时机。

381

而现在，舍楞只能说："大汗，博格德汗屠杀准噶尔之后，留下了万余人的驻军，又迁了一些内地和回部平民过来。如今准噶尔故地已经充实起来。我们再不回去，天山南北的草场就没有空地了。"

渥巴锡知道舍楞一直想利用自己为故国复仇，他对此不感兴趣，但也没有明确表态拒绝。因为要想迁回祖先的牧场，还得靠他带路。

迁回祖先的牧场，是渥巴锡为岌岌可危的土尔扈特部找到的唯一出路。

祖先的牧场在天山北麓。

渥巴锡撇开舍楞，转头小声问洛桑丹增："那么，我们可以赶快行动起来了。您说要不要先跟博格德汗打个招呼，看看他的态度？"

洛桑丹增刚要回答，却突然停下了，用手指了指帐篷。渥巴锡顺势望去，只见闪烁昏暗的烛光映出帐外一个鬼鬼祟祟的人影。

"呃……那个……舍楞啊，冬季牧草的长势如何啊？"渥巴锡岔开话题。舍楞会意，也故意大声地回答渥巴锡的问题。三人不能再谈有意义的话题了，忐忑不安地闲聊一番后便各自回帐去。

第二天一早。

"可汗！"这是俄国驻土尔扈特大使基申斯科夫的喊叫，他大摇大摆地来了。他跟渥巴锡打招呼时从来直呼其名，要是他突然尊称渥巴锡为可汗，那么一定是嘲弄渥巴锡的时候到了。

基申斯科夫见面就劈头盖脸地质问渥巴锡："我昨晚就知道你从前线临阵脱逃回来了。这事女皇陛下自然会跟你讨论，我且不管。不过，我倒是又听说你想带着土尔扈特人离开伏尔加河逃跑？"

"我们蒙古人本就四处游牧，该来就来，该走就走，哪来逃跑一说？"渥巴锡回答。

"你知道我说的是什么意思。"基申斯科夫傲慢地回应道，"你不敢这么干！我对那些谣言只是付之一笑。可汗，你很清楚，因为你是一头用铁链锁住的熊！"

"是的！"听到基申斯科夫这么说，渥巴锡忽然高兴起来，"你说的是，我就是一头被女皇陛下的铁链锁住的熊，为女皇陛下拾捡猎物，也期待着女皇陛下的恩赐。"渥巴锡看出基申斯科夫因为鄙视自己而低估自己，眼下这是件好事。

"好吧，你就在这里等着女皇的恩赐吧。因为你临阵脱逃，我相信这次她肯定会好好地爱你一回的。"基申斯科夫走了。

"按原计划进行！"望着基申斯科夫大摇大摆的背影，渥巴锡对洛桑丹增和舍楞说。

公元1770年的冬季，对渥巴锡来说是一场漫长的煎熬。那个冬天不够冷，伏尔加河上的冰一直没结起来，对岸的那一万多帐的部众也就一直没能全部过来会合。

这怎么走得了？渥巴锡心急如焚。达赖喇嘛不是说今年是最佳时机吗？这就是最佳了？

基申斯科夫再傻，也开始感受到每个土尔扈特人看到他时眼中的慌张。看着他们日复一日地忙里忙外地收拾东西，基申斯科夫心里犯嘀咕了："弄得这么彻底，这是要干什么？"

俄国军队开始在土尔扈特人的周围聚集。

"这就是最佳时机？"渥巴锡指着驻扎在东方去路上的俄国哥萨克雇佣军，质问洛桑丹增。

"可能……以后比这还差。"洛桑丹增回答。

渥巴锡沉吟了半响，转过头来，指着哥萨克的营盘问舍楞："你干得过他们吗？"

"没问题！"舍楞回答。

"那就……走！"渥巴锡咬牙说道。

乾隆三十五年，公元1771年1月4日凌晨，渥巴锡带着伏尔加河南岸的三万帐十七万土尔扈特人向东方祖先的牧场进发。土尔扈特的儿子们都是战士，一部分跟随舍楞冲破了哥萨克人的阻击，渥巴锡率领另一部

383

分殿后，对付俄国追兵。土尔扈特的女儿们则扶老携幼，驱赶着牛羊，走在男人们用血肉撑起的安全地带里。

渥巴锡走在最后，愧疚地望着伏尔加河北岸那一万多顶还在沉睡的蒙古包，他也想起正在彼得堡做人质的长子，心中无限酸楚。他多次命令自己赶快转身离开，他怕自己再多看一眼就会不堪忍受，会命令所有人停下脚步，放弃这个余下的时光里最好的时机。

渥巴锡垂下头，瞥见马头前的一束苇蒿。他跳下马，拔出小刀，斩下一支苇蒿，熟练地在那草秆上削出几个小洞来，再放到嘴边吹了吹。

声音正好，渥巴锡兀自对着对岸吹了一曲。

这是楚吾尔，土尔扈特人特有的一种草笛，音色悠扬，听来如酒穿肠。

一曲作罢，他终于调转马头，走了。

伏尔加河，我以后该怎样想起你？土尔扈特的历史以后该怎样说起你？

舍楞的先头部队很快驱散了在前方挡道的哥萨克人。八天后，渥巴锡渡过乌拉尔河，顺着漫天风雪，进入哈萨克地界。

叶卡捷琳娜女皇得知渥巴锡率部出走，大为震怒。俄罗斯国内民族众多，她不能让土尔扈特人给其他民族提供一个在俄罗斯国土上轻松来去的范例。于是，她勒令哈萨克草原各部出兵缠住渥巴锡，等待大规模追兵到来，将土尔扈特人围歼。

乾隆三十六年，公元1771年的春季，哈萨克阿布赉汗在姆莫塔湖见到了土尔扈特人。这群刚刚走出数千里风雪荒原的蒙古人，已经与哥萨克骑兵交战数次，虽侥幸得脱，但也元气大伤。暖春带来的瘟疫接替了冰刀雪剑，继续与这群人为难。短短半年不到，他们出发时的十七万人现在只剩下了不到一半。

阿布赉汗带来了五万大军。他相信凭借这支队伍的实力，他能轻松地冲进土尔扈特难民堆活捉渥巴锡，之后再和叶卡捷琳娜女皇谈个合适的价钱把他卖掉。

　　阿布赉汗正在打他的如意算盘时，渥巴锡的使者到来了。他带来了一千俄国俘虏，说要跟阿布赉汗谈判。阿布赉汗眼见有不战而胜的可能，就跟使者谈判起来。

　　谈判开始后的第三天深夜，阿布赉汗终于见到了渥巴锡本人。不过渥巴锡不是被他请来签署谈判协议的，而是带着一队轻骑兵来袭击他的。阿布赉汗连呼中计，狼狈地胡乱爬上身边的一匹马，在蒙古人的喊杀声中仓皇逃窜。

　　击穿哈萨克的阻滞之后，前路终于一马平川，祖先的牧场不远了。

　　渥巴锡心中开始忐忑，祖先牧场如今的主人是北京的乾隆皇帝，因为出发时仓促，渥巴锡事先并没有与清王朝取得联系，乾隆皇帝会如何对待自己的突然回归呢？

　　乾隆三十六年，公元1771年7月8日，土尔扈特部众抵达清王朝边境。

64
回归

这些人是要干啥？

接到伊犁将军舒赫德的奏报，对于土尔扈特的突然归来，乾隆帝心中犯起了嘀咕。他需要掌握更充分的情报，方能做出决断，于是他派出朝中大臣前往伊犁探查。

乾隆帝并不认识渥巴锡。但对于舍楞这个名字，他倒是记忆犹新。这个当年跟着阿睦尔撒纳背叛自己的人，杀害过一位清军副都统及其率领的军队，身负累累血债，成为乾隆帝钦点的战犯，之后逃亡。当时，乾隆帝以为他跑去了俄罗斯，曾致信俄当局要求将其遣返。

俄国的沉默还让乾隆帝以为他们故意将其窝藏，原来这货压根儿就不在俄国，而在土尔扈特。而且据说渥巴锡跟他关系不错，对他简直是言听计从。

那么，舍楞会不会挑唆渥巴锡为准噶尔复仇，前来袭击伊犁？

但是，既然已经跟我们的军队接触上了，那么突袭就不可能了。乾隆帝自己打消了这个疑虑。

会不会有更深远的阴谋？土尔扈特虽然远走他乡多年，但从来没跟蒙古其他各部脱离关系，他们之间依然恩怨纠缠，尤其是和准噶尔部。

说起恩，阿玉奇汗的母亲就是准噶尔的公主，阿玉奇汗的女儿又是准噶尔汗王策妄阿拉布坦的王妃；土尔扈特的其他贵族跟准噶尔的联姻，更是错综复杂，难以尽述。扯来扯去，说土尔扈特跟准噶尔就是一家人，也可以。

说起怨，土尔扈特原本游牧于天山北麓、额尔齐斯河上游，当年正是因为准噶尔的逼迫，才远走伏尔加河。此后，准噶尔依然多次欺压土尔扈特，抢劫他们前往呼和浩特与清王朝贸易的商队，和前往拉萨朝拜达赖喇嘛的使节，还曾扣押土尔扈特王子作为人质。说来说去，说土尔扈特跟准噶尔是宿敌，也行。

那么，他们这次回归，是为了了结曾经的恩或怨？抑或与这些恩怨无关，的确只是一次大规模的牧场转移？

乾隆帝想起十二年前，也就是乾隆二十四年、公元1759年时，自己曾经接见过来自土尔扈特的使臣。使臣奉当时的土尔扈特汗王敦罗布喇什，也就是渥巴锡的父亲之命前来，希望乾隆帝准许他代表土尔扈特人前往拉萨谒见达赖喇嘛。

乾隆帝允准，并顺便问了问那使臣是何时从土尔扈特出发的。使臣回答，三年前就出发了，因为路上打仗，所以绕道俄罗斯境内过来的。

也就是说早在乾隆二十一年、公元1756年，清王朝才刚刚初步消灭了准噶尔，土尔扈特人就急不可耐地要和清王朝再次取得联系了。看样子，他们还真是受够了准噶尔。

乾隆帝也还记得，土尔扈特使臣谒见达赖喇嘛之后，没有直接离开，而是再次前来北京朝见自己。当时，乾隆帝曾经问及土尔扈特与俄罗斯的关系。那使臣说："附之，非降之也。非大皇帝有命，安肯为人臣仆？"这话虽暧昧，但至少说明在那时候，土尔扈特还没有接过准噶尔的大旗，要继续和清王朝对抗之意。

但那时候，他们的汗王还不是渥巴锡，舍楞也还没有逃到他们那里去。那时他们的态度，能作为现在决策的参考吗？

那时，这时；此时，彼时……在这两件发生时间相隔甚远的事情之间，乾隆帝似乎找不到什么可靠的关联。

除了"相隔甚远"本身。

嗯，是了！隔了这么久，渥巴锡做土尔扈特汗已有十年，舍楞逃到土尔扈特也有十多年了。舍楞知道当年战争的情形，他若是真能鼓动土尔扈特来占据空虚的准噶尔故地，也该早就来了。准噶尔刚刚平定时，一切都还没弄出个头绪，的确有机可乘。而现在，准噶尔故地已经成为我大清的新疆，驻军部署、行政安排都已经铺展开来，这时候才想来占据，太晚了吧。

舍楞不是送死的傻子，相信渥巴锡也不是。

那么，他们应该是真的回归，真的大规模地向东转移牧场，与他们跟准噶尔之间的恩怨无关。他们只是在伏尔加河的日子过不下去了，这才想回来。

很快，被派往伊犁探查的朝臣巴图济尔噶勒，以及伊犁将军舒赫德的汇报都到了。因为土尔扈特人与清王朝的边防军队发生过不少摩擦，巴图济尔噶勒认为土尔扈特的作为"不可深信"，建议乾隆帝就近调喀尔喀蒙古军两万人进入新疆部署，以防不测。

又要筹兵筹粮，烦不烦！心中已倾向于另一种答案的乾隆帝实在不愿意相信巴图济尔噶勒的报告。

而舒赫德的报告中，则描述了土尔扈特人的现状："或衣服破烂，或靴鞋俱无，其幼孩有无一丝寸缕者。"

就这副难民模样，土尔扈特人就算真的别有用心，又能怎样呢？加上之前的分析，乾隆帝认定渥巴锡这次的确是想回祖先的草原放牧来了。

不过，土尔扈特远走已达百年之久。这百年来，内外蒙古各部都已相继纳入清王朝的治下，他们曾经放牧的额尔齐斯河上游也已是大清伊犁将军的下辖属地，早已不再是土尔扈特想来就来、想走就走的那片牧场了。

如果土尔扈特人不给乾隆帝一个合适的说法，乾隆帝不会允许他们这般自由地转场放牧。

土尔扈特想要回家，就必须首先归顺清王朝。

乾隆帝十分看重这一点。虽然从来没有过要收服土尔扈特的计划，但现在人家主动过来了，那他就不打算放过。毕竟土尔扈特是蒙古各部中清王朝鞭长莫及的最后一支部落。只要土尔扈特归顺，漠南、漠北、漠西所有的蒙古人都将归于清王朝旗下，始于努尔哈赤时代的满族征服蒙古的事业就将最终完成。

对于终生热爱荣耀的乾隆帝来说，这当然不能放过。

而已经走投无路的渥巴锡，为了生存，做这么一个表态并不难。获悉乾隆帝对自己的要求之后，渥巴锡很快就顺从了。就这样，清王朝顺利地按照自己的意图，将土尔扈特人的这次大规模地向东转移牧场的行为，升格为回归强大祖国的极具象征意义的行动。

渥巴锡明白，只要自己表态归顺，满足乾隆帝的成就感，那么作为回报，回归以后的一切事务，乾隆帝都会为自己安排，而且绝不会亏待自己和所有的土尔扈特人。这是答应归顺朝廷的双方心照不宣的条件。

果然，乾隆帝给予善解人意的渥巴锡的回报是丰厚的。土尔扈特人进入新疆之后的两三个月，相继收到清王朝馈赠的牲畜二十七万头、茶叶两万封、粮食四万石、棉布六万匹、羊裘五万袭、棉花六万斤、毡帐四百具以及白银二十万两。

土尔扈特人艰难的生活结束了。

公元1771年，乾隆三十六年六月二十五日，渥巴锡留下已经衣食无忧的族人们，与舍楞、洛桑丹增等要人一起从伊犁出发前往觐见皇帝。九月，在木兰围场，渥巴锡一行得到了乾隆帝接见。

让渥巴锡感到惊讶又亲切的事情有很多，例如木兰围场和避暑山庄浓郁的蒙藏风情，例如乾隆皇帝那一口比自己说得还地道的蒙古语。他想，要是还留在俄国，即使帮俄国人踏平了整个欧洲，也不会促使叶卡捷琳娜女皇在彼得堡附近修筑一处蒙古式建筑，更不会让女皇本人觉得

64
回归

有必要学习一句发音标准的蒙古语。

这种尊重让渥巴锡热泪盈眶，这就是回家的意义。

九月十七日，渥巴锡又跟随乾隆帝来到避暑山庄。在那里，乾隆帝举行了正式的盛大仪式，欢迎土尔扈特人的回归，并册封渥巴锡为卓哩克图汗，渥巴锡的堂侄策博克多尔济为亲王，曾经被清王朝进行国际通缉的舍楞也被册封为郡王。

看乾隆帝的面子，喀尔喀蒙古为土尔扈特人让出了几片牧场。乾隆帝将渥巴锡率领的七万余人分别安置在新疆东南方的巴音布鲁克和西部的乌苏，以及外蒙古西部的科布多草原。

人类历史上最后一次游牧民族的大规模迁徙，至此尘埃落定。起初还叫嚣着要为抢回土尔扈特人而向乾隆帝宣战的俄国人，此时也不再喧哗了。

倒不是因为他们害怕清王朝，而是因为冷静下来之后，他们发觉渥巴锡的离开对他们而言其实是件好事。

渥巴锡留下的那一小部分土尔扈特人再也无力抗拒他们的进入，从此以后，肥沃的伏尔加河下游完全属于俄国，伏尔加河彻底成为俄国的河流，成为俄罗斯的母亲河、俄罗斯领土的核心部分，而不再是剑拔弩张的边防地带。俄国人为了防范土尔扈特而建设的一系列边防城镇终于不再紧张兮兮、蹑手蹑脚地过日子了，叶卡捷琳娜女皇开始放心大胆地在那里发展经济，改善民生。

那里后来相继发现的煤铁资源，使得这些城镇迅速成长为俄罗斯举足轻重的重工业基地。第二次世界大战中，围绕这些城镇中最大的一座展开的争夺战，改变了世界的命运。

这座城市是斯大林格勒，最初就是俄国人为盯防土尔扈特而建立起来的军事要塞。那时候，它的名字叫作察里津；现在则叫作伏尔加格勒。

书生

公元1771年，乾隆三十六年下半年，新疆因为土尔扈特人的回归而变得热闹非凡。朝廷官员一拨又一拨风尘仆仆地带来一堆又一堆皇恩浩荡，引得土尔扈特人一次又一次感激涕零。

很久没有遇到这么大手笔的国家支出了，新疆的各级官员只需从给土尔扈特人的恩赐中截留一丁点儿，就能各自赚个盆满钵满。新疆的各地百姓只需拿出稀松平常的货物，就能从土尔扈特人手上换来质地优良的皇家赏赐，因此他们也个个乐得笑靥如花。

真是皆大欢喜。

只是在乌鲁木齐城里，一个中年书生却依然面如死灰，与周围喜气洋洋的气氛格格不入。

最近他很忙碌，因为他供职的乌鲁木齐千总署衙门承担了很多办理土尔扈特回归具体事项的任务，乌鲁木齐办事大臣温福把撰写重要文件、管理文书往来的事儿全部交给了他，这个从京城发配到此的文人。

处理文字是他的专长。工作起来，他十分认真投入，因为那让他感到自己尚且有些价值；但谈不上有多少热情，因为他依然认为自己的价值不止如此。

这是这位四十七岁、老之将至的书生仅剩的一点傲气了。

"纪先生！"十月初七那天一大早，门外有人叫他。书生赶紧起身开门。

来者是衙门里的一个差役，说道："纪先生，皇上有旨意给您，请您马上去衙门府接旨！"

那老书生姓纪名昀字晓岚，三年前因在预提盐引一案中向卢见曾泄露消息而被发配至乌鲁木齐，在千总衙门府里做个无品无级的编外书记员。听闻皇上有旨，纪昀心中一凛，不知祸福，赶紧回答说："多谢兄台，我马上更衣前往。"

"那好，我就先回去了。"差役言道。

"好……噢，请留步。"纪昀差点儿忘了，赶紧叫住差役，从怀里掏出一两纹银塞到他手上，又再次连声道谢。

别激动，别忘了，万事都得赔上小心。纪昀深呼吸，强令自己停止激动，冷静下来。

二十年前，纪昀看到旁人做出这种小心翼翼、唯唯诺诺的样子，心中一定会鄙视，口里一定会嘲讽；二十年后，自己也成了这个样子，所以纪昀有时也鄙视自己，嘲讽自己。

当然，有时也宽恕自己。不然怎么活下去？

二十年前，二十嘟当岁的他，脑子里充满了现在看来十分疯癫的信念。他相信文以载道，相信文化是这个尘世间最为高贵的永恒存在，文化不必依附于任何其他的社会势力而产生价值，文化自有其独立的尊严。掌握文化的人，永远是这个社会的精英与主宰，他们作为先贤的代言人，以德配天地，不必阿附权贵。他又相信自己端的是天纵奇才，笃定自己对中国文化的洞察力、对中国文字的驾驭力，在有清一代首屈一指，就算是上溯元明两朝，也无人可比，即便并列于唐宋文豪，也无愧色。

二十四年前的乾隆十二年，公元1747年，自幼便被誉为神童的纪昀乡试高中解元。那时他才二十三岁，所有人都相信他前途无量，即便此后他第一次参加会试失败，接着因为母亲去世守孝，以及其他一些事而

392

耽误了几年时间。七年之后，他方才赶上第二次会试，接着是殿试，中二甲第四名，得到进士出身。好歹赶在三十岁时开启了仕途，这正好是清代进士的平均年龄。

成绩与年龄都显示出早慧的纪昀并没能赢在起跑线上，但这丝毫没有影响纪昀的狂放。纪昀把幽默诙谐作为武器，以他特有的纪式讽刺把满朝文武挨个儿侮弄了一遍，而对方的脑子要转好几个急弯才能回过味来，发觉自己刚才被他羞辱了。

很长的时间里，他为此洋洋得意，觉得这就是自己的价值所在。他很喜欢听到坊间有关他又智戏了某人的传说，即使大多数都是胡编的，根本与他无关，他却照样乐此不疲，旁人当面问起时，他也懒得否认。

他不在乎自己得罪了多少人，而且越来越不在乎，因为皇帝喜欢他写的文章，而且越来越喜欢。不知不觉之间，皇帝的恩宠成了纪昀的安身立命之本，而他还傻乎乎地以为这一切都是靠他自己的才华直接换来的。

京城里的人都知道，这些年，纪昀的文章越写越腻味，早就没了灵气，他能名满京华，不过是因为乾隆皇上就好纪昀文章的这手忸怩作态，大家也就跟着放肆吹捧，竭力跟他攀上关系，拿他做自己的招牌，必要的时候把他当枪使而已。

这些事，他是真不明白，还是假不明白呢？

从未在什么正儿八经的办事部门任过职的纪昀，也能以一介笔墨弄臣，在官场上混得风生水起，优哉游哉。例如，前面我们讲到的预提盐引案中的那位"主东南文坛，一时为海内宗匠"的两淮盐运使卢见曾，不就是纪昀的儿女亲家吗？

纪昀得意忘形了。

三年前，听闻亲家将遭大案的风声，纪昀胆大包天地给卢见曾通风报信。这说明他是真不明白自己的真实地位。他并非不可或缺的栋梁之才，皇帝没有什么事情离了他就办不了；他也没有盘根错节的关系网

65
书
生

络，让皇帝投鼠忌器，收拾不了他。皇帝不过是喜欢他的文章而已，而这在关键时候并不重要。

于是皇帝将他多年积累的一切连根拔起，把他扔到新疆去等死。没有一个人敢为他说句话，虽然平日里追捧他的粉丝似乎有那么多。倒是有不少人落井下石，建议皇帝干脆处死他。这时候，纪昀才如梦方醒，文章锦绣也好，文以载道也罢，自己只是皇帝可有可无的玩物而已，哪来什么傲然独立的尊严？这不过是中国文人多年以来的梦呓罢了。

年近五旬，老之将至，别人开始享受年轻时的打拼成果，纪昀却不得不为年轻时的张狂买单，一切又要重新来过。

纪昀终究乐观，虽然看透了这一切，他依然庆幸自己好歹没死，而且还来到了曾经只在唐诗三百首里读到过的西域。唐朝的边塞诗人过后，汉族优秀文人便已绝迹西域，汉文诗歌典籍忘了苍茫云海的天山，忘了长风万里的玉门关，忘了赤焰烧云的吐鲁番，蓦然已千年。

刚来的时候，纪昀也写了不少描摹西域的诗文，映射着自己不甘的心境，一唱三叹，颇慰寂寥。但很快，他就不写了。因为他发现身边盯着他的人很多，只要他流露出一点儿抱怨朝廷的情绪，不论是嘴里说的，还是笔下写的，三个月后，皇帝就都知道了，而他这辈子也就别想再回中原了。

幸好还没被发现。他赶紧回家烧了诗稿，再也不唱，再也不叹，每天恭恭敬敬地为乌鲁木齐衙门整理文书，尽量少说话，要说话也保证每句话都指事不指人。

就这样过了两年多，纪昀终于等来了乾隆皇帝专门给自己的圣旨。乌鲁木齐办事大臣温福展开黄卷，向跪伏在地的纪昀宣读了圣旨：皇帝认为纪昀在新疆表现不错，已经改过自新，因此饶恕了他的罪过，让他即刻回京听用。

温福收起圣旨，想向纪昀道贺，却见他那蜷缩着的身躯瑟瑟发抖，听见他谢恩的音声颤抖。虽然他的脸贴在地上，温福看不见，但想来必定已是涕泗横流，不成样子了吧。

皇帝哪里又用得着自己了呢？回京的路上，纪昀一直在猜想着。这时的他不再幻想文化的独立价值，皇帝想要的价值就是他的价值。

乾隆帝召回纪昀果然是有所用处，纪昀回京后不久，公元1772年，乾隆三十七年正月初四，皇帝命令在全国范围内，征集古今书籍。

纪昀猜透了皇帝的用意，他是要把所有他觉得有用的书籍编辑到一起，做成一部旷古空前的大书，这是皇帝多年来的夙愿。这项工作由他纪昀来做，再合适不过了。另外呢，皇帝还要把所有他觉得没用甚至有害的书收集起来烧掉。

不过，纪昀不会再说透皇帝的心思了，除非等到皇帝自己说出来，他不会告诉旁人：皇帝想编撰一部《四库全书》。

66 哲思

本章节讲述一个有关哲学的故事。

在亚欧大陆的另一头，普鲁士东部重镇，曾经的首都哥尼斯堡，一个跟纪昀同龄的人，最近的心境也跟纪昀一样忽明忽暗，心中有言却如鲠在喉，每每欲说还休。

此人名唤伊曼纽尔·康德，哥尼斯堡大学教授，一位古典式的文化全才。迄1772年为止，康德把已有的四十八年人生时光，尽可能地都花在了阅读与思考上，没有丝毫浪费。而他以后的日子，同样如此。这让人们很难讲述他的生平，那看上去确实过于单调、乏味，甚至无聊。

后来的德意志诗人海涅曾认真考证过康德的生平事迹，却收获甚少。他惋惜地说："康德没什么生平可言。"

人们觉得以康德的崇高地位，应该配上波澜壮阔的人生故事才相称。结果，康德却居然连家门都很少出。

除去大学毕业后，因为还没取得留校任教资格，康德不得不"远赴"哥尼斯堡郊区去做家教维持生计的那段时间，康德这辈子都没有离开过这座城市。

乾隆二十年，公元1755年，三十出头的康德完成了一部名为《自然通史与天体理论》的著作，创立了有关宇宙诞生原因的星云学说，震惊了整个学界。这是自然哲学第一次就宇宙诞生的具体方式发言，而且康德的这个学说只字不提上帝的作用，他认为宇宙诞生自有其自然原因，上帝被逐出了自然界。

当年6月，康德凭借一篇分析火焰的形成与构成的论文，获得哥尼斯堡大学的硕士学位。9月，他的论文《对形而上学认识论基本原理的新解释》为他赢得了哥大讲师资格。

此后，他在大学里讲授逻辑学、数学、物理学、地理学等科目。上这么多门课，一方面是因为他有这个能耐，另一方面则是因为多开课程就能多些收入。他乐于教书育人，因为这门职业既有他的苟且，也有他的诗和远方。学生们很喜欢他，那时候也没人认为他是个哲学家，因为他所拥有的学识远不止哲学这一门。大家觉得他的脑子里储存着那个时代的欧洲人所能掌握的全部知识。

乾隆三十五年，公元1770年，康德总算熬足了资格，升任哥尼斯堡大学教授。收入有所保障的他终于不用再开那么多课程了，他开始有闲暇去探索自己一直都想去探索的那些事物。

这让他的学生们明显感觉到被冷落。1771年到1772年初这段时间，康德在外游学的学生马科斯·赫茨多次寄信给康老师诚心地请教问题，却都只收到康德潦草应付的回信。

赫茨有些生气，康老师你什么意思？他依然来信不断，字里行间对老师的埋怨之意却愈加明显。

乾隆三十七年，公元1772年2月21日这天，康德终于感到要想维系这段难得的师生情谊，就有必要向赫茨这位好学生兼好朋友说清楚。于是他提笔给赫茨回信，解释最近为何无心为他解惑。康德真诚地向赫茨袒露心迹，他相信赫茨会理解。

赫茨的反应果然如康德所料，因为康老师的解释不是胡乱找理由搪塞，老师正在做的，确实是值得一个学者全身心投入的伟大事业。赫茨不再责怪老师，反因成为全世界第一位目睹哲学世界未来蓝图的幸运者而备感自豪。

　　康德给他的信，就是一幅未来哲学世界的蓝图。信中，康德告诉了赫茨他最近一直在思考的课题：我们的所谓表象与对象的关系是建立在什么基础上？

　　表象与对象的关系问题，就是思维与存在的关系问题。人类的思维能否反映世界的存在，如何反映世界的存在，是近代哲学的核心问题、塔顶之珠。谁能在这个问题上有所创见，谁就能进入哲学的名人堂，为哲学的历史所铭记。

　　随后，康德勾勒了自己关于这个问题的思考过程，告诉赫茨，自己的思考已经成了大致的体系，已经能够写出一部《纯粹理性批判》了，还说这部书的第一部分大约可以在三个月内出版。

　　看样子，康德的所有思索都会在这本《纯粹理性批判》里展开了。那么，还在构想中的《纯粹理性批判》会有些什么内容？康德想在书中讨论的问题，真的有那么重要吗？

　　首先，得说说"纯粹理性"是什么。

　　穿越时空隧道，重说哲学往事……

　　在康德写下这封书信的一百五十多年前，也就是明朝万历四十七年，公元1619年，严冬中的巴伐利亚，二十三岁的荷兰雇佣军战士——法国人勒奈·笛卡尔与战友们蜷缩在一处被改为临时军营的旧宅里的火炉边取暖。

　　大家都没有想到他们投身的那场战争，会被后人命名为"三十年战争"。大家所经历的痛苦已足以铭记一生，但那也还只是三十年战争的第二年。

　　不远处病床上的一位战友总是稀里糊涂地说自己的右腿很痛，笛卡尔起身，想过去看看他的右腿伤势如何。另一位战友却拉住了他，告诉他那人是在说胡话，他的右腿早就在战场上被大炮炸飞了，怎么还会痛？

　　笛卡尔闻言，悲悯地向那断腿的人望了一眼。看到那人痛苦扭曲的表情，笛卡尔不仅真的相信那人的右腿在痛，就连他自己的右腿也莫名其妙地紧张起来。那种紧张感顺着腿部的筋脉向上逆行，让心脏搏动加速，让大脑神经紧绷，让他的右手情不自禁地去抚摸自己的右腿，像是要安抚它的疼痛。

"但是，我真的痛了吗？"笛卡尔猛醒。"他的痛，也是真实的吗？"笛卡尔的思维并不满足于"感同身受"这种文学解释，到底什么是"感"、究竟如何能"受"，才是惯于刨根问底的笛卡尔想要探究的秘密。

战友们的敬酒让笛卡尔无暇深思，烈酒慢慢让笛卡尔陷入恍惚，身边的人和物渐次模糊起来。

一切又在模糊中渐次清晰起来，笛卡尔坐在火炉边读起书。面向火炉的一边身体烫得受不了，而背对火炉的那边却还是冷得要命，他只好像烙饼一样，不时翻转调整自己的姿态，以便好好享受在严冬中拥有火炉这份幸福。战友们不知道去哪儿了，身边没有一个人，笛卡尔觉得很惬意……

"嘿，勒奈！起来啦，起来，集合了。"战友的催促声在耳边响起，"瞧你这一脸的哈喇子，赶紧起来！"

笛卡尔醒了，阳光映照出他身边的一切都和他刚才感受到的迥然不同：自己的身体上覆盖着一床冰冷僵硬的被子，火炉离自己老远，而且早已熄灭。他又寻找自己刚刚读过的那本书，却又想起，这次出征，自己根本就没带书来。

原来是场梦。

不过，那感受好真实啊。

笛卡尔回想自己记得的每一场梦。在梦里，自己的所有感官都和醒着时一样处于被激活的状态，甚至比醒着的时候更加敏锐，更能捕获生命中值得体验的每个瞬间。

虽然每次醒来，他都会咒骂自己的感觉。他觉得，梦是妖精的把戏，它利用自己的感觉愚弄自己，欺骗自己。他无法像中国梦蝶的庄子一般，停留并享受感官世界所带来的那种亦幻亦真的美好。西方求真、求实、求普遍必然的哲学心理，使笛卡尔不能逗留于模糊地带。他的思想必须继续深化，直到找到最纯粹的澄明。

感觉，包括视觉、听觉、嗅觉、味觉、触觉，都会在一定的时刻欺骗自己。感官并不靠谱，感觉完全有可能是幻觉，甚至有可能完全是幻觉。

那啥才靠谱？在巴伐利亚那处旧宅的门口站岗的笛卡尔在深思。这份深思即将把他引向哲学史上一大门派开山鼻祖的崇高地位。

"我可以怀疑自己所有的感觉，没有任何事物我不能怀疑。"笛卡尔认为，"在怀疑的是我，在思考的是我，是我在怀疑所有，是我可以思考任何事情。这所有的、任何的……都是我。呃，这倒是一种普遍必然。这种普遍必然从何而来？"笛卡尔心中一亮，"是我！"

"我在怀疑，也就是我在思考。这毋庸置疑。即使我质疑是否是我在进行怀疑这一点本身，其结果仍然是我在质疑，是我在思考！这是普遍必然的。"

所以，"cogito, ergo sum！"笛卡尔忽然说出一句拉丁语，把旁边安静站岗的同伴吓了一跳。

"勒奈，说啥呢？"

"哦，我说的是：'我思，故我在！'"笛卡尔用法语回答。

"嗯……这是法语吗？"

"认真站岗！"笛卡尔假正经，终止了同伴的追问。

"我思，故我在。"人类一旦开始思考，那么作为这份思考的主体，自我就一定是存在的。这句话是笛卡尔哲学的第一原理。"我"，不是指这副由骨架支撑起来的一百多斤的物质；"我"，是一种哲学意义上的实体、一种抽象的存在，没有具体的形体。"我"是一个心灵、一份理智或一种理性，是笛卡尔哲学的逻辑起始。世间无论万千变幻，折腾出多么光怪陆离的感觉，我的所有思绪终究都要从这个抽象的"我"开始。

笛卡尔的思维从这个突破口继续深入，得出自己哲学的第二原理："凡是我们清楚明白地设想到的，都是真实的。"这个原理宣告了笛卡尔与笃信"眼见为实"的感官经验哲学的决裂。

那么，这种能够想到的"清楚明白"又从何而来？笛卡尔引入了"天赋观念"。天赋，并不是我们现在理解的在某方面的天分，而是"先天被赋予"的意思。笛卡尔认为有一些东西普遍必然地存在于人类的思维之中，其存在先于感官经验，不需要任何经历和教育即具有。这些东西虽然并非每个人都能清晰表述，但一定是每个人都能清楚理解的。

例如数学公理、逻辑规律；例如两点之间，直线最短；例如一加一等于二；例如一个物体不能同时既在这里，又在那里……这些"天赋观念"是理性的基础，而只有这些完全脱离感官经验的纯粹理性思维，包括概念、判断、推理，才能使人类获得真正具有普遍必然意义的可靠知识。

哲学上所谓的纯粹，是指与感官经验无关。这种纯粹来自于人类普遍必然的思维方式。

普遍必然代表着哲学的追求、科学的精神，象征着自由的人性。

凭借"我思故我在"及其衍生理论的提出，笛卡尔开创了近代哲学的一大支柱门派：大陆理性论。这一门派排斥感觉经验，将所谓不证自明的"天赋观念"奉为一切普遍必然的知识的前提，认为凭借纯粹的概念、判断、推理，即"演绎法"，就能发掘这世间的所有奥秘。

这种天赋观念，也就是康德所说的"纯粹理性"。

一百五十年来，荷兰人斯宾诺莎、萨克森人莱布尼茨、普鲁士人沃尔夫先后成为理性论哲学旗手。学生时代的康德，学习哲学的教科书就出自沃尔夫之手。

早年的康德也是理性论哲学的信徒，虽然他也发觉理性论经过了一百五十多年的发展，已到强弩之末，创新渐少，日渐僵化成干瘪的教条主义，还被论敌们笑话为"独断论"。但苦于缺少一个反思的支点，就连敏锐的康德也无法颠覆理性论的教义。

66
哲
思

人不能自己徒手把自己举起来，要想把自己举起来，必须有个在自身之外的支点。例如要有一根坚固的杠子，才能做引体向上。反思，同样也需要一个支点。

最佳的反思支点，当然来自论敌。伴随着欧洲政治局势长时间的四分五裂，欧洲无法支撑起一个统一的意识形态，从来没有哪派哲学能在欧洲赢得独尊地位。

理性论也同样如此。从笛卡尔创派伊始，理性论哲学就面对着英吉利海峡对岸不列颠的思想者们的强力挑战。他们的基本观点跟理性论刚好相反，他们跟着感觉走，相信唯有感官经验才是真正可靠的东西，概念、判断、推理这些理性思维则大多属于瞎扯。

他们是当时哲学的另一大门派：英国经验论哲学。它与理性论几乎同时诞生。就在笛卡尔在巴伐利亚提出"我思，故我在"的第二年，公元1620年，英格兰哲学家弗朗西斯·培根出版了他的代表作《新工具》，标志着经验哲学的开山立派。

培根的新工具，指的是一种新的研究自然哲学的方法，称为"归纳法"：通过反复对某一类别中的不同个体进行实验，得出来自感官的观察结果，再将这些结果的相同点进行总结，进而归纳出结论的方法。

例如一个女孩要证明她的前男友们都不是好东西，那么她可以逐个列举她的前男友：A不是好东西，B不是好东西，C也不是好东西……直到最后一个。如果都不是好东西，那么她的假设——她所有的前男友都不是好东西，就是正确的。

归纳法成立的条件有两个：第一，完全归纳，不遗漏任何一个前男友；第二，真实观察，女孩需要确定她的前男友们的确都不是"好东西"。显然，归纳法所依靠的，不是笛卡尔推崇的推理演绎，而是感官经验。

培根的归纳法为近代实验科学的飞跃奠定了理论基础。例如，为人类未来开辟出一番新天地的伟大科学家牛顿，就是培根的忠实信徒。培根的名言"知识就是力量"，是牛顿，也是后世无数人的座右铭。

一百五十年来，英国人霍布斯、洛克、贝克莱先后担当经验论哲学的掌门人。他们在穷尽自身理论的同时，与欧洲大陆上的理性论展开了论战。其中，最精彩的莫过于洛克与莱布尼茨两位掌门之间的直接较量。

双方都找到了彼此的死穴。莱布尼茨质问洛克："经验论注重归纳，然而天下事物无穷且变幻，怎么可能一个一个地归纳得完？如果归纳不完，感官经验就不可能具备普遍必然的意义；而做不到这一点，经验论就没有资格上升为哲学。"

洛克反问莱布尼茨："你们理性论的祖师爷笛卡尔说：'凡是能清楚明白地设想到的，都是真实的。'可是，天赋观念这东西本身足够清楚吗？你们说明白了吗？天赋观念是从哪里来的？具体构成有哪些？如何证明它们确实存在？如何证明它们先于感官经验存在？又如何证明它们的确与感官经验无关？"

洛克的质问让莱布尼茨无言以对，他只能回以人身攻击。他推说只要具备"健全理智"的人都会相信"天赋观念"的存在，也就是说，像洛克那样不信理性论哲学的，脑子都不正常。之后，莱布尼茨仓皇退出了与洛克的论战。

洛克离开辩论会场的方式更加直接：公元1704年，他去世了。但即使他拥有足够长的寿命，恐怕也同样无法回应莱布尼茨放出的那记大招——归纳法如何保证完全归纳？

经验论与理性论互爆了。

洛克离世之后，与理性论哲学一样，致命弱点被公之于众的经验论哲学也走向了没落。新的代表人物乔治·贝克莱竟然提出了"存在就是被感知"这样明显悖于人类常识的论调，似乎一个人要证明自己在这个世界上存在，就必须让贝克莱先生感知到，不然就是些抽象概念。

按照这个理论，与贝克莱先生同时在地球上生活着的乾隆皇帝，既然没有被贝克莱先生见到过，那么也是不存在的。这若是让极其在意自己的存在感的乾隆帝知道了，会不会远涉重洋去英国让贝克莱先生看他

66 哲思

一眼，以证明自己的存在？

贝克莱之后，英国经验论哲学与大陆唯理论哲学同时走下神坛，走向衰亡，像两个跪在刑场上的囚犯，等待着最后的行刑者出现，来终止他们的垂死挣扎。哲学的公信力大打折扣，威望随之崩塌，向来乐于思辨的欧洲人，陷入了无所适从的迷茫。

行刑者很快出现了。此人名唤大卫·休谟，公元1711年、康熙五十年出生，这位苏格兰爱丁堡人与乾隆皇帝同龄，比康德大十三岁。

休谟的父亲是位律师，他希望休谟也做律师，把他送进爱丁堡大学学法律。不过，休谟却对法律完全没兴趣，他的兴趣在于哲学。

当然，他在英国学到的哲学，是经验论的。

大学毕业后，休谟做生意去了。在经常去法国跑货的差旅中，休谟接触到了大陆理性论哲学。在对两派哲学进行了对比思考之后，二十八岁那年，也就是乾隆四年、公元1739年，休谟出了本书，叫作《人性论》。那书老厚一本，定价十先令，可不便宜。

不过，那时候的英国人，可不像欧洲大陆上的人那样对读书这事儿很有耐心，英国人忙着周游世界去赚钱呢。在很长一段时间内，这部书都如泥牛入海，没有引起什么反响。

休谟自己也有别的生意要忙，没空去挽回写作的失败。多年以后，休谟才又想起自己的处女作，他觉得可惜，自己不该就这么放弃。他想：是不是因为自己的书字数太多，大家没有耐心看完？于是在公元1748年，休谟把自己著作的第一部分浓缩了一下，弄了个精编版，另起名为《人类理智研究》。

这下子总算是对上了浮躁的英国人的胃口，《人类理智研究》的销路不错，很快还被翻译成了法文出口到欧洲大陆，休谟的名气也跟着大了起来。

当然，廉价的小薄书多得很，休谟作品的成功之处不在于此，而在于书中令人瞠目结舌，却又无言以对的破坏性观点。

没有人知道远在哥尼斯堡的康德，具体是在什么时候读到了休谟的《人类理智研究》以及它的完整版《人性论》。兴许这是一生事迹模糊的康德，给后人留下的最大的遗憾。因为那一定是哲学史上最激动人心的时刻之一，十八世纪两位最敏锐的思想者的正面交锋，将直接启动人类哲思的又一次脱胎换骨、薪火相传。

　　康德的祖上也是苏格兰人，可能正是因为跟休谟的这点儿遥远的关系所产生的亲切感，作为理性派哲学家的康德才愿意"纡尊降贵"地读一读他的书。毕竟经验论自贝克莱的"存在即被感知"之后，已经进入了不值一驳，只值一笑的弥留状态，区区休谟又能怎样？

　　休谟在《人性论》的第一段就指出："那些最为世人称道，而且自命为高高达到精确和深刻推理地步的各家体系，它们的基础也是很脆弱的。盲目接受的原理，由此而推出来的残缺的理论，各个部分之间的不相调和，整个体系缺乏证据；这种情形在著名哲学家们的体系中到处可以遇到，而且为哲学本身带来了耻辱。"

　　虽然康德觉得这不过是垂死的论敌甩给自己门派的一句诅咒，但他也暗地里承认，休谟这话还是说中了理性论的症结：楼子修得富丽堂皇、高耸入云，可地基却只挖了一尺深。

　　随着阅读的深入，康德很快被这位论敌的深邃折服。

　　休谟站在经验论的立场，依然坚守"凡是在理智之中的，无不先在感觉之中"这样的经验论看家格言，认为人类的所有意识都出自于感官经验。

　　他把人类通过感官获得经验的能力称为"知觉"。知觉又有两种，一种叫印象，一种叫观念。有什么区别呢？休谟说："它们的强烈程度和生动程度各不相同。进入心灵时最强最猛的那些知觉，我们可以称之为印象。在印象这个名词中间，我包括了所有初次出现于灵魂中的我们的一切感觉、情感和情绪。至于观念这个名词，我用来指我们的感觉、情感和情绪在思维和推理中的微弱的意向。"

66 哲思

也就是说，我们当前看到、听到、嗅到、尝到、触摸到的一切，都是印象。印象是一个瞬时概念，只有当下的感觉，才是印象。一旦时过境迁，成为过去，这些感觉会被新的感觉所取代，遗忘随之开始，印象在脑海中会渐渐褪色成干瘪的观念。

理性思维、理性论的信仰，就被休谟算作了观念这一类。理性论认为具有天赋地位的纯粹理性思维、人类思想的根本源泉，在休谟看来，不过是印象逝去之后剩下的一堆枯骨而已。

骨骼不可能超出皮肉，观念也不可能超出印象，更不可能超出经验的范围。所以，休谟哲学的基本原则是：我们的观念超不出我们的经验。

如果说上述一切都还只是经验论哲学的老生常谈，只不过休谟的表述更加清晰严谨的话，那么现在，是时候表演真正的技术了。从这个基本原则开始，休谟的思维开始超越前人，将同时拆毁理性论与经验论的哲学基础。

西方哲学有一些概念，无论哪门哪派都是承认的。这些概念是西方哲学的基础，本来不容置疑。

例如"实体"这个概念，不论经验论还是理性论，都承认"实体"在哲学中的基础地位。

什么是哲学意义上的实体？这是古希腊哲学家亚里士多德的发明。实体指人类语言中所有的名词，实体概念本身是抽象的，但却包括每个具体、个别事物的单个名词概念，也包括具有相同特征的个别事物集合的种属名词概念。在所有的陈述句中，实体恒做主语，不能作为形容词去修饰其他词汇，而只能被其他词汇修饰。

在西方语言中，形容词如果要做主语，必须将该形容词升格为实体概念。这就是我们时常在英语课上听到的"形容词名词化"。例如happy意为"快乐的"，可以造句为You are so happy（"你挺快乐"）；但如果需要happy出任主语，则要使用它的名词形式happiness，造句为Happiness is my nature（"快乐是我的天性"）。

实体，乃西方语言的核心、西方逻辑的起点、西方哲学的第一范畴，不论是经验论还是理性论，都认同实体作为一个抽象概念的存在。否则，他们的语法会变得莫名其妙，逻辑无从谈起，哲学更是无处生根。

可休谟的鬼头大刀却偏偏先落到实体概念的脖子上，他将"观念超不出经验"的原则彻底地应用，拷问实体。实体的概念既然是抽象的，那么就属于观念。而所有的观念都来自于印象，是印象的枯骨，但是感官获取的印象实际上都只是些颜色、形状、声音、味道之类的属性，并没有实体本身。

所以，哪来啥实体呢？

例如，严格地说，我们可以说从来没有看到过这个世界，我们看到的仅仅是这个世界所反射的光。

因此，休谟说："实体观念……只是一些简单观念的集合体。这些简单观念被想象结合起来，被我们给予了一个特殊的名称，借此我们便可以向自己或他人提到那个集合体。"

实体并不存在，不论是理性论供奉的物质实体，还是经验论保留的精神实体，都只是人类的一场"自嗨"、一种自我安慰。人类实际上根本无法观察到客观世界的任何真实存在，人类所体验到的完全只是自己的感觉，人类所谓的整个世界不过是一堆不知所谓的感觉的大杂烩。

这段意思出现在休谟《人性论》的前二十多页。康德读罢，倒吸一口凉气，原来休谟一开始的那句"诅咒"，不光是给理性论，同样是给经验论的。

休谟所要拷问的，是西方世界的所有哲学派系。

休谟完爆了实体概念之后，下一个拷问目标是因果关系。人类几乎无条件地相信一些相继出现的事物之间存在着因果关系，这种关系具有当然的普遍必然性。

在因果关系中，蕴含着包括人类自身在内的宇宙中的所有奥秘。因此，现有的哲学派系承认并发现事物之间的因果关系，理性论用推理的方法，经验论用实验的方法，都是为了发现因果关系。这不光是哲学的任务，也是科学的必须。而在前文中，我们说到过，科学的职责不光在于发展成技术，改变现实生活，还有教化出自由人性。

所以，因果关系在西方思想中的重要性，丝毫不亚于刚刚被休谟处死的实体概念。没有因果关系，就没有哲学，也不可能有科学，不可能有关于自由的教化，也就不会有西方文明。

许是因为因果关系的重要，自诩敢于拷问一切的欧洲人从来没有认真拷问过因果关系的真实性，想当然地认为因果关系天然成立，无需多言，抑或看出了因果关系基础的脆弱，但因事关重大而不敢多想。

休谟，这位哲学史上不世出的猛士，却并不理会那么多。他砍翻实体概念后，径直把手里的武器指向因果关系。

他的武器还是那把名唤"观念超不出经验"的鬼头大刀。因果关系作为一种观念，拥有如此崇高的地位，无非是因为大家认为其具有客观性和必然性。

必然性是指时间和空间上的稳定性。事物具有因果关系，过去是这样，现在是这样，未来当然也是这样，在这里是这样，在那里也是这样。

但休谟认为，因果关系只能说明过去，无法指向未来。因为既然观念超不出经验，而经验又超不出时间，人类不可能提前体验到未来的一切，那么因果关系指向未来的那一截，就是不靠谱的，不具备必然性。而剩下的说明过去和现在的关系的那半截因果关系，也只是描述了事物之间的某种接续关系而已。即使是已见分晓的物理定律，也完全有可能是在茫茫宇宙中地球这个小环境里出现的机缘巧合，在地球上是如此，但在其他星球上却未必，在宏观世界如此，在微观世界也未必。因果关系没有必然性。

就连必然性本身，休谟也认为不过是人类思想的一种决定作用而已。人类为了节约思考成本，将一些看上去似乎固定的东西自行升格为"必然"，以免以后再遇到这种问题时又要重新思考一遍，至于事物本身到底有没有必然性，那是说不清楚的。

必然性没了，客观性自然也就谈不上了。因果关系不过是大脑处理能力实在有限的人类想出的一个权宜之计罢了，只是一种"习惯"而已，没有客观性。

没有确定的实体，也没有稳固的因果。两千多年的西方哲学，从苏格拉底到亚里士多德，从奥古斯丁到阿奎那，从笛卡尔、培根到莱布尼茨、洛克，一切都只是人类的自娱自乐。

虚空破碎，大地平沉。这是康德在读罢休谟著作之后的感受。如休谟所说，哲学还有什么用？不论是经验论，还是理性论，有什么用？就别提指导科学、发展有用技术、教化自由人性什么的了，现在哲学的问题是自身难保。

康德由衷地敬佩休谟，而没有丝毫的愤恨。熟谙思想历史的他深知，不同于东方先哲的继承者们乐于附和前人，西方哲学的每一次进步都来自于后人对先哲们真诚的背叛。

休谟背叛了，用彻底的怀疑论思想同时处死了理性论和经验论，惊醒了整个死气沉沉的哲学界。

"那么现在，该我上场了。"康德心生豪迈。

哲学自有其价值，虽然休谟的著作让康德"一篇读罢头飞雪"，康德依然对哲学有着信仰。他相信即使是声色俱厉的休谟，也相信这一点，只不过他恨铁不成钢，希望哲学的价值基础更加稳固而已。休谟摧毁曾经的一切并不是坏事，正好清空舞台，为新时代的哲学之王腾出空间。

从乾隆三十七年，公元1772年2月21日，康德向学生诉说志向那天起，人类哲学的新时代开始孕育。

休谟的论证几乎无懈可击，除了他对理性思维的理解过于简单之外。在这里，康德看出了把休谟手中的鬼头大刀当作飞跃跳板的机会。

67 瓜分

公元1772年2月康德这封给学生的书信，是哲学圈子里的一记无声惊雷。不过哲学这圈子，放到何时何地都是个小众圈子，关注的人都不会太多。哲学界的惊雷，在现实中不过是蝴蝶扇了扇翅膀而已，直到那扇动最终幻化成席卷世界的风，凡俗的人们才后知后觉。

就算标榜自己是"哲学王"的普鲁士国王弗里德里希二世，也不知道哲学界最近发生的变革端倪。当然这情有可原，他的确很忙。

乾隆三十七年，公元1772年2月，弗里德里希二世正忙活着跟别人合伙瓜分一件东西。上个月，他心目中的瓜分同伙终于同意了他的建议。为了取得对方的同意，他整整谋划了四年时间。

现在弗里德里希二世正张罗着把这事儿落实。

谁跟他合伙？俄罗斯女皇叶卡捷琳娜二世。

瓜分什么？波兰！

是的，是波兰。是个国家，不是一盆兰花。

为什么能瓜分一个国家？凭什么能瓜分一个国家？怎样瓜分一个国家？

说来话长。

四年前的乾隆三十三年，公元1768年，俄国与奥斯曼土耳其帝国爆发了战争。在所有人都以为俄土双方会打得难分难解，长时间分不出胜负，最终两败俱伤之时，俄军却势如破竹地击溃了土耳其人在缓冲地带的防御。

欧洲的君王们用惊讶到快掉到地上的下巴，承认确实低估了叶卡捷琳娜这女人。

次年秋，俄军攻占土耳其重镇布加勒斯特（今罗马尼亚首都），饮马多瑙河。从黑海西岸的喀尔巴阡山到东岸的高加索山，俄国都占据压倒性的优势。虽有土尔扈特骑兵中途脱离战场的意外事件发生，但并没有对战局造成影响。

俄军的狂飙突进让其西邻普鲁士坐立不安。在几年前的全欧大战中，反复无常的俄国人是一辆疯狂的过山车，她曾经将普鲁士逼入过绝境，又在最后时刻诡异地对普鲁士嫣然一笑，饶过了弗里德里希的性命。她让弗里德里希真切地体验了一把人生的大起大落。

真是太刺激了！弗里德里希如今想来依然后怕。虽然在战后的1764年，普鲁士与俄罗斯签订了一份为期八年的盟约，但他心里很清楚，盟约这种纸做的东西，其实最适合撕了擦屁股，或者烧掉给阴间的人看。

弗里德里希觉得俄国女皇也这么认为。他打心眼里不信任这个女人，虽然他也可以把俄国的那次救命之恩算在她的头上，虽然这个女人其实是个德意志人，但她如今首先是俄国女皇。

弗里德里希认为俄国"是个可怕的国家，在半个世纪中将使整个欧洲震颤……在摧毁了东方的帝国之后，俄国人不久就会进攻西方的帝国"。

俄罗斯有着一副饿鬼的胃口，离圣彼得堡越近的国家，越能感受到俄罗斯这种无端投向自己的死亡凝视所带来的恐惧与不安。普鲁士距离俄国并不远，等他们收拾完东方的土耳其之后，八年之期的盟约也就快到头了，俄国的下一个目标很有可能就是自己。

所以，要先下手为强！

那么，怎么下手呢？打仗？若不是七年战争让普鲁士元气大伤，弗

67
瓜
分

里德里希本不畏惧与俄国一战，但他不是战争狂人，他明白普鲁士军队的战斗力完全恢复还需要很长时间。

现在要遏制俄国人的疯狂扩张，不能使用蛮力，而需要施以谋略。谋略，又需要棋子供他驱使，筹码作为本钱。

棋子何在？筹码又在哪里呢？

正当弗里德里希苦思冥想却一无所获时，与他相爱相杀多年的好邻居奥地利不经意间给他提供了答案。

乾隆三十四年，公元1769年1月，奥地利以保护边境安全为由，命军队从其治下的斯洛伐克往北越过边界线，进入邻国波兰境内，轻松控制了该国的大片领土，也就向普鲁士边境逼近了一大步。

奥地利又要干什么？又要跟自己动武？弗里德里希心中一紧。

不过很快，奥地利就通过正式外交渠道告知普鲁士国王，这次行动并不是冲着他来的。

那是冲着谁去的呢？波兰有三个邻国，除了普鲁士和奥地利，还有俄国。那就只能是俄国！

本王怎么连这都差点儿忘了？对于俄国人的扩张，奥地利的紧张程度其实要远远高于自己。

俄军兵临多瑙河，即将进入巴尔干半岛。虽然那里大部分还是土耳其的领土，但奥地利的势力也在里面纠缠不清。自从公元1717年，奥地利名将欧根亲王击败了土耳其，攻占了贝尔格莱德后，奥地利就在巴尔干半岛上占据着一席之地，并从此有了夺取整个半岛的野心。

如果真是一个有雄心的国家，那么就会just do it（只管去做），以此为基础，尽快完成对巴尔干半岛的征服。

但奥地利的行事风格却是just do it...later（稍后再只管去做）。

奥地利这个国家，战略稳定性很差，做事东一榔头西一棒子，没个定性，且办事拖沓，执行力不高，征服巴尔干的事弄了几十年，历经几代君王也没办妥。

这下好了，老毛子搅局来了。奥地利这才惊醒过来，赶紧出兵波兰，向俄军侧后方接近，做出一副强硬的姿态给俄国人看，警示他们不要来摘自己想要，却又一直还没来得及摘下的果实。

这下好了，弗里德里希寻找许久的棋子和筹码出场了，它们分别是奥地利和波兰。普鲁士国王准备拿这俩货去和叶卡捷琳娜谈笔生意。

乾隆三十四年，公元1769年2月，弗里德里希通过正式外交途径，向叶卡捷琳娜提出一个建议：两国瓜分波兰的领土。

什么意思？叶卡捷琳娜女皇有点儿蒙。他普鲁士凭什么突发奇想地要瓜分波兰？

她并不是正义战士，无意维护波兰的主权。她的惊诧在于波兰本来就是俄国的附庸，就连波兰当时的国王都是她的情夫，这个国家虽然名义上还是独立的，但实际上处于自己的控制之下。普鲁士凭什么突然提出要跟自己一起瓜分波兰？

说起波兰，也是可怜。波兰原本是欧洲最早的民族国家之一，也曾经煊赫一时，乃是东欧一霸，幼年时代的普鲁士、俄罗斯，都被波兰收拾过。可惜后来波兰内部纷争不断，而波兰国王并非世袭，而是在前任国王死后由贵族选举产生，外国人也可以参选，四邻列强钻进这个空子，长期插手波兰王权。从1572年到1770年这两百年间，波兰先后选出了十一位国王，其中就有七个外国人。

另外，波兰还保留着原始而奇葩的"自由否决权"制度：在波兰议会中，只要有任何一个议员反对，那么议案就无法通过。这使得议会基本上无法通过任何议案，波兰长期处于烂泥一般的瘫痪状态。

如此一来，波兰那一片儿除了俄罗斯和土耳其之外欧洲最大，包括今天的波兰中东部、立陶宛、白俄罗斯、乌克兰西北部，共计八十三万平方公里的疆域，以及仅次于法国、俄罗斯、意大利，居欧洲第四位，共计一千一百万的人口，就成了一堆无人看护的财宝而任人宰割。

俄国人趁虚而入，用阴谋控制了波兰的王权。到1769年这会儿，华

67
瓜分

沙的实际掌权者早已不是国王，而是俄国驻波兰大使。

既然如此，俄国当然不屑于和普鲁士瓜分波兰。整个波兰都是她的，分什么分？所以，不管普鲁士驻俄大使如何在自己面前嘀嘀嗒嗒，叶卡捷琳娜都不为所动。

这倒也在弗里德里希的意料之中，他不紧不慢地开始了自己计划的第二个步骤。1769年8月，弗里德里希在西里西亚接待了他请来的一位尊贵客人。

此人是神圣罗马帝国皇帝约瑟夫二世，奥地利女王特蕾莎的长子。当年，特蕾莎在国家的危难时刻，在匈牙利贵族面前慷慨陈词、求得援助时，手上抱着的孩子就是他。四年前，特蕾莎的丈夫去世，这孩子继承了父亲的皇冠，和母亲共治奥地利。

约瑟夫与母亲有很多不同，其中最明显的一点就是对待强邻普鲁士的态度：约瑟夫并不像母亲一样痛恨弗里德里希；相反，他对他还满怀着仰慕。

弗里德里希当然知道约瑟夫很仰慕他，他还知道，约瑟夫万分担忧俄国杀进巴尔干半岛，威胁到奥地利的利益。弗里德里希正好可以把这种担忧转化成自己与俄国谈判的筹码。

在8月的会晤中，普奥两国君主谈人生、谈理想，弗里德里希夸赞约瑟夫年轻有为，约瑟夫则回敬弗里德里希是"最好的君主"。双方并没有聊什么实际的话题，没有涉及俄罗斯，没有讨论土耳其，没有说起巴尔干，也没有谈到波兰。

怎么可能？俄国女皇叶卡捷琳娜知道普奥两国元首会晤的消息后，对他们会晤的内容表示怀疑。都是老大不小的人了，都很忙，怎么可能有空去谈人生，谈理想？

俄国女皇不可能相信两位强邻在这个杯弓蛇影的时刻会晤，不是针对自己的。

他们一定在聊怎么对付自己……

叶卡捷琳娜开始慎重地考虑，与土耳其的战争还没有结束，不能树立新的敌人。普鲁士战神附体，奥地利地大物博，若是联起手来，可不是闹着玩的。普鲁士与自己的盟约还有三年就要到期，难道弗里德里希准备到时候立马翻脸，跟奥地利一起来打自己？或者根本就不用等到那时候？

可恶的土耳其，都被打成这样了还不投降，害得我腾不出手来！

既然腾不出手，要解决问题，就得动动脑子了。叶卡捷琳娜只得重新考虑普鲁士关于瓜分波兰的要求。

这个看似无理取闹的要求，背后有出众的胆略和智谋作为支撑。一开始，普鲁士也是害怕俄罗斯的，但当看到奥地利也对俄国的扩张抱有同样的忧虑，并率先做出实际行动向俄国示警，弗里德里希发现了把俄国孤立成东欧公敌的机会。于是，弗里德里希非但不再畏惧俄国，反而向俄国提出了瓜分波兰。

一开始，叶卡捷琳娜还没明白过来是怎么回事，对普鲁士的要求不予理睬。弗里德里希见状，果断地把奥地利当枪使，暧昧地与奥地利眉来眼去，向俄国暗示自己有将其置于绝境的能力……

叶卡捷琳娜害怕了，赶紧与普鲁士谈判，于乾隆三十四年，公元1769年10月，提前把两国之间的盟约续期到了1780年。但是对于瓜分波兰，女皇依然舍不得松口。

拖一下吧，如果能尽快彻底击败土耳其，我的军队就能掉过头来看住普鲁士和奥地利，整个局面都会发生变化，那时候看他们还敢不敢跟我胡搅蛮缠！叶卡捷琳娜当时这么想。

乾隆三十五年，公元1770年的局势也正如叶卡捷琳娜所愿。俄军在战争中势如破竹：在海上，俄国舰队得到英国的默许进入爱琴海，击溃了土耳其海军；陆上的各条战线，俄军也无往不胜，攻占了摩尔多瓦、克里米亚等地区，完全控制了黑海北岸，大有攻陷伊斯坦布尔，消灭奥斯曼土耳其之势。

67
瓜分

415

奥地利这下着慌了，彻底公开与俄国敌对的立场，叫嚷着要跟土耳其、普鲁士、法国建立反俄同盟，组织联军对俄宣战。

弗里德里希窃喜。那土耳其当年也是欧洲争霸的主角之一，虽然现在不行了，但百足之虫，死而不僵，哪是一下子就能被俄国消灭的？奥地利干吗那么一惊一乍？俄国如果不懂得见好就收，必然会陷入困境，露出破绽。这时候，谁沉不住气，谁就会被别人当枪使。

沉不住气的奥地利看样子果然是自己手上的一条好枪。对于奥地利的同盟建议，普鲁士顺口打哈哈，并不肯定，也不拒绝。弗里德里希不会真的跟俄国翻脸，他想要的只是让奥地利出头叫阵，使俄国感受到威胁，从而同意和自己一起瓜分波兰的建议。

另外，普鲁士还暗地里做了奥地利一年前做过的事：派兵进入波兰境内。理由也跟奥地利一样：保护边境安全。

面对普鲁士的太极拳，奥皇约瑟夫按捺不住了，于1770年9月带着首相一起再次访问普鲁士，想要弗里德里希给个明白话。

结果，弗里德里希还是跟他谈人生，谈理想……

时间进入乾隆三十六年，公元1771年。俄国军队的强势表现结束了，俄土战争果然陷入僵局。奥地利眼见土耳其还没死，还能抢救一下，赶紧撇开普鲁士，于当年7月与土耳其签订了同盟条约，明确规定只要俄军越过多瑙河，奥地利将出兵与之对抗。

战事僵持，又有新的对手加入，叶卡捷琳娜感到力不从心了，只好求助于普鲁士，援引两国同盟条约，请求弗里德里希出兵助战。

"那么……把这个带给你们的女皇吧。"弗里德里希交给俄国使节一叠文件，然后补充道，"在你们的女皇签署这东西之前，我不会派出一兵一卒。"

而当你们的女皇签署这东西之后，我也不用再派出一兵一卒。这是弗里德里希心里的盘算。

俄国使节定睛一看，是瓜分波兰的协议书。

事已至此，叶卡捷琳娜准备接受普鲁士的条件，跟他们一起瓜分波兰。但是，看罢弗里德里希给她的协议，叶卡捷琳娜心里又是一万个不愿意了。

为什么还要给奥地利分一份？俄国女皇对普鲁士的这个建议感到惊诧，他奥地利凭什么？

弗里德里希就知道俄国人会犯这个嘀咕，所以派来最了解自己心思的亲弟弟亨利亲王和叶卡捷琳娜交涉。

"女皇陛下，我的王兄说过这次事情，谈论过每个人都该得到些什么。奥地利现在实际上已经占领了波兰南部地区，您要撵走他就得用兵。您自己想想，这风险不大吗？不如干脆给他们一个顺水人情，这样他们就不会一味地庇护土耳其，您也就可以专心致志地对付土耳其。"亨利向叶卡捷琳娜解释道。

"当然，您说得不错。另外，分一份波兰给奥地利，还可以让奥地利欠贵国一份人情，让你们两国继续保持这种暧昧的友好关系。奥地利得到这块土地，就会放弃支持土耳其，贵国也就不用出兵支持我们了。是这样吗？"叶卡捷琳娜说破了普鲁士人的心思。

"人生已是如此地艰难，有些事情就……"亨利看着女皇，诡异地一笑。

"那好，就这样吧。"

乾隆三十六年，公元1772年1月，叶卡捷琳娜终于同意了瓜分波兰。

接着，弗里德里希兴冲冲地把瓜分波兰的计划告诉了奥地利。这下，特蕾莎和他的儿子约瑟夫才彻底明白普鲁士的葫芦里卖的什么药，原来自己被他利用了。当然，普鲁士还算仗义，瓜分的时候还知道给自己一笔劳务费。

既然如此，普鲁士是肯定不会跟着自己一起打俄国的，土耳其又靠不住，法国就更别提了，优柔寡断的路易十五根本就不知道该干什么。而波兰，特蕾莎女王不久前还在强调波奥双方有着"不可改变的友

67

瓜分

谊",现在普鲁士却要她打自己的脸,参与瓜分波兰,这情何以堪?

"这是不幸中的幸运,奥地利必须参与瓜分。"奥地利首相考尼茨进言。因为如果不参加瓜分波兰,不仅意味着奥地利要继续和俄国为敌,普鲁士也极有可能翻脸,而自己身边却只有土耳其和法国这样的猪一样的队友。

这句话最终使得特蕾莎母子横下一条心,丢弃与波兰"不可改变的友谊"的伪善,觍着脸,扭扭捏捏地来到了波兰的屠宰场。

弗里德里希为此放声大笑:"俄国叶卡捷琳娜女皇和我绝对是强盗。我只想知道她(特蕾莎)会如何对神父忏悔自己的罪过?也许她在取得(波兰)时哭了,不过她哭得越多,得到越多。"

乾隆三十七年,公元1772年5月,俄普奥三国在俄国首都彼得堡谈判。8月5日,正式签署瓜分波兰的条约。

俄罗斯所得领土最多,得到了波兰东部,大致相当于如今的白俄罗斯一带的九万两千平方公里土地,这片土地上有一百三十万人口。瓜分之后,普鲁士、奥地利再也不和俄罗斯为难,俄罗斯得以专心致志地对付土耳其。

奥地利得到的领土也不小,波兰南部的八万三千平方公里土地及二百六十五万人口被她鲸吞。

普鲁士只拿走了维斯瓦河入海口附近的三万六千平方公里土地,人口也只有五十八万。看上去胃口最小,但实际上,普鲁士的眼光最好。这一小块土地原本隔在普鲁士的两块领土之间,把旧都哥尼斯堡所在的东普鲁士和其他国土分开,隔绝成飞地,这次瓜分之后,普鲁士的两大块国土终于合体,普鲁士的战略实力骤升。

唯一的输家是波兰。在瓜分中丧失了三分之一领土和人口的波兰自始至终都没有任何发言权,连哭出来、喊一声的资格都没有。

68 心血

英国在搞什么？瓜分波兰这么大一场戏，她也不过来搅一搅局？这太不符合不列颠的性格了，那里发生了什么？

乾隆三十七年，公元1772年，英国正在闹肚子：国内爆发了大规模金融危机，大批银行倒闭，英国因此而动弹不得。

詹姆斯·瓦特的投资人罗巴克，这个原本就已左支右绌的商人，被这次金融危机逼入了绝境。他已经无力支付瓦特研究蒸汽机所需的实验费用，蒸汽机改良处于瘫痪状态。

瓦特眼下的任务也不得不倒退为养家糊口，他暂时放下与蒸汽机的纠缠，凭借自己的技术去打工挣点儿外快。这些年，他作为测量员参与了苏格兰地区的许多运河建筑工程，勉强得到一些收入，养活家庭之后，还帮助罗巴克偿还了部分债务。

但是，利滚利的债务以乘法的速度在增长着，单靠瓦特加法式增加的收入是填不满的。瓦特把自己得到的专利奖金都给罗巴克拿去还债了，依然不过杯水车薪。

"我的心仿佛在为他滴血，但却没有能力为他做任何事……作为合作伙伴，我能为他分担的实在太少了，甚至可以说是在袖手旁观。"瓦特的日记里写满了焦急与祈祷，但无济于事。

1772年，罗巴克企业的生命进入倒计时，破产清算程序无可逆转地开始了。按照法律规定，罗巴克必须变卖自己所有能卖钱的资产，尽一切可能抵消自己的债务，而这之后还还不上的债，则不再追究，不存在什么"做牛做马都要还债，这一代还不完下一代接着还"的说法。有限责任制度下的破产只限于企业，不涉及人格。这使得罗巴克虽然在商业领域失败了，也依然保有与他人平等的人身权利。

虽然残酷，但毕竟有限度。虽然有限度，但依然算残酷。

老实巴交的瓦特必须接受这个事实。现在他能做的，就是把在自己名下，但是由罗巴克实际投资的蒸汽机改良专利权以尽可能高的价格卖掉，尽量帮助罗巴克多冲抵一些债务，也为自己的蒸汽机找个好下家。

这也是绝境中的罗巴克最后的救命稻草，他不能将其贱卖。罗巴克详细计算了自己从1766年以来投入到蒸汽机改进事业的成本，把蒸汽机的股份标价为整整一万三千英镑。别拿现在的标准来衡量这笔钱，在当时，这笔钱相当于二百六十位熟练工人全年的工钱！

要想得到蒸汽机的专利权，罗巴克的债主们就得冲抵他至少一万三千英镑的债务。

傻呀！谁要那东西！人们对1769年第一台蒸汽机样机公测时的糟糕表现依然记忆犹新。虽然罗巴克和瓦特事后无数次地向大家解释，那次失误是因为遭到了竞争对手的暗算，有人在公测前的那天晚上灌醉了他们的操作员……

但即使大家不介意这事，改进蒸汽机这项事业依然是个深不见底的无底洞，没人知道这事到底什么时候能完成，什么时候能开始见利，什么时候能回本，什么时候能赚到钱，什么时候能发大财。

也许2000年？有人打趣道。

对此打趣的人很多。这种笑话几乎能逗笑所有人，除了罗巴克和瓦特。瓦特的性格内向且敏感，面对这些揶揄，他无法向任何人表达自己心中的酸楚。

辗转反侧的时刻，他常常忆起自己投身蒸汽机改良事业之前的人生。那是一段惬意的人生时光，尤其是跟现在的窘迫境遇比起来，更是如此。那时候，瓦特的仪器制造工作室雇用着十多个工人，生意兴隆，顺风顺水……

何必要搞什么蒸汽机？

睡不着时可以和自己的悔恨纠缠，但每当太阳升起，瓦特依然要直面当下的人生。他详细地整理出自己所有的人脉，向每一个可能购买的人兜售自己的蒸汽机计划。

对于瓦特这样内向而敏感的人来说，一次次地遭到好友们的拒绝无疑是一种极其虐心的人生体验。

乾隆三十七年，公元1772年8月30日，瓦特又接到了好友斯莫尔的拒绝来信。他断定瓦特的蒸汽机已经没有市场价值，不可能会有人去接手这股份。

他还顺便告诉瓦特自己的另一个断言：蒸汽机目前的小股东马修·博尔顿也不会收购。

这让瓦特几乎绝望。

立志要为全世界制造商品，却被罗巴克排斥的马修·博尔顿，现在的确不打算收购蒸汽机剩余的股份。但原因不是他也认为蒸汽机已经没有价值，相反，和三年前一样，他依然坚信蒸汽机具有伟大的未来。从结识瓦特开始，拿下蒸汽机的全部股份就成了他的梦想，只不过，相见恨晚，那时瓦特已经有了罗巴克。

现在，罗巴克撑不住了，博尔顿干吗不赶紧上？

博尔顿不着急。他罗巴克虽说撑不住，不也还在撑着吗？罗巴克疯狂地狮子大开口，胡搅蛮缠还漫天要价，这时候去接盘，不合算。反正大家一致看衰蒸汽机，自己没有竞争对手，那么干脆等罗巴克破产程序走完，死硬了无法再挣扎，彻底退出蒸汽机事业时再说呗。

这并非心狠手辣，不过是在商言商。况且，金融危机也威胁到了博尔顿的事业，他即使不至于像罗巴克一样病入膏肓，精打细算却也变得

68
心血

更加重要。

博尔顿也并不担心瓦特。他了解瓦特的多才多艺，这会儿瓦特还能凭着测绘运河的兼职勉强维持一家人的生活，暂时还不会因为蒸汽机事业的搁浅而立马就沦落到揭不开锅的地步。

不出意外的话，经过一段时间的等待，马修·博尔顿会以白菜价收购蒸汽机的全部股份，顺利地全面接手这个早就被他看中的事业，为他"向全世界销售商品"的梦想助力。

然而，意外发生了。一年后的乾隆三十八年，公元1773年9月，瓦特的家庭横生变故：他的妻子突然因难产去世，瓦特万分悲痛。看着妻子留下的六个儿女，想到自己依然没有固定的职业，瓦特万念俱灰。

那么蒸汽机，还有戏吗？

谁都知道，如果瓦特未能改良蒸汽机，世界将面临怎样的后果。后果就是：改进蒸汽机的历史任务将由他人抢先一步完成，瓦特将成为历史上籍籍无名的普通工匠。

您以为后果会是世界就没有蒸汽机了吗？不会的。发明创造的根本驱动是人类的需求，而不是某个发明家。

乾隆三十七年，公元1772年的法国，继七年前完成《百科全书》文字部分的编撰后，狄德罗又完成了多达十一卷的插图编绘出版工作。如此一来，伟大的《百科全书》终成完璧。

共有四千二百二十五部《百科全书》相继投入市场。每部书都是一个图书馆，在法兰西乃至全欧洲境内遍地开花。然而，这依然远远满足不了那时的西方世界对启蒙的渴求，外加法国政府对《百科全书》抽风式的不时查抄和没收，使得《百科全书》供不应求，巴黎纸贵。

这套书的正式价格从最初的280里佛，上涨到980里佛，而在黑市上则被炒到了1400里佛。

启蒙，原来是一件有利可图的事。

1768年底，出版商夏尔·庞库克购买了《百科全书》的版权。眼见市场如此火热，不等《百科全书》第一版的插图卷出完，他就开始劝说狄德罗写一篇文章，列举第一版的不足，放出要撰写第二版的风声。庞库克的计划还不止于此，他还打算出一部四开本的《百科全书》，作为第一版二开本《百科全书》的低配普及版本，将《百科全书》的市场向民间渗透，挖掘普通百姓对《百科全书》的需求。

四开本的书籍大小是二开本的一半，拿在手上更加轻巧方便。对于有志于阅读《百科全书》这鸿篇巨制的人们来说，开本变得更加人性化自然是一件大好事。因此，人们对庞库克的计划充满了期待。

不得不承认，最关心普罗大众需求的人，往往是企业家。但企业家如此体贴，却不是因为心灵鸡汤里常说的那种爱，而是因为生意。

为了完成这个计划，从1772年起，庞库克与狄德罗，与法国政府的出版监管部门，与印刷商三方面开始了漫长的扯皮。

美国历史学家罗伯特·达恩顿指出："《百科全书》从一开始就倚赖金钱和权力的联合，在它最早期的历史进程中，政治和经济利益就纠缠在一起。它努力地打开进入法国社会的通路，因为它的支持者知道如何围绕着构成旧制度文化特性的矛盾迂回前进。"

什么意思？就是说即使是最伟大最崇高的理想，也需要最现实最靠谱的手段来为其保驾护航。

同样在乾隆三十七年，公元1772年，在远方的大清国，也有一项伟大的文化工程正式起航。与《百科全书》不同的是，支撑那项伟大工程的不是万千大众的需求，而是一个人的欲望。

公元1772年，乾隆三十七年正月初四，乾隆皇帝昭告天下，命令在全国范围内征集古今书籍，汇送京师，初衷是扩大政府的藏书规模。为此，乾隆帝还规定了初步的征集办法：如果要征集的书籍在市场上，则由政府按价买来；如果是私人藏书，则由政府出钱装印或抄写副本送来，将原书返还。

不论是出于真诚还是粉饰，抑或二者兼而有之，历代皇帝都自诩崇尚文化的价值。中国历史上在政治军事上有所建树的君主，最终都会想要在文化上也有所作为。似乎没有这项塔顶之珠般的荣誉，纵有千般功业，也依然缺憾明显。从魏文帝曹丕编撰《皇览》开始，在位时间稍长些的皇帝，都想做这种事。

如今，在位已近四十年、功业鼎盛的乾隆帝也想起了修书这件事，征集古今书籍、增加藏书只是他计划的第一步。我们对乾隆帝的好大喜功已经非常了解，既然他要修书，那么这部书一定是规模史无前例的大书。

而史无前例的，也仅仅是规模而已，乾隆帝并不打算编写新内容，而是要将中国当时与历史上原有的正规书籍全部搜罗集中，经过考订校勘、分类辑要，重新编定成一部特大型的丛书。

所以，第一步工作自然是大规模地收集藏书。根据乾隆帝提出的收集办法，免不了要知晓全国人民家里的书架上都有些什么书，免不了要知晓全国人民家门里的事情，不知晓就得打听，打听不到就得上门动手动脚了。

皇帝的诏令下达之后，华北的几个省份最先行动起来。在河南，这项工作由巡抚何焵亲自牵头负责落实。何焵的思路自然是先易后难，先从下属官员家里的书征起。他立刻想到信阳府罗山县的县令查世柱。这人是出了名的书痴，特喜欢读书，而且自己也在写书，那么他家的藏书一定不少，干脆就让他列个他家的书单来看看吧，何焵决定。

几天后，查世柱的书单送到开封府来了，却不过是些四书五经、二十四史之类的寻常家庭的必备书籍，并不值得专门征集。

何焵很是失望，随口问去罗山办事的差役："查世柱在写什么书？"不是说查世柱在写书吗？就这些个参考资料，能写什么书出来呢？

"回大人，听罗山县的人说，查县令在写的书叫作《全史辑要》。"

"《全史辑要》……"何焵也是读书人，从这书名，他大概就能猜出查世柱要写的内容，无非搜集一些历朝历代的野史逸文而已。

何焵依旧很失望。看来这次要想邀功没有想的那么简单，还得多下点功夫才行。

唉，河南近些年光景不佳，人口压力越来越大，农业收成却还是那么的一般般，中原大地已经成为全国知名的贫困地区。黄河稍有水旱就要闹灾；河南一闹灾，那必是大灾；一闹大灾，就必有几顶乌纱帽要落地。何焵这个巡抚，每年为了如何防灾减灾，以及灾后如何欺上瞒下的事忙得不可开交。这些年，何焵虽然为自己捞了个"治水能臣"的名声，但已经费尽了心机，实在不想再摊上征集书籍之类的任务了。

当然了，事情也别看得那么绝对。何焵转念一想，如果没有这偶然的邀功机遇，自己就只能在不求有功，但求无过的泥潭中惶惶不可终日，继续苦不堪言地哀求黄河别发大水，发了大水之后又得苦苦寻思要不要给上面报灾，怎样给上面报灾才能保住乌纱帽。

所以，何煟必须在征集书籍这项任务上做点儿成绩出来，就算征集不到名贵古籍，怎么也得弄出点儿文章来。这样的话，即使不能借此高升、逃离河南，至少也能让他在河南的位置安稳一些。

那么，查世柱的事情就值得再往深处琢磨一下。

《全史辑要》……既然是全史，那么肯定包括本朝大清和前朝大明的历史略，也肯定会有本朝与前朝恩怨纠葛的内容，这可是本朝学术界最敏感的话题啊。

关于这段历史，有乾隆四年发行的朝廷钦定史书《明史》作为唯一权威。查世柱的《全史辑要》有关明朝历史的部分，如果与《明史》雷同，那写出来还有什么意思呢？所以，肯定会有《明史》中没有的内容。可既然《明史》是唯一权威，《明史》中没有的内容就一定是犯忌讳的东西，查世柱又怎能触及呢？

嘿嘿。想到这里，何煟兀自得意，安然在椅子上坐下，啜了一口信阳毛尖茶。那茶汤香高味浓，乐得何煟咂嘴连声。

“来人！去信阳把查世柱叫来！还有他的书稿一起带来……还有他家里所有的书！”何煟高声发令。

公元1772年，乾隆三十七年三月，由河南巡抚何煟呈上的检举信，以及《全史辑要》书稿和查世柱家中藏书的详细清单来到了乾隆帝的面前。警惕性极高的皇帝仔细阅读了《全史辑要》的全部内容，却并没有发现挖掘本朝黑历史、诋毁本朝伟大光明正确形象的内容。

不过一部普通的野史小集子。何煟这小子无事生非，小题大做，想要故意邀功请赏，怎么瞒得过朕？

乾隆帝释然一笑，把何煟的检举信和《全史辑要》书稿都扔到一边，揉了揉眼睛，再捡起查世柱的藏书清单查看。

果然不出何煟所料，一个敢将自己的书稿以“全史”命名的人，家里的藏书不会仅限于家庭必备的普通书目。查世柱家的书的确不少，好多连乾隆帝都没读过，相比于那部《全史辑要》，这份看似干瘪的清单更能让乾隆帝读得津津有味。

嗯？《明史辑要》？清单上的一个书名引起了乾隆帝的注意。

好熟悉的名字，在哪儿见过？在哪呢，哪呢？那年乾隆帝都六十一了，老了，开始记不住事了。踱来踱去老半天，乾隆帝才突然想起来：《明史辑要》这部书他的确没读过。引起他格外注意的原因是，这部书的名字与另一部书的名字，只有一字之差。

那部书叫作《明史辑略》，出现于多年前的一桩大案之中。

这"多年前"，多得可不是一般，乾隆帝的追忆超越了已经三十多年的乾隆朝，直抵百年前的顺治朝末年、康熙朝初年。那时候，他的爷爷玄烨都还只是个小屁孩，当权的还是鳌拜那家伙呢。

那时，江山初定，当权者对有关巩固政权的一切事务都万分敏感，以"宁可枉杀一千，不可漏网一人"的狂热亢奋态度，疯狂掐灭一切针对新王朝的敌对举动，思想文化领域也概莫能外。

顺治年间，浙江富商庄廷鑨想在文化圈捞些名声，出钱组织了一帮书生，撰写了一部有关明朝历史的书，定名《明书》。

那年月，有钱人出钱修书是一种风尚，是富商洗脱原罪，真正进入高端文化圈子的重要方式。正因如此，这些人修书的内容自然也就不能是风花雪月、男欢女爱之类，必须得说点正经事。庄廷鑨因此选择了刚刚灭亡的前朝历史作为素材，这看上去很高端。

然而，不知道作为挂名主编的庄廷鑨到底有没有细看过这部书稿，如果他过问过《明书》的编辑事务的话，应该不会把《明书》就那样编撰出来。

《明书》大量复制粘贴了明末大学士朱国桢所著的史书遗稿，对该稿件中许多已经不合时宜的提法并未加以改变，例如将清朝皇帝贬称为"奴酋"，将满洲人称为"建夷"等，并在明末清初，明清两朝同时设有年号时，采用了明朝年号。

难道庄廷鑨是一位反清义士吗？当时有很多反清义士，他们都有一些轰轰烈烈的作为，而庄廷鑨在清军入关之后规规矩矩的行为表明，他并非他们中的一员，他不过是个普通的生意人而已。

然而，此书一出，本来并没有什么政治理想的他却让自己卷入了政治的黑色旋涡。

稀里糊涂地追求名声的庄廷鑨为了让自己的《明书》在江南名士中有些影响，拉了一大帮子当时著名的文化人作为挂名顾问加入《明书》。这两百多号人里，有一大半其实根本没有参与过《明书》的编辑工作。

那时，杭州有个举人叫查伊璜，也被庄廷鑨写进了顾问名单。这查伊璜想着既然当了人家的顾问，好歹也看看这部书，给人家把把关，于是，他认真阅读了《明书》。

这一看，可没把他吓得半死。这书要是让当官的看见了，那势必是要杀头的呀。但是，人家已经把自己的名字给写上去了，怎么办？

只好先下手为强，主动告发他们，才能有机会脱身！

查伊璜赶紧向浙江学道检举了庄廷鑨。但那学道的脑子里，国家安全这根弦绷得不紧，对此事并不重视。

后来，庄廷鑨去世了。他的父亲庄允诚怜惜儿子的事业，于公元1660年，顺治十七年将《明书》刊印，易名为《明史辑略》。第二年，浙江湖州府归安县知县吴之荣读过《明史辑略》后，将庄允诚告发至湖州知府处。

庄允诚拿钱摆平了湖州知府。吴之荣见状也来索贿，却被庄允诚拒绝。恼羞之下，吴之荣越级上告，把这事捅到了朝廷重臣鳌拜那里。

康熙二年，公元1663年，只手遮天的鳌拜做出了判决：将庄允诚虐死狱中，庄廷鑨开棺戮尸，庄廷鑨的同辈兄弟们全部惨遭凌迟，庄氏全族男丁被处以死刑，其余为《明史辑略》作序、校阅、印书、销售、藏书者亦被处死，《明史辑略》也被查禁。受此案牵连者逾千人，是为清朝文字狱第一起大案。

而告发《明史辑略》的查伊璜、吴之荣等人则受到嘉奖，吴之荣升任都御史，还得到了庄家一半的财产。

本朝文字狱第一大案的《明史辑略》，是不是就是现在罗山县令查世柱藏书清单里的那部《明史辑要》？

乾隆帝心起疑惑。毕竟《明史辑略》被查禁已有百年之久，他没读过那部书，不知道具体内容是什么。查世柱的《明史辑要》与那部书的书名仅一字之差，且"要"与"略"二字在此处含义相同，可以相互替换；况且除了在查世柱的藏书清单上看到，自己从来没在别处听说过有《明史辑要》这部书。姓查的人本就不多，这查世柱和当年的查伊璜会不会就是一家人？

乾隆帝绷起了高度敏感的神经，这些蛛丝马迹足以证明查世柱的《明史辑要》就是当年的反动禁书《明史辑略》。结论已定，不需要再找寻其他证据了，查世柱私藏禁书必定居心叵测！

这还得了！乾隆帝立即命令将查世柱逮捕，交由刑部从重议罪。

公元1772年，乾隆三十七年三月十四日，查世柱一案审结：判处查世柱秋后斩首，将其书稿《全史辑略》以及家藏禁书《明史辑略》全部销毁。

何焯与当年的吴之荣一样受到嘉奖，进兵部尚书衔，他从此受到乾隆帝的格外注意，淤塞多年的官运终于亨通了。

查世柱一案本起于征集书籍，却因此发现了被私藏百年的禁书，乾隆帝由此尝到甜头，更加坚定了要征集天下书籍，修成一部亘古未有的大丛书的念头。因为这不仅能给他带来文化建设方面的重大成就感，还能让他以征集书籍的名义，趁机翻遍天下人的书柜，查遍天下人的私房，禁遍天下人的非分之想。

何乐而不为呢？

公元1772年，乾隆三十七年十一月，安徽学政朱筠建议从《永乐大典》中辑录遗失书籍，按此名录加以收集，再专门开馆校正编辑。乾隆帝采纳了这一建议。

公元1773年，乾隆三十八年二月十一日，乾隆帝将正在进行的这项征书编书的浩大工程的对象定名为《四库全书》。

该年三月二十八日，也就是查世柱定案的一周年零十四天后，乾隆帝发布谕旨，宣布自己不会以文字罪人，劝天下藏书者打消疑虑，大胆地向政府提供藏书："朕办事光明正大，可以共信于天下，岂有下诏访求遗籍，顾于书中寻摘瑕疵，罪及藏书之人乎？"

呵呵。

一个月后，朝廷编纂《四库全书》的领导班子成立了，大学士刘统勋等人挂名正总裁，编辑事务由翰林编修纪昀具体负责。

再战

四月，杭州大藏书家鲍士恭响应乾隆帝的号召，上交家藏旧书一千九百余种。

五月，宁波藏书家范懋柱上交家中天一阁藏书数千种。

乾隆帝得意洋洋，那年的整个六月，他都在期待着再有类似的喜讯传来。

然而，正当乾隆皇帝向着他的文治事业阔步前行时，他的武功基础却突然塌下了一大坨。

六月，从四川发来了一份关于官兵在金川前线木果木遭遇惨败的报告。看完这份报告，乾隆帝的好心情一扫而空，他用几近垂头丧气的语气说："国家百余年用兵多矣，从无此事……"

金川的战事不是在二十年前就了结了吗？怎么现在又在金川打起来了？清军在木果木所遭遇的败仗究竟败到了什么程度，引得皇帝如此哀叹？

乾隆皇帝执政初期的几次用兵都不太顺利，结果也都非常尴尬。对瞻对和金川的第一次战争都是如此，有这两次失利作为教训，乾隆帝在很长一段时间里都对发动战争非常谨慎。

但在乾隆二十年，公元1755年进军西域等一系列战役中，清王朝出人意料地以较小的代价获得大胜，消灭了百年宿敌准噶尔，拓地两万里，使得清朝疆域直抵中亚腹地。自那之后，乾隆皇帝很有些飘飘然，轻易就想动用武力来解决问题的黩武思想膨胀起来。当年贸然发动与缅甸的战争就是这种轻率思想的一次实践。

在清缅战争中，朝臣们竭尽全力地欺瞒，使得作为最高决策者的乾隆帝并没有真切地体会到穷兵黩武的深刻教训。因此，在公元1771年，乾隆三十六年十月初一，大清朝再次向大小金川这两个自己国内的藏族土司宣战，在西北、西南战线都曾有过上佳表现的将军温福挂帅，是为第二次金川战争。

彼时，距离清缅两国在老官屯签署停战协议还不到两周年。

与二十年前第一次金川战争的起因相同，这一次对其动武的原因依然是大小金川侵夺周边土司领地，进行统一川西高原的尝试，蓄意破坏以藩制藩的土司体系，从而惹怒了清王朝。

二十年弹指一挥，川西高原早已物是人非。如今的大金川土司名唤索诺木，乃是当年率先挑战清王朝的枭雄莎罗奔的侄孙；而小金川土司叫僧格桑，是莎罗奔的外孙，当年的金川妖姬阿扣的儿子，但生父不详，不知道是阿扣的前夫泽旺还是后夫良尔吉。有关阿扣的传说实在太多，还有传言说僧格桑是阿扣跟岳钟琪，甚至是跟傅恒生的孩子。

但不管僧格桑的生父是谁，他和大金川土司索诺木的表兄弟关系雷打不动，这样一来，大小金川就成了一家，成了有福同享、有难同当的联盟。

他们共同拾掇起他们的爷爷、外公莎罗奔的梦想，开始骚扰其他土司，再次试图统一川西高原。他们的目标再次对准康定的明正土司地盘。

前面我们在讲述第一次金川战争时，已经提到过明正土司在清王朝的心目中有高于其他土司的地位。作为第一个归附清王朝，且为清王朝把守着川藏大道第一站的藏族土司，挨了打，清王朝不能不管。

怎么管，却是个问题。乾隆帝虽然黩武，但二十年前为了慑服金川弹丸之地，险些耗尽国库存银，首席军机大臣讷亲、川陕总督张广泗，以及各级官员若干，还有近万将士为之殒命的惨痛教训依然历历在目，记忆犹新。

因此这一次，乾隆帝动了动脑子，起先只对实力相对较弱的小金川宣战，并发动被大小金川侵略的各地土司跟清军一起作战，许诺踏平金川之后他们可以自行瓜分金川的土地和财宝。

数万清军联同各路土司盟军在定边将军温福的统一指挥下向小金川进击，开局还算顺利。公元1773年，乾隆三十七年十二月初十，清军攻克小金川土司官寨，僧格桑逃往大金川。

接着，清军兵分三路，剑指大金川。

大金川的军事实力远高于小金川，温福的前几次进攻都失败了。他决定暂缓行军，想设计将金川军诱出碉楼来聚而歼之。

温福想出的办法可能仿自《三国演义》里张飞假装醉酒打败张郃的经典故事，他也弄了这么一出戏，每天跟几个部将置酒高会，等着金川兵看见了打过来，来中他的埋伏。为了把这戏演得够逼真，温福并没有把他的计划告诉别人，那些劝他赶紧进军的人都被他严肃处理了。其中甚至包括乾隆皇帝的驸马——蒙古郡王色布腾巴尔珠尔，他因为发了几句牢骚，被温福向皇帝告了状，而被召回北京。

一切看起来都挺像那么回事儿，像《三国演义》里写的那么回事儿。可是，您也知道，这故事里的事，说是就是，不是也是，说不是就不是，是也不是，反正写故事的人又不用负责。

军事斗争自有其独特规律，这规律与如何把一个故事写得精彩不同。如果要故意向敌人暴露某种弱点，以诱使敌人出击，再伺机取胜，就需要在暴露弱点的同时保持己方思想的统一、士气的稳固，就需要控制信息的传播，让有必要知情的人在充分了解战略企图的同时又严格保守战略机密，就需要不动声色地做好战斗准备，以在战机出现时能一击而中。

这需要有高度专业的军事活动组织能力。而在《三国演义》张飞大战张郃的桥段中，这些专业细节都没有谈及。

在金川前线，艰难的后勤保障决定了清军只能集中力量，速战速决。一旦战局陷入胶着，战事迁延日久，以清军的组成方式和训练水平，必定会出各种幺蛾子。

从小金川到大金川，一百五十公里的路程，温福统领的军队磨磨蹭蹭地走了半年。这么长时间，不论你用的计谋有多高深，都肯定会被敌人看穿。

公元1773年，乾隆三十八年六月初一，金川的反击开始了。僧格桑联络被清军俘虏关押的小金川头目，里应外合地袭取了清军在底木达的营寨，切断了清军前线总指挥部从所在地木果木退回内地的后路。

木果木，今四川省金川县卡撒乡布达村的东北方，即将成为清军的又一处地狱。

温福以为金川兵看到自己示弱之后会直接前来袭击木果木，没想到他们不按套路出牌，先去断了自己的退路。这下怎么办？温福显然没有备份应急预案。

六月初七，为防金川兵突袭，草木皆兵的温福下令关闭木果木大营的四处大门，拒绝前来给大营运送粮草的运输队入内。夜间，忽有传言说金川兵至，那被拒之门外的三千多人吓得四处溃散，粮草遭弃。温福惧怕传言，命令营里的人不准出营拾取粮草。

第二天，六月初八，金川兵没有来。

等到第三天，六月初九夜晚，木果木大营内军心浮动。肚子饿扁的清军将士们望着营门外的蚂蚁们正兴高采烈地啃食搬运着本该被自己吃掉的粮草，心里越发不是滋味，便趁着夜色溜出大营去捡粮草……

哪有什么金川兵？几个胆大先跑出去的士兵们安全带回了粮草。后面的士兵见状，放心大胆地打开东北方靠山处的木栅小门，出去搬粮食。

⑦
再战

嗖！嗖！嗖嗖！

几声弓弦穿风而过，几缕冤魂出窍升天。随后，无数黑影在灌木丛中像来自阴间的厉鬼一般矗立起……

金川兵！我的妈呀！

清军如同惊弓之鸟，还没跟金川兵交锋，就转身一哄而散。木果木大营东北方的木栅被夺。这处木栅是整个大营去山上取水的通道，听说此地被袭，清军全军顿时心胆俱裂，恐慌的情绪如同洪水决堤，无法抑制。各级军官赶紧丢下兄弟们开溜，根本无人组织防御反击；士兵们无心应战，只顾哭爹喊娘地四散溃逃。

金川军见状，愣了一阵，我们有这么可怕吗？随即回过神来，杀得更加兴起。眼见敌人如同凶神附体，清军这边更是惊惶万状。堂堂大清王朝正规军两万多号人，在哭喊声中全线崩溃，相互踩踏，一片混乱。一夜之间，四千人阵亡，其余人等尽皆逃散。木果木大营中的粮米、战马、军火装备全部损失，合计估值白银三十万两。定边将军温福也在这场窝囊的战斗里，窝囊地死于乱军之中。

败报至京，乾隆帝长叹："国家百余年用兵多矣，从无此事。"

遭遇突袭是战争常事，刀口上混饭吃的人，谁没挨过这个？为何不能泰然处之？在被突袭后，应该从容不迫地转入战斗状态，及时组织防御，再视战况发展选择撤退或反击，这是由合格的职业军人所组成的正规军队起码应有的素养。

但是，在前后两次金川战争中，清军遭遇突袭后都自乱阵脚，一触即溃，继而产生一发不可收拾的耻辱性失败。这支军队是怎么了？

清王朝的军人，不是职业军人；清王朝的军队，也不是真正意义上的正规军队。他们确实缺乏军事素养，除非拥有压倒性的优势，才能取得一些理所当然的胜利，否则单凭军事角力，当时的清军在任何一处战场上都难求一胜。

金川屡屡将清军逼入绝境，原因就在于使清王朝的政治、经济优势无从施展，成功地将对手拉到了纯粹比拼军队战斗力的角斗场。军事力量，这个满洲人夺得天下的法宝，如今却成了大清王朝综合实力的短板。

怎么会这样？

满洲入关之后，军队分为两大系统：满人的八旗军和汉人的绿营军。八旗是主导，多由中央直辖；绿营为主体，多由地方各省节制。

康熙中叶之后，八旗军战斗力衰减，绿营兵成为清军的中坚力量。在金川战场上也是如此。

清王朝规定，平时从汉八旗中抽选固定数量的男丁充军，兵员出自固定的兵户，兵户出丁后可以免缴钱粮赋税。战时，招募的范围则可以在兵户之外。士兵入伍后，除非遇到专门"裁汰老弱"的命令，否则可终生不退伍，军人是他们终生的职业。

清王朝一省的绿营兵，分提、镇、协、营四级。营为部队编制的基本单位，其具体人数不固定，少则两百来人，多则两千来人不等。

这一个营的兵员，平时不驻扎在一起。营还被拆分为汛、塘、卡、哨等各种单位，多以十几个人集中在一处。一旦发生战争，首要的备战任务是把这些分散在各处的军队集中起来，这就要花很大的力气。

为什么如此分散？

当代历史学家茅海建先生指出："清军不是一支纯粹的国防军，而是同时兼有警察、内卫部队、国防军三种职能。其中国防军的色彩最淡，警察的色彩最浓。"

中国古代没有专门的内卫制度，维持社会治安，保持政治稳定的任务就摊到了军队的头上。而军队对于皇权来说也是一种潜在的威胁。高度分散的驻军，有利于监视民众，也有利于分解军队实力。

如此分散的军队自然不利于机动作战，也不可能进行统一的军事训练，贯彻一致的战略思想内容、战役指挥规范、战术操作动作。而我们现在所说的正规军队、职业军人，其根本标志在于拥有整齐划一的正规化军事制度。

一旦遭遇战事，清王朝从各处抽调而来的军官士兵，带着各自不知道从哪里学来的古怪作战方式和三脚猫的功夫，乱哄哄地临时凑合到一起，号令不一，动作不齐，再配上一个临时的、连刀剑都没见识过的统帅，哪里谈得上什么战斗力？

落实到木果木的战斗中，遭到突袭之后怎么办？两万清军估计就有两万种想法。也肯定有人想到应该立即让大家镇定下来，拉起防线组织反击。但是，在所有人都陷入恐慌而无法自拔的危急时刻，这个想法该向谁传达？怎样传达？即使能够传达下去，又该怎样执行？

对于实际上与乌合之众相差无几的清王朝正规军而言，这些问题无解。

当时，西方世界已经进入近代军事时代。所谓的军队正规化，主要并不是指武器装备的火器化，而是指通过统一的军事训练，达成整齐划一的军事纪律。

纪律，是某团体在面对某种常见状况时，从可能出现的无数种应对方式中尽可能地选择最合理的，凭借强制力将其在团体内部统一推行，以求指挥得到最大限度的精确量化，将利益最大化或损失最小化。

有了纪律，军事决策者在谋划军事行动时，对于自己的部队执行命令的能力就有了明确的量化标准，近代军事参谋工作应运而生。

军事纪律是以宏观凝练的方式，高度总结军队在战争中可能遇到的各种情况，并为其准备应急预案，告诉一支军队该如何面对战场状况的千变万化，使万众一心真正成为军队的基本素质，而不再是优秀标志。

有了军事纪律，军队才能拥有统一的意志力，以整齐划一的行动积极应对突发状况，真正做到理想中的"泰山崩于前而色不变"，而不是像在木果木战事发生时，全军不知所措，一哄而散。

在乾隆帝征讨金川的同时，西方世界有普鲁士国王腓特烈大帝、俄国女皇叶卡捷琳娜、奥地利女王特蕾莎等枭雄相互争斗，华盛顿在北美摩拳擦掌，拿破仑在法国韬光养晦。世界军事将在他们的引领下完成近代化变革。

木果木之战体现出清王朝的军事体制已经全面落后于世界大潮。可惜的是，这一点直到鸦片战争发生后才有人意识到；而形成全面共识，又是鸦片战争发生多年之后的事了。

鲁迅先生曾经讲过一个故事，说他那个时代的四川有一支军队，训练"一二一"齐步走时，怎么也学不会。教官想了个办法，让士兵们一脚穿草鞋，一脚穿布鞋，再把"一、二、一"的口令改为"草鞋、布鞋、草鞋"，散漫惯了的四川兵才第一次对正规军有了个稀里糊涂的概念。

六月初十凌晨，万余名逃出木果木的溃兵满山乱跑乱叫，殿后的清军将领明亮闻声，赶紧率军前往探查。他得知情况后四处收拢溃兵，带回了数百人到自己的营里来安顿。

好不容易安顿下来，溃兵们忽然又神经质地紧张起来，他们相互传递了眼神，看出彼此的恐惧都再次升腾起来后，赶紧起身冲出营门，逃命去了。

明亮莫名其妙，怎么喊都喊不住。

"明将军，他们怎么啦？"明亮身边的一个小校从营门外回来，问道。他刚刚出去到河边给明亮打洗脸水去了。

明亮看着小校手上端着的铜盆，想起刚刚从河边传来一声清脆的金属撞击声，听起来确实有些像是刀剑相斫。

"刚刚铜盆是不是掉到鹅卵石上了？"明亮问那小校。

"嗯，是啊。但我又捡起来啦，您看，这盆子没摔坏。怎么啦？"小校回答。

"没事，去吧。"明亮长叹。

不过是铜盆掉了，撞在了河里的鹅卵石上发出声音，就吓跑了这帮六尺男儿……

71
再战

倾泻

公元1773年，乾隆三十八年，国运不佳的不只是东方的大清王朝，在西边的英国，去年爆发的金融危机像是钻进了铁扇公主肚子里的孙悟空，依然蹦跶得欢，害得英国疼得直不起腰来。

詹姆斯·瓦特依然在为生计、为他的蒸汽机事业奔波；他的投资人罗巴克依然气息奄奄；博尔顿则依然按兵不动。

英国这种商业性国家的财富依赖于民众。民众富有，政府就不会穷；民众困窘，政府一样遭灾。经济的困难不仅考验着英国普通民众，英国上层也在为应付财务危机而忙得团团转，拆东补西却依然捉襟见肘。

这一年，英国政府的乖儿子东印度公司实在揭不开锅了，无奈地请求国会给予援助。

东印度公司创立于公元1600年，明万历二十八年，是英国商人为了展开对印度的贸易而合伙开设的一家股份制公司。英国王室授予他们在印度和整个东亚地区享有贸易专利特权，并入股了该公司。

东印度公司立足印度，辐射东亚，成为英国在印度的全权代表。为了拓展英国的贸易利益，东印度公司逐渐在印度占据土地，招募军队，设置政府，其所作所为已经远远超出一个商业公司的范畴。

您基本上可以把东印度公司理解为英国的"印度省"。

在十八世纪，东印度公司就是英国众多海外殖民地中的尊贵长子，是英国宏图霸业的台柱子，是英国大国地位最有力的支撑。

所以，东印度公司有难，英国不能不管。

怎么管？现在英国政府自己都穷得叮当响，哪里有钱帮它？别着急，别忘了东印度公司怎么说也还首先是个商业公司，商业公司有自行造血的能力。东印度公司陷入困境只是因为英国本土经济困难，造成商品滞销。因此，英国政府所需要做的，只是帮助东印度公司疏通商品销售渠道而已。

往哪儿疏通？

本土？刚刚说了不行。

欧陆？情况好不到哪儿去，也不行。

印度自行消化？不行，印度人已经被英国折腾得穷得没裤子穿了。

东南亚？不行，那儿也穷。

东亚？不行，个个都闭关锁国，况且东亚的老大中国看起来还很强大，惹不起。

西亚？庞大的奥斯曼帝国毕竟还没倒台呢。

非洲？拉美？算了，这些地方不说了，说多了都是泪。

那么，就只剩下北美了。对！让北美人买东印度公司仓库里积压的茶叶！他们也是英国的子民，应该为英国分忧解难。

乾隆三十八年，公元1773年初，英国国会通过《茶税法》，授予东印度公司向英属北美殖民地销售茶叶的垄断权。来自东印度公司的茶叶可以不经过英国本土转手，直接运往北美贩卖，英国政府则抽取每磅三便士的茶税。

英国政府感觉这么安排挺好，《茶税法》会带来三赢的美好局面。东印度公司的茶叶卖出去了，英国政府能收到一笔税，北美人民也能喝到价廉物美的原装进口中国茶（当时的印度并不产茶，东印度公司的茶叶全部来自中国）。

72
倾泻

441

多好的事啊。

然而，北美殖民地的人们却并不这么认为。从六年前的《汤森税法》颁布开始，北美商人就大量走私荷兰茶叶来避开英国的税收。凭借价格优势，荷兰走私茶登陆北美之后大为抢手。1768年，费城和纽约两大港口还进口了五十万磅英国茶；到1772年，这个数字就暴跌到了六百五十磅。短短几年时间，荷兰走私茶已经占据北美茶叶市场的大半，英国茶叶全面失势。

走私茶叶的利益相当可观，这项生意已经进化为北美商人发家致富的重要手段之一，他们不会允许英国茶叶卷土重来。

商人遇事，从不自己出头，他们惯于使用手段，撬动他人来为自己火中取栗。到了这个时候，北美民众与英国之间已经积怨甚深，像堆满了干柴的屋子，只需要商人再点一个火星，这屋子就会倾塌于一瞬。

商人们通过掌握在手中的报纸等媒体，不断反复地向民众指明，东印度公司倾销的廉价茶叶中隐藏着一个阴谋：这批茶叶的价格里含有要交给英国的税收，只要喝了这种茶叶，就意味着向英国交税，就意味着承认英国拥有向北美民众征税的权力。

前面我们说过，征税这事在英国，从不是一件小事情。根据权利与义务对等的原则，在英国国会有议员名额，有代表在国会中为本地区索取或捍卫利益，该地区就有交税的义务；相反，无代表权则不纳税。

如果在国会中尚无议员名额的情况下，就先承认了国会征税的权力，开了这个口子，那么以后，英国国会予取予求，想怎么样就怎么样，还有谁能为北美殖民地民众站出来说句话呢？

商人们指明了这一要点之后，民众认识到自己茶杯里的那点儿东西不是一件小事，开始积极地参与到抵制东印度公司茶叶的行动中来。

约翰·亚当斯律师的远方堂兄、北美激进派领袖塞缪尔·亚当斯率领波士顿民众与马萨诸塞总督府交涉，但总督府傲慢地拒绝了。

马萨诸塞总督托马斯·哈钦森决定以强硬姿态，逼迫北美人就范。

乾隆三十八年，公元1773年12月，载有东印度公司两千箱六十万磅茶叶的首批商船抵达波士顿港口。塞缪尔·亚当斯组织波士顿市民在码头聚集，阻止商船将茶叶卸下。

带着财富梦想，喜滋滋地从印度远道而来的东印度公司商船，意外地看着码头上数千张铁青的脸庞，茫然不知所措。双方对峙几天后，东印度公司商船撑不住了，请求哈钦森总督批准他们回英国。

而哈钦森总督却告诉商船说回国可以，必须先把茶叶一片不少地安全卸下来，否则，他就要向国会告商船的状，告个叛国罪。

商船没办法，只好继续跟民众在码头边上僵着。

僵着就僵着吧，我倒要看看你们这帮乌合之众还能干出些什么事来。哈钦森自鸣得意。

和远房堂弟约翰内敛不同，塞缪尔·亚当斯性烈如火，政治观念十分激进。他把北美殖民地独立建国作为自己的奋斗目标，就像迪斯尼电影《疯狂动物城》里的绵羊副市长一样，为了激化北美与英国之间的矛盾，进而触发战争，什么事都干得出来。

12月16日，塞缪尔率领五千波士顿市民在市内的老南方教堂开会，吵吵嚷嚷地通过了一项市民决议，最后一次严肃要求哈钦森总督立即允许东印度商船离开波士顿。

哈钦森充耳不闻。

"这次会议对挽救这个国家无能为力了。"塞缪尔悲叹。但大家都知道他这是皮悲肉不悲，他心里想要的，就是哈钦森像这样继续冷酷到底，直至凶相毕露，以便以此激怒北美民众。

既然哈钦森这么喜欢喝东印度公司的茶，那么老子干脆就亲自来给他泡上一壶！

16日晚上，天很早就黑了，塞缪尔·亚当斯拉着一伙同伴，跑到秘密据点里用煤灰涂黑身体，换上印第安人的服装，操起印第安人的战斧，趁着夜色偷偷摸摸地爬上东印度公司的商船。他们学着印第安人的模样对船员们狂呼乱吼，这些船员以前只跟奴颜婢膝的印度人打过交道，哪里见识过这种野性十足的"印第安人"？他们吓得腿软，乖乖地交出了商船的控制权。

之后，塞缪尔打开船上的茶叶箱，把茶叶整箱整箱地倒进冰冷的海水，市民们很快都聚拢过来帮忙。花费了大半年时间穿越大半个地球来到波士顿的茶叶，只用了大半个小时就化为乌有。

哈钦森总督闻讯捶胸顿足，赶紧调来波士顿驻军保卫商船。可惜，等他们赶到时，"印第安人"和市民们都已经干完活收工回家了。只剩下已被泡成巨型冰红茶的波士顿海水，陪伴甲板上一片狼藉的商船兀自摇曳着。

谁干的?! 哈钦森暴怒，赌咒发誓要找出凶手。可远道而来的船员们并不认识任何一位行凶者，无法帮助哈钦森准确指认，总不能把波士顿全城的人都抓起来吧。

坊间虽然流传着许多关于塞缪尔·亚当斯的英雄传说，可是却没有哪一个能作为逮捕起诉塞缪尔的切实证据。何况，整个波士顿都在为他提供掩护。

哈钦森无可奈何，只能叫妈，他将波士顿倾茶事件的情况报告给英国国会。英国首相诺思勋爵愤怒地断定这是北美人挑战母国权威的严重政治问题，不给以强硬回击就不足以平息事端。

诺思促使国会通过了《强制法案》，关闭波士顿港口，禁绝该地一切航运，直到波士顿人赔偿倾茶事件的损失为止。国会还直接出面干涉法律，强行修改马萨诸塞宪章，废除了当地议会对总督决议的否决权。

最后，文官出身的哈钦森被免职，新任总督改由武将担纲，英国北美海军总司令托马斯·盖奇驾临波士顿。英国已经准备动用军事手段解决北美问题。

英王乔治三世写信给时任首相诺思说："骰子已经抛下，殖民地要么屈服，要么胜利。我并不希望采取更加严厉的措施，不过我们绝不能后退。"

但是，等等，不就是为了卖点茶叶吗？怎么就闹成了这个样子？茶叶的事情，一开始不是只为了解决东印度公司的经济问题吗？怎么闹着闹着，就演变成了北美的政治问题，最后还准备用暴力来解决呢？

最根本的原因，自然是北美殖民地与宗主国之间具有利益冲突。这个利益冲突的存在与激化，使得在北美发生的所有与英国有关的问题，都会向政治问题转化升级。

英国对外是强势的，是个典型的对外扩张型国家，喜欢故意找别人的麻烦，乐于将别人家的问题转化升级，以便从中渔利。但在国内，因为国内民众权利的存在，英国政府却显得比较弱势，宁愿得过且过，也不愿无事生非，力求避免国内任何问题升级发酵，维护国内的稳定。在国内遇到问题时，意见双方相互寻求和平妥协是首选的解决方案。

在英国近代史上，除公元1642年到1651年间的清教徒革命之外，英国再没有出现过大规模内战。康熙二十七年、公元1688年发生的改朝换代却无人流血身亡的光荣革命，将相互妥协解决问题的方式上升为一种伟大的传统。从那以后，只要是国内的问题，英国人一定会考虑用妥协的方式来解决。

但在关于北美的问题上，英国人似乎从来没有想到过可以向北美妥协。即便有，也是北美人自己争取到的，英国方面从来没有主动把处理国内问题的逻辑运用到北美来。

当然，要想使两地处理问题的逻辑相同，也有许多现实的困难，毕竟隔开英美两地的是浩瀚的大西洋。在那个时代，它的浩瀚足以让两岸的时空完全不同。

这就说明，哪怕在实质上，英国人已经在北美生根开花了数百年，英国依然歧视北美，并没有把北美看作自己国内的一分子。所以，英国实质上将北美当作外国，不愿对北美主动妥协，英国处理北美问题，与处理外交问题使用的是同样一套逻辑。

72 倾泻

445

什么逻辑？

重商主义。

十六世纪中叶，商业势力的兴起使得欧洲各国产生了这样一种信念：金银钞票、钱财货币是国家财富的唯一表现形式。一个国家的国力建基于该国通过外贸顺差得来的钱财货币。任何一个国家想要强大起来，就要努力扩大本国的商品出口，同时全力压缩进口外国商品，以此来赢得贸易顺差，将金银钞票集中到本国来。

一句话，重商主义就是只要钱，别的什么都不要。

这是重商主义的基本信条。如果有不止一个国家持有这种信念，重商主义就会表现出强烈的竞争性。当时，国际贸易以同质化严重的初级产品为主，商人竞争时，对商品本身做文章的机会不多。为了推销自己的商品，打击别国的商品，商人们纷纷向政治势力靠拢，将其作为盘外招数引入竞争。而政治势力一旦加入商业竞争，他们的手段可就多了，经济的、法律的、军事的……一股脑儿冲上来，将商场真正变成了战场。

马克思说过："随着工场手工业的出现，各国进入竞争的关系，展开了商业斗争，这种斗争是通过战争、保护关税和各种禁令来进行的。"

公元1621年，明天启元年，英国东印度公司董事托马斯·孟出了本书，名叫《论英国与东印度公司的贸易》，引起了英国人的关注。该书否定了早期重商主义逢利必争的短视做法，提倡以长远的眼光经营生产，细水长流地挣大钱；拓宽了对于财富的认识，指出除了肤浅的金银钞票之外，可以算作财富的事物还有很多。

虽然还是只认钱，但手段要有智慧得多。

读到托马斯·孟的著作，正在与荷兰、法国等对手在全世界范围内商、战两线苦斗的英国人如获至宝。经过不断的充实完善，托马斯·孟的书最终在康熙三年、公元1664年重装升级出版，定名为《英国得自对外贸易的财富》，成为此后百年英国商人纵横世界的"《圣经》"。

有了以托马斯·孟为代表的晚期重商主义思想指导，英国在世界商业生死淘汰赛的半决赛中战胜了荷兰，又在决赛中击败了法国。七年战争结束之后，英国成功登顶重商主义时代的世界之巅，全世界商业运作开始处于英国人的治下。

然后呢？

竞争性十足的重商主义，适合在商战中打天下，但到了坐天下的时候，重商主义就显得戾气过度、好勇斗狠而不合时宜了。

当然，这些问题都是现代人回顾历史才发觉的，属于马后炮的范畴。当时的英国人沉迷于重商主义的思维模式，战后依然拿着这柄看似无坚不摧的商战利剑四处挥舞，希望它能在未来的日子里继续为他们带来更大的荣光。

重商主义发挥积极作用的前提在于存在与自己处于同一重量级的对手，例如曾经的荷兰与法国。如果这样的对手没有了，斗志十足的重商主义思想会强行找出新的对手来；若实在找不到，哪怕反噬自身也在所不惜。

对待北美殖民地的问题时，英国始终采取重商主义的方式，动用各种手段与北美竞争商业利益，终于使北美人走到了忍无可忍的地步。

既然你英国用这种损招来对付我们北美，说明你们一直都把我们当作外国。既然如此，我们就彻底分家过吧，我们会成为名副其实的"外国"！

英美之间的矛盾起于重商主义，却已经不再是重商主义能够解决得了的。当英国本土的当权者还在以重商主义的惯性思维模式来应对波士顿倾茶事件后的北美局势时，英国民间一些先知先觉的智者却已经开始反思重商主义是否已到了强弩之末，是否需要被新的思想取代。

乾隆三十八年，公元1773年，时年五十岁的英国格拉斯哥大学教授亚当·斯密先生已经完成了他的著作《国民财富的性质和原因的研究》。在这部被后人简称为《国富论》的著作中，论述了一种迥异于重商主义的商战新思维，这种新思维似乎有可能成为打开新时代大门的钥匙。

72

倾泻

447

可是亚当·斯密先生并不打算在那一年发表他的著作，他还想再好好润色完善一下。

亚当·斯密先生这一迁延，使得英国没能及时获得解决北美问题的新方案。看起来一切都已经晚了，乾隆三十九年，公元1774年9月，为了统一北美各地的抗英行动，北美殖民地第一届大陆会议召开，二十六个英属北美殖民地中的十二个派来的共五十五位代表参会。

北部因为自身孱弱而必须忠于英国的加拿大各殖民地，和南部因英国总督阻挠而没能派出代表的佐治亚没有参加。

在这次大会上，来自弗吉尼亚的议员帕特里克·亨利呼吁要求独立的北美南部十三个殖民地的所有民众打破地域局限，团结起来。他振臂高呼："我不是弗吉尼亚人，而是一个美国人！"

美国人，是些什么人？美国，是个什么国？

且不管他美国，插播一条重大时政新闻：波旁王室的优秀国王、久经考验的封建主义战士、杰出的封建贵族政治家、欧洲大陆的卓越领导人、法兰西王国国王路易十五，因病医治无效，于乾隆三十九年、公元1774年5月10日在巴黎逝世，享年六十四岁。

时年二十岁的王储继位为新法王，称为路易十六。法国随即为其举行了盛大的登基大典。大典结束后，新王来到巴黎路易大王学院视察，该学院为其举行了隆重的欢迎仪式。

仪式上，学院的一位优秀学生代表用拉丁文为国王致欢迎献词。这位学生不徐不疾、镇定自若的大方风度让新国王为之赞叹。

"他叫什么名字？"路易十六问旁人。

"陛下，"旁人回答，"他叫马克西米连·罗伯斯庇尔。"

"哦，好……"国王懒懒地回应。这个名字太拗口了，估计新国王没兴趣去记。

乾隆三十九年，公元1774年，还在英国发生了一件小事。伯明翰的工场主马修·博尔顿先生致信正准备去俄国打工的詹姆斯·瓦特说："我将为发动机的竣工创造一切必要的条件，我们将向全世界提供各种规格的发动机，您需要一位助产士来减轻负担，并且把您的产儿介绍给全世界。"

博尔顿此时已经成功完成了与罗巴克关于蒸汽机专利转让的谈判，

现在他成了瓦特的合伙人。

　　绝境中的瓦特热泪盈眶。

74 日本

暂且不管他们欧洲，先来看看东方世界；也先不讲中国，这回来说说日本。讲述至今尚且没有任何戏份的东洋岛国要出场了，公元1774年，乾隆三十九年，日本有大事发生。

改朝换代？外敌入侵？内乱爆发？

没有，都没有。公元1774年的日本依然处在德川幕府治下，是第十代征夷大将军德川家治统治的第十四个年头。从公元1638年，幕府镇压了天草天主教起义算起，这一年是日本安享太平、内外无事的第一百三十六个年头。如果忽略这一隅之斗，将日本开始安定的年份从公元1615年大阪夏之阵，德川幕府彻底消灭了丰臣势力算起，这就已经是日本第一百五十九个不见刀兵征战的年头了。

江户时代的日本，在历代德川将军的严密监护下，安详地置身于世界之外，似乎永远都不会有什么大事发生。

那么，公元1774年的日本，到底发生了什么大事呢？

如果您习惯了认为一定要有人舞刀弄枪、抛头洒血才算得上大事，那么，您也可以对本书接下来要讲的这个故事视而不见，认为日本在那一年依然无事。

只是公元1774年，按照中国传统的干支纪年法是一个甲午年。本书要讲的这件事，事关一百二十年之后的另一个甲午年。

信不信由你。

言归正传。那一年，日本许多医生的书架上，多了一本名叫《解体新书》的新书。

这有什么大惊小怪的？

解体，什么意思？解剖的意思。《解体新书》讲述的是现代医学的重要支柱之一解剖学的相关知识。解剖学，关于人体内外形态构造的科学，有什么了不起？现在一个五岁孩子的科普书里，不都有诸如"人体的奥秘"之类的章节吗？

人类进步的伟大意义之一，就是曾经连圣人都不知道的事情，现在连一个孩子都知道。

在试图用伦理哲学解释一切的东方世界，本着"死者为大"的泛神论思想，解剖人体一直被认为是一种罪大恶极的肮脏行为，就连需要知晓人体内部具体状况的医学也受此束缚。在历史上很长的一段时间里，东方传统医学无缘深入人体内部，去探究他们本来需要了如指掌的心肝脾肺肾的真实模样。

解剖学兴起于欧洲，到了十八世纪，发展已经相当成熟。但日本江户的医生杉田玄白却对此将信将疑，虽然他很多从长崎来的朋友老是在他的耳边喃喃着说那边的荷兰同行医术是多么多么高明。

长崎，是公元1633年德川幕府颁布了锁国令之后，日本本土留下的唯一的对外通商口岸（日本西部的一些小岛上有与朝鲜人贸易的场所），只准许中国和荷兰商人来此贸易。中国商人居住在长崎的唐人屋敷，而荷兰人则被隔离在长崎之外的一座名叫"出岛"的人工岛上，不准进入日本本土。

但是，早在锁国之前，日本人就已经见识过来自欧洲的各种新鲜玩意儿，枪炮之类的西方先进武器更是先后力助织田信长、丰臣秀吉、德川家康等人争夺天下，这些给日本人留下了深刻印象的记忆是锁国令锁不住的。

一百多年来，从长崎出岛的荷兰人那里流传出来的各种零散而新奇的知识，一直是日本知识界的珍宝。长崎就像科学博物馆里唯一一架天文望远镜，无数日本人像孩子一样排起长队，等待从那里看到一个完全不同的奇异世界。

日本人首先看到的是医学。因为幕府的刻意隔离，来日本做生意的荷兰人需要自己带上医生和医药。久而久之，荷兰人就懒得搬走这些人和东西了，干脆就在出岛上办起了医院。渐渐地，不少日本人也品尝到了西医的滋味，关于西医的传说开始在日本流传。

杉田玄白出身杏林世家，自幼学习汉方医学，学成之后为地方藩主服务的同时还在江户开设私人诊所。他接触过荷兰人传来的西方医学，因为同行中有许多人懂得一些零散的西医知识，经常向他说起，他也和这些人一起去过长崎，见到过来自荷兰的医生和医书。

他那时候还不懂荷兰语，不过就随便翻翻荷兰医书，看到荷兰医书中的人体内部结构插图精细之至，惊叹不已。

不过，在心底他还是对这一切持怀疑态度。他觉得那只不过是他们荷兰红毛鬼的身体内部结构罢了，我们日本人的身体内部恐怕不是这样子的。是啊，身体外部的差异都这么大，内部怎么会一样呢？

再者，荷兰红毛鬼说破大天也不过是些"南蛮人"（日本人将欧洲称为南蛮），是人类中的低端品种。而自大明国灭亡，汉人被满洲人奴役之后，这世界上的人类里就再也没有比我们大和民族还高端的品种了。

高端品种的内部结构，怎么会跟低端品种的内部结构一样呢？

公元1771年，乾隆三十六年的一天，杉田玄白的两位同行前野良泽和中川淳庵邀请他一起去江户的小冢原看一样东西。

"小冢原？那是刑场啊！看什么？"杉田玄白问。

"刑场能看什么？当然是尸首啊！"前野良泽回答。

"纳尼？不去！"杉田玄白知道前野是荷兰医学的粉丝，热衷于这些恶趣味，便出言拒绝了。

"机会难得啊，杉田兄！"中川淳庵紧接着劝说道，"这次的死刑犯名叫青茶婆，是个无亲无故的老巫婆，没人给她收尸，官府衙门这才同意交给我们做解剖实验的。再说了，你老兄不是一直怀疑荷兰医学是否也适合我们日本人吗，但也一直苦于没有实证的机会，这次我们带上荷兰的医书，拿着一对照不就知道了？如果的确对不上号，您立马就可以宣布荷兰医术不行，您的汉方医学岂不就此独步天下了？"

嗯，这个目的倒还有点意思，杉田最终同意了。

三人带着一个老屠夫来到阴风惨惨的刑场边上。午时三刻之后，刽子手拖来一具无头尸体，找前野索取报酬之后就扔下走了。

"前野，我觉得瘆得慌……"杉田说话时，嘴巴都在打哆嗦。

"我……也是啊，还想吐呢。"前野说话时，脸色苍白。

中川淳庵在一旁呆若木鸡，一言不发。

只有那老屠夫神志清楚，大声喝问："三位，可以开始了吗？"

"前野，问……问你呐。"杉田拱了拱前野的胳臂。

"哦……好，那……开始吧……等等，我先把书翻开。中川，书呢？"前野又拱了拱还在发呆的中川，"书！"

"呀……好的……马上，别着急。"中川猛然惊醒，转身从书箱里翻出了一本外文书。杉田问这是什么书，前野说名叫《解剖学图谱》，从荷兰人那里买来的。

"请先从腹腔开始吧……"前野哆嗦着对老屠夫说。那老屠夫在心中嘲笑着这帮知识分子的熊样，白了一眼，转手提起九寸春冰，划开一片殷红，划开了笼罩在科学身上的无知迷惘。

哎呀呀！！！三人顿时抱作一团，魂飞魄散……

杉田好几天后才回过神来。让他感到天旋地转好几天的，不光是那具无头尸首带来的恐惧与恶心，更重要的是，他不得不承认，荷兰传来的解剖学具有普遍意义，不光他们南蛮人的身体内部结构是那样的，日本人的身体内部结构也是那样的，别无二致。

那一天，从医几十年的杉田第一次见到跟他隔着一张皮打了多年交道的心肝脾肺肾的真实模样。它们的形状、构造、颜色、质感都和自己想象中的，也就是传统医书里描摹的样子大相径庭，却和那本《解剖学图谱》里的插图画的一模一样。

他还看到了很多传统医书里从来没有提到过的事物，例如血管。原来人体里的血液并不是受传统医学所说的"气"支配而在身体里四处晃荡，它们有其固有的孔道。这些孔道在身体中形成了一个血液循环系统，这个系统，在那本《解剖学图谱》里也有。

杉田想起前野曾对他说过，这个血液循环系统是一个叫作哈维的英吉利国的人发现的，英吉利国是一个离荷兰不远的国家……

那么，荷兰的医学看样子是很靠谱的了，杉田玄白彻底服气了。既然如此，我们日本人就应该学习！

第二天，杉田请来了前野与中川二人，对他们说："看多了，听多了，这和兰（荷兰）的实测和究理之学都让人吃惊得很。如果能直接将彼国之书翻译成日文，一定大有收益。可惜的是无人有此志向，怎么才能开拓此道呢？在江户肯定是干不了的，真想拜托长崎的通词（翻译官）解读解读。只完成一部书也好，干成了，肯定于国家有大益！"

前野听出杉田的言下之意，知道他这回是彻底相信了荷兰医学的水平要高过日本，但前野并不打算因此嘲笑杉田，他接过杉田的话头，说："杉田兄，怎么能说无人有此志向呢？我们这儿不就有三个了吗？也不用去长崎啊，我就懂荷兰语。也不用翻译别的书，就译我手上这本《解剖学图谱》，怎么样？"

"好！"

三人组织了一大帮医生、一个学社在前野家中定期聚会。前野良泽为社长，担任学术方面总负责人，先教大家学习荷兰语，然后一起翻译《解剖学图谱》。杉田为总指挥，兼管学术翻译之外，还要忙里忙外地

74

日本

455

负责管理工作。

"就像倒嚼甘蔗一样，越来越甜，能解开千古之误，明辨此道，其乐无极。在会期的前一天，我就像女子和儿童盼祭奠那样等着天快些亮……"杉田如此形容和大家一起译书的时光。

三年之后的乾隆三十九年，公元1774年，《解体新书》面世了。与此前碎片化地零散介绍荷兰知识的书籍不同，这部《解体新书》是日本第一部系统性引进西方科学的译著。

从《解体新书》开始，一个叫作"兰学"的学科在日本正式诞生。所谓兰学，是指荷兰之学，而荷兰之学，实际上就是西方实证科学技术。兰学自从杉田玄白、前野良泽开创之后，很快超越了医学的范围，数学、物理、化学、天文、地理等学科相继加入兰学。

最终，到了十九世纪，兰学与来自中国的儒学及日本本土的国学三足鼎立，成为日本无人不知的一门显要学问。

如今的人们大都知道明治维新，常有人惊异于日本能在十九世纪遭遇亡国危机时迅速做出反应，以一场暴风骤雨般的改革猛然扭转国家命运，不仅挣脱了地狱的拉扯，还一跃而起，跻身豪强之列。这是为什么？

兰学在日本国内长时间的铺垫，不是唯一的原因，却是一个必要的条件。仅有兰学，明治维新不一定成功；但没有兰学，明治维新根本不可能出现。

说到这里，您看出1774这个甲午年与1894那个甲午年之间的关联了吗？

另外，值得一提的是，《解体新书》所确定的许多近现代医学名词的翻译方式，如今依然应用广泛。例如我们时常说的"神经""软骨""十二指肠"等众多医学名词，都是由杉田玄白、前野良泽从荷兰语中翻译而来，再由日本传入中国的。

枪声

如果您还是觉得日本人创立兰学算不上什么大事的话，我们还是说回北美的事情来吧。在乾隆四十年、公元1775年的北美，发生了一件我们喜闻乐见的惊天动地的大事。

4月18日夜晚，保罗·瑞维尔扬鞭催促着胯下那匹跟夜色一样黢黑的骏马离开波士顿，与战友威廉·戴维森一起向远方的康科德镇飞驰。

波士顿倾茶事件的爆发，像是给历史摁下了快进键，英美之间矛盾的发展节奏加快了。在乾隆三十九年，公元1774年9月召开的英属北美殖民地第一届大陆会议上，本地精英们通过决议，如果英国到当年年底还不取消《强制法案》，他们将禁止殖民地与英国及其其他殖民地之间的贸易，打算同样用重商主义的手段对抗英国的重商主义。

散会时，大家约定，于第二年5月召开第二届大陆会议。这说明这不是一次抽风式的偶然反抗，北美殖民地的人们正在计划对英国形成持续性的压力。

当年年底，傲娇的英国并没有取消《强制法令》，也没有对北美做出任何回应。他们对北美精英的屡次警告始终置若罔闻，认为自己并没有把北美逼得民不聊生，他们寄希望于北美人民的自觉，相信其不会听从少数分裂分子的蛊惑。

但此时，北美的一些激进分子已经不满足于磨叽文弱的经济斗争手段，开始秘密组织武装暴动。

保罗·瑞维尔与威廉·戴维森是带有黑社会性质的秘密武装团体"自由之子"的两位成员。这个团体的后台是波士顿政商两界通吃的遮天大鳄约翰·汉考克，由塞缪尔·亚当斯出面领导。这个团体正在波士顿近郊的康科德镇收集军火，训练民兵，待机举事。

不知是谁走漏了风声，英国殖民当局获知了"自由之子"的存在和他们的计划，决定先下手为强。国会命令马萨诸塞总督托马斯·盖奇行动起来，先下手为强，逮捕他们的人员，收缴他们的武器。盖奇准备让他麾下四千波士顿驻军中的七百人去康科德执行这一任务。

这风声不知道又被谁走漏了。没办法，波士顿那时候也就那么点儿大，跟大清朝的一个小镇子差不多，能瞒住什么呢？盖奇的计划被保罗与威廉两位勇士侦查到，于是两人连夜赶往康科德为战友们通风报信。

英军明天一大早就会开拔，不出意外的话，最迟明天中午就会抵达康科德。时间不多了，与其仓皇丢弃大量珍贵的军火及制造器械逃离此地，不如干脆就在这里跟英军撕破脸皮干上一仗。自由之子们最终决定不再费心地考证哪一天才是暴动的最佳黄道吉日，明天就是！

塞缪尔·亚当斯命令驻守在从康科德到波士顿的路上的民兵们进入战备状态，准备在第二天白天对经过的英军进行分段阻击。

次日黎明，距离康科德只有六英里的列克星敦村的七十名民兵，远远望见了七百位穿着红衫的英军齐整地列队阔步而来。

扳机上的手指在轻轻地抽搐，七十名民兵眼睛都不敢眨一下，等待着英军进入射程，等待着指挥官一声令下，以抢先打出这场战争的第一枪。这七十名民兵都是英属北美殖民地的普通民众，大多并不清楚即将开始的这场战争具体有什么意义。

"砰！"

这是列克星敦的枪声！

英军遇袭后立刻拉开阵势，给以回击。一番枪战后，英军顺利地射杀了十八位民兵，突破了列克星敦防线，继续向康科德进发。

在康科德，英军遭遇了"自由之子"的主力部队，苦斗了一整天，也没占到什么便宜。夜幕降临，英军不敢在这个人生地不熟的地方扎营休整，只能撤回波士顿。

在回返波士顿的路上，英军又连续遭到民兵多次伏击。这一整天，英军共有二百七十三人伤亡，民兵方面也伤亡了百余人。

双方都有人死了，都有了对方欠下的血债，血债只能血偿，于是双方再也无法轻易原谅彼此。武力对抗英国原本并非北美的主流意见，但是列克星敦的枪声使得这一主张瞬间变得耀眼，变成了所有对抗英国的方案中首要的一个。一切谈判和妥协至此都宣告无效，双方只能选择用枪炮说话。列克星敦偶然的遭遇战触发了英美之间的全面军事冲突。

当时赋闲在家经营农场多年的乔治·华盛顿也意识到列克星敦事件意义重大。对于此事他说："一度和平幸福的美洲大陆，如不为鲜血所覆盖，则必为奴隶的栖身之地，这是何等不幸的抉择！列克星敦的枪声已经让英国与北美之间的未来变得狭窄。"

北美非战即降。

向来主张与北美和解的英国政治家埃德蒙·柏克闻讯哀叹道："完了！与美洲和解的希望只怕是全完了。血已经流了，闸门开了。流到何时，流到哪里，怎么停下来，只有上帝知道。"

此后，英军对波士顿各地民兵发动了大规模的报复行动；民兵们则利用天时地利人和的优势，麻雀一样地在北美密林中与英军周旋。波士顿的战局打成了一锅粥，到处都在战斗，到处都有伤亡，却哪里都找不到将对方置于绝境的机会。

一个月之后，即乾隆四十年，公元1775年5月10日，第二届大陆会议在宾夕法尼亚的费城如期举行。八个月前，第一届会议的代表们约定下一次会议的时间时，还没有想到事情会发展这么快，以至于本来只是为了将定期集会保持下去而约好的第二届大会会期，骤然变得如此恰当而及时。

每一个北美政治精英此刻都知道这是一次事关重大的会议。以后到底是好好组织起来，认认真真地跟英国干一场，打出一个光明前途，还是就这么没头没脑地胡闹下去，最终把北美打得稀烂，打成一个人间地狱？

约翰·汉考克因为是"自由之子"以及许多其他武装力量的后台，而被选为会议的主席。

疯狂，或者说是激昂，忧虑，也不过是彷徨，这些情绪交织在费城议会大厦——第二届大陆会议的会场。议会大厦的钟塔上刻着一句态度鲜明的铭文："向这片土地上的所有人宣告自由！"然而，这句空洞的口号无法抹杀参会的六十六位代表心知肚明的事：殖民地相互之间也有很多矛盾，包括各殖民地之间的边界、商业壁垒、相互贸易，还有南方的奴隶制种植园的问题。他们之间唯一的牵绊就是与英国的共同矛盾，这是他们联合起来的唯一理由。这个理由靠不靠谱，心思各异的十三个殖民地对此是否买账，都只在一念之间。

他们的征途到底是星辰大海，还是万丈深渊，将由这次会议的结果来决定。

参加第一届大会的五十五位代表无一缺席，此外还增加了十一位新代表。其中有年近七旬的本杰明·富兰克林，他离开伦敦的殖民地驻英国办事处任上，匆忙横跨大西洋赶回费城参会；还有一位来自弗吉尼亚的年轻律师托马斯·杰斐逊。

在这次会议上，波士顿律师约翰·亚当斯初识同行托马斯·杰斐逊，他觉得这个年轻人看上去"就像大河一样，深不见底，无声无息"。亚当斯为自己的这个念头心中凛然一紧，他不会游泳，他这辈子都怕水。这是后话，以后再说。

约翰·亚当斯，这位在波士顿惨案中毅然出面为英军辩护的律师，反而最能看透英国人的凶残。他强烈主张十三个殖民地立即宣告脱离与英国的关系，宣告独立，并组织起一支联合军队，与英国决一死战。

但是，特拉华的代表约翰·迪金森却呼吁大家冷静克制，希望大家认真考虑一下北美殖民地与英国的血肉联系，一旦真要分家单过，北美是否会成为无根的浮萍？在强敌环伺的世界上，幼弱的北美要怎么过日子？

其实不用迪金森提醒，参加会议的所有人都明白这个两难抉择。没有人责怪迪金森临阵缩头，大家都记得多年前他对国会印花税阴谋的揭露，都知道他不会出卖殖民地的利益。

即使是坚定主战的约翰·亚当斯，与英国千丝万缕的联系也让他一步三回头："一想到我们可能会被迫采取悲伤的必要措施，即断绝我们和大不列颠的关系，更别提会因此带来的屠杀和毁灭，我就感到非常悲痛。"

向来睿智的本杰明·富兰克林也同样陷入了迷惘，在伦敦目睹的一切让他对英国心灰意冷。回国之后，他要求他那做新泽西总督的儿子辞去官职，来和自己一起准备抗争。然而儿子却拒绝了他，明确表示自己效忠于英王。如果富兰克林再往前走一步，推动第二次大陆会议通过斩钉截铁的决议，那将不仅意味着自己的国家会分裂，自己的家庭也同样会分裂。

5月下旬，第二次大陆会议经过内部妥协，达成一个做两手准备的办案：一方面通过《必须采用武力宣言》，组建一支两万人的大陆军，准备与英军对抗；另一方面，向英王乔治三世递交由迪金森起草的《橄榄枝请愿书》，再次请求国王出面取消北美反对的所有政策，与北美和解。

此刻的北美，战与和、分与合的力量处于均衡状态。

这倒是让抉择的主动权落到了英国的手上。就像一对昨天晚上刚刚拌过嘴的同居情侣，第二天一早，女生就开始磨磨叽叽地收拾衣服，拖着拉杆箱慢慢地往门口踱去，这时候，只要男生服个软，道个歉，这事也就过去了。至少不会立马变成单身狗，还可以再凑合过上几天。

北美那些陷入两难的精英们也在不断地向英国明示暗示。富兰克林写信给他英国的朋友们，希望他们为英美和解多多走动。他说："现在需要大洋这一边的你们的伟大智慧。我们将再给你们一次机会来恢复我们的友谊并继续保持联系，恐怕这是最后一次机会了。"

就连做事向来不计后果的激进派塞缪尔·亚当斯也通知他的战友们暂时按兵不动，不要进一步刺激英国，等待英国最后的回复。

托马斯·杰斐逊也在《橄榄枝请愿书》递交英王之后，写信给英国朋友说："我宁愿有适当限度地依附于大不列颠，而不愿附属于其他国家。"同时，杰斐逊也表明了自己的底线："与其屈服于英国议会为我们立法的权力（最近的经历表明议会在残酷地行使这种权力），毋宁尽我之力使整个岛沉入海底。"

没人把北美称为"岛"，杰斐逊说的岛一定是不列颠岛。

然而，主动权在手的英国，面对楚楚可怜地请求给个台阶下的北美，却犯了直男癌。英王乔治三世傲娇地认为北美殖民地根本就没资格来跟他谈什么条件。

"只要坚定，不屈不挠，美洲还是会屈服的。如果我们不这样做，在欧洲人眼中，老英格兰恐怕就不会那么令人敬畏了！……"

"美洲要么是英国的殖民地，要么是英国的敌人！……"

"如果我们允许帝国的任一部分脱离对母国的依赖，那么其他部分必然会追随这个先例！……"

在鹰派官员的支持下，乔治三世的强硬态度最终在国会中成为主流。乾隆四十年，公元1775年8月23日，国会宣布北美十三个殖民地已经叛乱。上议院以69票对29票，下议院以278票对106票的优势，同意派出重兵前往北美弹压叛乱。

历史学家爱德华·吉本目睹了英国国会通过宣战法案时众人跃跃满志的激越场景，这让他也豪情满怀地高呼："征服美洲是一项伟大的事业！"那时，他正在撰写一部史学巨作——《罗马帝国衰亡史》。

12月22日，英国国会对北美经济制裁与军事打击双管齐下。新颁布的《禁止法案》是去年的《强制法案》的升级版，英国对北美十三个殖民地进行了全面的商业禁运，禁止所有商船出入北美。

五万英军也集结完毕，向北美挺进。

这下子，北美的精英们不再两难了。面对这样的回应，所有主张温和地改善与母国关系的人彻底失望而不再多言。杰斐逊说："对整个帝国来说，在这种时刻有一位这种素质的国王，实属不幸至极。"

另一位曾经的温和派则说："我一开始期待他们（英国）的正义，现在则寄希望于他们的恐惧。"

那么，要拿出什么来，才能让英国对北美感到恐惧呢？

当然是要拿出枪炮的威力了。但是对手是天下武功第一的英国军队，北美人要让他们感到恐惧，现实吗？

这就要问乔治·华盛顿同志了。在第二届大陆会议上，当提出建立一支军队时，代表们出奇一致地想到了乔治·华盛顿同志，立马就把他推举为这支军队的总指挥。没别的原因，华盛顿是当时北美殖民地所有有头有脸的人物里唯一拿得出手的原职业军人。虽然当时北美的武装力量大多由约翰·汉考克出资建立，由塞缪尔·亚当斯实际领导，但大家心里都清楚，这些人组织点打架斗殴还可以，真要打起仗来，还得靠职业军人。

开局只有一个华盛顿，所有装备靠自己打……

乾隆四十年，公元1775年6月16日，时年四十三岁的乔治·华盛顿被大陆会议任命为北美殖民地大陆军总司令，统辖所有殖民地军队与英军作战。

前面我们讲过华盛顿早年的故事。他家世显赫；跟着英军参加过七年战争，混到中校军衔；有过三次指挥部队与法国军队作战的经历，战绩为一胜两负，其中向敌人投降过一次，胜利的那一次也不过是捡漏；

七年战争还没结束，华盛顿就忙不迭地退役回家了，距今已经有十多年了，这么长的时间足以让他本来就三脚猫水平的军事技能更加生疏。

没办法，至少华盛顿还知道枪炮长啥模样。北美殖民地的这帮精英，耍嘴皮子一个比一个厉害，可真要舞刀弄枪，却实在没有比华盛顿更合适的。

但就凭他，能让英国人感到恐惧吗？对这一点，华盛顿自己也感到信心不足。如果说接受大陆会议任命后的发言是公开场合必须的谦逊表示的话，那么在受命之后，华盛顿在给挚爱夫人的告别书信中的表达则更贴近他的真实想法。在信中，他写道："我曾竭尽全力摆脱（这项任命），不仅是由于我不愿意离开你和我们全家，而且由于我也自知，就我的能力而言，的确难以胜任。"

他也做好了最坏的打算："生命总是无常的，趁着头脑清醒、心情平静，在力所能及时料理一下眼前的事务，每个人都会认为是有必要的。我一到这里就请彭德尔顿上校按我的口授为我起草了一份遗嘱，我现随信寄去。我如战死沙场，我希望我为你做的一切准备将使你感到满意。"

另外，既然军队已经组建起来，战争已经不可避免，那么，这支军队属于谁？北美应该以一个怎样的身份与英国作战？

事情走到这一步，北美本土的精英们必须慎重思考这些问题。而上述两个问题的答案只能是：一个国家！

华盛顿的忐忑并非胆怯，亲身参与或经历过人类有组织有预谋的大规模交战的人都知道，打仗的确不是儿戏。

公元1775年，乾隆四十年八月二十四日，乾隆帝接到了四川金川前线发来的捷报：清军终于在与金川土司的战争中赢得了一场决定性的胜利，收复了小金川，并攻克了大金川的重要据点勒乌围。如释重负的乾隆帝再次深刻体会到，打仗的确不是儿戏。

他激动地在捷报上批下几个字："嘉悦之外，几欲垂泪……"这场历时两年有余，已经消耗军费六千二百万两，阵亡将士过万的讨伐战争，看样子总算要到头了。

没打过这么费劲的仗，乾隆皇帝没打过。即使是当年攻灭准噶尔，一举鼎定万里西域，深刻改变世界政治格局的大战，也远没有如此这般费劲。乾隆皇帝的列祖列宗们也没有打过，即使当年入关收拾明朝江山，也从来没有在任何一处城池下如此拖泥带水。

这是怎么了？

大清朝的军队是怎么了，是否战斗力已经严重下滑？大清朝的前线将领是怎么了，是否合格的战役指挥人员已经凤毛麟角？大清朝的后方官员是怎么了，如此巨额的军费消耗，其中是否存在贪污腐败？

这些本该是值得深思的问题，但乾隆帝却没有深思。毕竟这场胜利来得太不容易，皇帝也因此把胜利的喜悦看得过于珍贵，而无暇顾及其他。

激动万分的皇帝在表达情感时，也显得很是肉麻。

温福阵亡之后继任金川前线总指挥的阿桂将军，在准备对金川发起最后一击时，收到了一份来自北京的赏赐：盛装在精美的景德镇官窑青花小瓷碗中的馊臭不明液体。

来自紫禁城里的太监说皇帝在读过捷报后用膳时，刚才还只是"几欲垂泪"的他，眼泪终于落了下来，落到这碗汤里。于是，皇帝就让人把这碗汤送到了前线来……

阿桂诚惶诚恐地跪着接过那碗汤，感动之余又尴尬得不知道该怎么办才好。这玩意当然不能喝下去，这是皇上御用的，何况都已经馊了，喝了得闹肚子；也不能带在身上，会洒的，把皇上赏赐的汤给洒了，那可是大不敬之罪。

但不管怎么说，这是一份难得的殊荣。阿桂只好将其供在自己的中军帐里的正中位置上，等打完了仗再恭恭敬敬地给皇帝端回去复命。

若没有阿桂在金川前线，木果木惨败之后的清军极有可能像废旧饮料瓶一样被金川军挨个踢出川西高原。温福死后，阿桂顺位递补接任前线总指挥，亲自断后，掩护主力撤至安全地带，稳定军心，重整旗鼓，在兵败如山倒的危急时刻，扼制了局势的全面崩塌。

此后，阿桂在混乱的局势下，冷峻地察觉到金川军虽获大胜，但已是困兽之斗、强弩之末，其经济支持能力的劣势已经开始显现。木果木之后，大金川无力追击，借着胜势主动向清军请和，阿桂也借势拖延。清王朝大军稍退，川西北各路土司与大小金川之间的矛盾立即露头，大小金川之间也发生了内讧。

如此一来，阿桂的心中已经有了把握。为求稳妥，阿桂向乾隆帝求援。一贯精明的乾隆帝竟然慷慨地表示："只要大功必成，多费实所不惜。"公元1774年，乾隆三十九年年底，新增的九百万两军费到位，数千八旗精锐以及万余各地绿营兵集结完毕。此刻，云集在川西高原的清军已有近十万人，是大小金川人口总数的三倍有余。

这样的战局，就算清军的战斗力再差，也是不作死就不会死了。阿桂不是个作死的人。

他在援兵集合完毕之后，立即发动反攻，以多路并进、稳扎稳打的朴实战术，一举收复了小金川，并攻下了大金川的重要据点勒乌围，赢下了决定性的一战。此战之后，大小金川之间的矛盾激化，大金川土司索诺木竟然杀了小金川土司僧格桑，向清王朝乞降。

阿桂的指挥终于使战局更加改观。

阿桂的战术思想是实用主义的，他指挥的战役在场面上并不好看，从具体的战斗过程来看，这场逆转并没有逆转通常会有的精彩。阿桂只是咬定金川虽悍，但充其量不过是一只强壮的蚂蚁，只要清王朝这头大象自己不作死，不论大象的身子骨有多么虚弱，战胜蚂蚁依然不是问题，从而坚持看似呆板的朴实战术，带领着明亮、海兰察等一帮副将和各路人马，终于把刀尖逼到了金川的咽喉上。

剩下的一切，都好办了。阿桂拒绝了大金川索诺木的乞降，决意为清王朝斩草除根，不留后患。攻陷勒乌围之后，阿桂集合了近六万兵力，以绝对的优势强攻大金川的最后要塞噶拉依（今四川省金川县安宁镇）。

公元1775年，乾隆四十年十二月十八日，清王朝六万大军结束了对外围地域的攻击，合围噶拉依。

在一次难得的冬日暖阳的映照下，阿桂亲临前线视察。逆光中，噶拉依高耸入云、直刺云霄的碉楼令阿桂感到眩晕。这种建筑远观十分宏伟，令人惊叹，而近看则让人感到压抑和恐惧，它仿佛化成了顽皮的巨人，想要把自己擒住，系上绳子做成一个溜溜球，将自己一会儿抛上温柔的天空，一会儿又摔下冰冷的地面……

阿桂知道这不是一种错觉。关于金川的一切他都很熟悉，他已经不是第一次来到这里了，二十多年前的第一次金川战争，年轻的他就亲身经历过。他知道这里的碉楼曾经令张广泗、讷亲等人产生金川之战轻而易举就能取胜，自己能凭战功直上云霄的幻觉，但他们最终的结局却是束手无策地坠地惨死。

那一次，年轻的阿桂也因自己官场经验不足而交了学费。尚且不懂圆滑处世的他因为高调支持张广泗排挤皇帝派来的钦差大臣讷亲，而被人告了刁状，时年三十岁的阿桂被乾隆帝钦命逮捕追查。后来虽然查无实据，深深厌恶张广泗而恶其胥余的乾隆帝依然停了阿桂的职，把他扔回家里，命令其父礼部尚书阿克敦"严加约束"。

那是阿桂官场生涯中遭遇到的第一次重大挫折。二十年来，往事历历在目，因此关于金川的一切，阿桂都小心应对。

第一次金川战争结束七年后，阿桂等来了他第二次建功立业的机会：乾隆帝平定准噶尔的战争开始了，阿桂随军出征办理后勤事务。阿睦尔撒纳的突然叛乱使得清军的后方一度成为前线，阿桂也因此由后方人员转为前线将领，在处理阿睦尔撒纳与喀尔喀蒙古青衮杂卜的叛乱中接连获得上佳表现，赢得了乾隆帝的注意。

两年后，他又参加了平定南疆准噶尔部的战争。战后，阿桂留在准噶尔旧都伊犁长时间工作，为清王朝在这里的长治久安落实、设立了各种制度，贡献不小。

公元1764年，乾隆二十九年，已经升任伊犁将军，成为封疆大吏的阿桂调离新疆，出任四川总督。他再次接触到了金川事务，有消息称大金川土司四处侵扰其他土司，但出于谨慎，他没有为此发动讨伐战争。

四年后，在对缅甸的战争中，当时已经进入内阁任大学士的阿桂被乾隆帝点了将，辅佐首辅傅恒前往云南前线，去收拾因明瑞阵亡而岌岌可危的局势。阿桂是个实用主义者，眼见缅甸战局实际上已经不可收拾，便上书请求乾隆帝对缅甸让步，避免招来更大的损失。乾隆帝拒绝之后，阿桂依然坚持，和主帅傅恒私下与缅甸方面订立了停战和约。

事后，此事被乾隆帝察觉，阿桂做了傅恒的替罪羊，被免去官职。此后，金川事起。温福在受命出征时，因为阿桂熟悉金川事务而请求乾隆帝让阿桂复职，跟自己一起去金川。

兜兜转转二十年，又回到了最初的起点。阿桂感叹命运所给予的无奈，却也不能不认真对待。阿桂感谢温福将自己拖出命运的泥淖，也羡慕温福能得到挂帅出征的机会。因为在缅甸战争后，傅恒、刘统勋、尹继善等乾隆帝自乾隆十三年前后建立起来的第一代辅臣班子相继谢世，温福获得以主帅身份出征金川，意味着他正在接受皇帝的考验，如若成功，很可能入选皇帝的第二代辅臣班子。

阿桂本打算尽心辅佐温福完成金川这道考题，让他能顺利登上政治巅峰，也好给自己一个照应。

但是……

温福因作死而死，把阿桂突然推到了前台，让他直接面对这阴郁的碉楼。这些让原本前程似锦的张广泗、讷亲、温福先后身败名裂的诡异建筑，会给阿桂带来什么？

最终，阿桂以合格的军事才能和认真谨慎的办事态度，把别人的鬼门变成了自己的龙门，把别人的葬地变成了自己的天梯。

公元1776年，乾隆四十一年二月初四，阿桂攻克噶拉依，大金川土司索诺木出寨献降。阿桂将其绑赴北京，交由乾隆帝处置。

乾隆四十一年四月二十八日，大清王朝在午门外举行了庄严肃穆的献俘仪式。凯旋的阿桂朗声奏报："奉旨平定金川，所获俘囚，谨献阙下，请旨！"乾隆帝淡定回应："拿去！"皇帝左右的两位侍卫将这两个字高声重复了一遍，再有左右两人再次重复，以此类推，直到最后有三百六十人高喊："拿去！"洪声雷荡，震彻云霄，把索诺木等人吓得屁滚尿流，暗想：午门这群威风凛凛、军威浩荡的士兵，和与自己在金川对阵过的那帮兵痞，真的是出自同一支军队吗？

他们不知道，自古以来，中央政府的军队都在各种国家正式仪式上有着极强的表现力，这种表现力与其实际战斗力并没有必然联系。

最后，索诺木被拖到菜市口凌迟处死。历时整整五年的第二次金川战争，至此全部结束。

打仗不是乾隆帝的专长，但在战后治理方面，乾隆帝却十分在行。历次战争之后由他主持设计的善后制度往往有着极强的生命力，甚至影响至今。

这次金川战争之后，乾隆帝着力加强了清王朝在川西北地区的政治军事统治力，在大小金川屯田驻军，设立成都将军，管理当地日常军务，大小金川改土归流，在小金川设立美诺厅衙门，归属四川省管辖，由内地派来的官员掌管。其他地区虽不实行改土归流，但规定各土司必须轮流入京觐见，以此"俾扩充知识，以革其犷悍之风"。

意思是给朕来内地好好看看，长长见识，免得你们老是在深山里夜郎自大，无事生非！

自此，这片连接着川甘青藏四地，使中国西南与西北相接，因为地形以及气候原因，游牧民族来去自如，而内地兵力到此却难如登天的嘉绒藏族聚居的战略要害地带，终于纳入了清王朝的有效管辖之下，最终成为今天的四川省阿坝藏族羌族自治州的雏形。

而在文化上，当时嘉绒藏族地区的宗教信仰五花八门，有藏传佛教各大门派，还有苯波教等，但都与汉文化牵连甚少。面对这种情况，乾隆帝只能借力于文化与嘉绒藏族更加接近的西藏。他要求达赖喇嘛向当地派遣僧人，以清王朝控制下的藏传佛教格鲁派来统一当地的宗教信仰。

当时的藏传佛教格鲁派处在清王朝的严密控制下，乾隆帝对于这一安排没有什么可担心的。不过，这实际上造成了当地在经济上依赖内地，在政治上从属于内地，却在文化上心向拉萨的局面，这种情况同样影响深远。

毕竟乾隆帝所经营的，是古典意义上的王朝，而非现代意义上的国家。政治安全，永远是古典王朝的首要考量。社会的其他目标与王朝的安全发生了冲突，就会被弃之不顾，甚至招来刻意的扼杀。

当代著名藏族作家阿来先生指出："中国人喜欢说康乾盛世时中国疆域如何广大，但在所开拓的疆土上，（清王朝）不促进社会进步，没有新思想的萌生发展，没有在这些疆土上培养起码的国家认同，朝廷拿不出银子维稳时，这些疆域便只剩下得而复失一条道路。"

在讲述第一次金川战争时，本书曾经打过一个比方：这场战争就像是拿一万块钱买了包盐。盐当然得买，没有盐怎么炒菜？但是拿一万块钱去买一包盐，是不是太贵了呢？这样的盐，拢共能买上几包呢？花费七千万两白银军费讨伐一个方圆不过两百多公里的弹丸之地，这样的战争，即使是乾隆盛世下的大清王朝，又能打得起几次呢？等打不起仗的时候，大清王朝会怎样呢？

踩着金川的碉楼，阿桂的仕途终于再次进入快车道，代替死掉的温福成为乾隆帝第二代辅臣班子的人选之一，以协办大学士、吏部尚书的崇高身份重新入选军机处，任军机大臣。

午门献俘后，阿桂第一天去军机处上班。军机处里原有的几位大臣都来向他施礼，阿桂也一一回礼。这时，他看到了一张陌生的脸，那是一张还不到三十岁的年轻脸庞，俊秀得像个女人。

说陌生，却又感觉很熟悉。回京的这两个月里，阿桂只要见到乾隆皇帝，这张脸就必定在他身边伺候，寸步不离。最近事多，阿桂一直没空问那是谁，当然，他也不希得问，原以为不过一个新得宠的侍卫罢了。

原来他也是军机大臣？阿桂心中讶异。虽然皇帝用人向来不拘一格，但毕竟这是军机处，帝国权力的核心，非亲非勋之人几乎不可能进得来，这小子什么来头？凭什么？

那个年轻人见阿桂正打量着自己，便主动上前自我介绍："禀大人，小人钮祜禄·和珅，正红旗人，上个月（公元1776年，乾隆四十一

471

年三月）刚刚蒙皇上恩宠，忝任军机大臣。久闻大人威名，日后还望大人不吝赐教！"

阿桂忽然想起在金川的时候，听说过近年来紫禁城里有个"小和大人"官运亨通，才两三年的工夫就从仪仗队里的侍卫身份被提拔到很高的位置，不想竟然已进入军机处。

"原来您就是和大人，久仰……"已经年届六旬、几经起落的阿桂对这样轻松就爬到跟自己一般高地位的年轻人难免有些轻蔑，"和大人，贵庚啊？"

"小人庚午年生，今年虚岁二十八。"和珅看出了阿桂的蔑视，但回答依然不卑不亢，嘴角带着微笑。

"哦……好，果然年轻有为。"阿桂打了个拱手，转身落座办差，可心里还是在打量着和珅。这小子年纪轻轻，竟然看到自己这样的勋贵老臣也一点不紧张，这很不容易，又一点也不狂妄，这更不容易。这到底是个怎样的人？

不能低估了他，但又是否会高估了他呢？阿桂心中有些迷惘。

和珅的知名度极高，本书不用卖什么关子。您也知道，既然和珅都已登上历史舞台，那么大清王朝拿不出银子办事的时候，不远了。

理想

"是这样的，先生！我原是一个小镇上自食其力的鞋匠。可是叛乱发生了。而且我的邻居都被委以大大小小的职务，可是天知道，他们又比我强多少……而我被招进军队，只是个列兵。这可不是我的理想。于是我要求被任命为中尉，他们也同意了。这多少也算是个提拔吧。当然，如果我被打死，那就什么也不说了；但是如果我的上尉被打死了，我就会取而代之，还有机会升得更高。这就是我参军的动机。至于什么大不列颠，什么殖民地，关我什么事呢？再说我也真不清楚究竟谁是谁非。"

威廉·斯科特，北美大陆军中尉，在乾隆四十年，公元1775年的战斗中被英军俘虏。面对英军关于他为什么参加叛乱的质问，他如是回答。

与当时北美独立战争的意见领袖们充满心灵鸡汤味道的鼓动词不同，威廉·斯科特的说法市侩而真实。美国历史学家加里·纳什也在他的杰作《美国人民：创建一个国家和一种社会》中，对这段说辞评论道："对于同英国的斗争，大概很多人都要比他知道得多，但肯定也有不少人并不比他强多少。"但是，纳什先生写着写着就激情澎湃起来，有些前言不搭后语。在讲到公元1776年北美殖民地人民参与政治建设的程度时，他说："政治以前所未有的力量吸引了美国人的精力，整个美国社会都被政治化了。"

　　既然有威廉·斯科特这样在历史上声音微弱的普通人大量存在，当时的北美哪有什么政治化呢？列克星敦的枪声搞得所有人都回头无岸，大家闹将起来不过是迫不得已。虚头巴脑的政治，依然只是少数几个精英热衷的事。

　　不过，那时北美的政治精英们倒确实是前所未有地需要民众加入他们的事业，唤醒民众有关权利与自由的意识是他们的任务，对于完成这一任务，他们也信心十足。

　　尽管华盛顿将军率领的大陆军在开战之初就连吃败仗，但约翰·亚当斯和托马斯·杰斐逊等意见领袖却依然不以为意。那不算什么，既然对手是世界上最强大的军队，输个一两场的，都没什么。军事胜利当然是北美革命成功的一个必要前提，但在这些人看来，比军事胜利更重要的，是参加大陆会议的十三个殖民地与英国脱离关系，唤起民众一起按照某种完美的方式顺利组建起独立的地方政权。

　　哪种完美的方式？

　　完美的政府毫无例外都是共和制的，当时的北美革命领袖们大多这样认为。约翰·亚当斯就自信地说："除了共和政府以外，绝无好政府可言。"那么，到底什么叫作"共和"？

　　政治意义上的"共和"一词，来源于拉丁语中的res publica，进入英语后称为republic。晚清时，国人引用西周末年的历史典故，将其翻译为"共和"。这个词在现代汉语中的首要意义已经和republic接轨，与典故出处的含义已明显不同。

　　古希腊是西方文明温馨美满的童年梦想，每当遇到艰难时刻，西方人总是会拖着现实的疲惫情归希腊，梦想回到先贤用智慧护佑出的美好年代。此刻，西方历史已经延伸到千年之后的大洋彼岸，也依然如此。这跟古代中国人遇事，动辄就要追忆上古尧舜禹夏商周是一样的。

　　政治上的共和制度缘起于希腊。说来也简单，共和制度与一个人说了算的君主制度相对，讲究大家的事情大家说了算。在古希腊以雅典为代表的城邦国家中，执政官由公民选举产生，根据公民的意愿来管理公共事务，但任期很短，大多只有一年时间，一年之后，公民又有机会重新选个人出来管事。

怎样才能被公民们选为执政官呢？1776年的北美人认为执政官应该是公正无私的人，不为自己追求私利……应该把所有的时间都用于为公众谋福利。因此，只存在一种利益，即民众整体的利益。

用我们熟悉的话来说，执政官就应该是人民的公仆。

革命初始的激情澎湃，混杂了别有用心的刻意隐瞒。当时的北美政治精英们在他们撰写的各种政治鼓动小册子里，并不愿意多提古希腊美好的共和制度如何走向毁灭这段历史。他们时常断章取义地选择性引用欧洲启蒙大师们对古代共和制度优点的讲述，却从不告诉大家还有坏的一面。例如，孟德斯鸠早就说过共和制度人多手杂，把事情弄得一团糟，十万只脚一起走，速度却慢得像爬虫。像这种话，他们不会告诉大家。

再例如，意大利法学家贝卡利亚在其代表作《论犯罪与刑罚》一书中说："任何雄辩、任何说教、任何不那么卓越的真理，都不足以长久地约束活生生的物质所诱发的欲望。"北美的政治精英们有很多出身法律行业，他们不会不知道这部于乾隆二十九年、公元1764年问世的近代法学开山之作，不会没有读到过这句警世恒言。

但是他们就是不告诉你。

共和，这种天真烂漫的政治制度，毁于泛滥的虚伪与无休止的内讧。此后千年，没人认为共和制度还有复兴的希望，偏偏这会儿的北美人觉得他们有这个能耐了。

他们的自信部分地来自于母国的历史。公元1688年的光荣革命之后，英国诞生了将王权限制在议会宪政之下的君主立宪制。坚持限制君主权力、捍卫议会地位的那帮人，被政敌们用苏格兰骂人的土话，起了

理想

个诨名whig，音译为"辉格党"。反对君主制从此被叫作辉格主义。

辉格党人抬出古希腊共和主义当作自己的理论渊源，力图在英国进行西方式的托古改制。遭遇了巨大阻力而失败后，许多辉格党人远涉重洋来到北美。在这片天高皇帝远的土地上，他们与先前就自我放逐至此的基督教清教主义者们一起播撒了未来的种子。

现在，这些名叫乔治·华盛顿、本杰明·富兰克林、约翰·亚当斯、塞缪尔·亚当斯、托马斯·杰斐逊、托马斯·潘恩等辉格主义的种子终于发芽了。这些来自北美上层社会的政治领袖们自信满满地认为自己拥有着实现古希腊共和主义和英国辉格传统所需的所有素养，也认为居住在北美这片土地上的大多数居民同样拥有这些素养。

这些素养中，最核心的一点被西方人概括为"美德"。美国历史学家戈登·伍德说："为了更大的整体利益而牺牲个人利益，这是共和主义的精髓，也是美利坚人所理解的他们革命的理想目标。这种美德要求参与政治的人毫不利己、专门利人、无私奉献、忘我奉公、舍己为人、鞠躬尽瘁、死而后已……"

但是，美德之于个人的修养来说当然是好的，而将其标榜在政治旗帜上，作为对参政者的基本要求，会怎样呢？

政治上鼓吹美德，要求所有人向这种舍己为人的美德看齐，这种压迫力必然会导致公民行为的虚伪。没有人能随便看透他人的内心，做做样子，对于一个智商正常的成年人来说并不难。

鼓吹脱离了个人修养之外的美德，也会导致对他人的压迫。有些人觉悟不高，不愿意假惺惺地"舍己为人"，就会被判为缺德，被认为是丑恶的。扛着道德大旗去抄他的家，强迫他舍己为人，这种做法在崇信美德的人看来似乎也是合理的。

1776年，约翰·亚当斯说："我们所预设的新政府的每一部分，都需要清除我们的丑恶，提升我们的美德，否则不会成功。"这个素来以认死理而闻名于北美的波士顿律师，所说的这句话听上去很有些共和美德原教旨主义者的感觉了。

不是没有人看出共和主义这种建立在美德基础上的理想的模糊与脆弱，也不是没有人对此发出过声音。1776年，弗吉尼亚种植园主卡特·布拉克斯顿致信弗吉尼亚战时特别政府，指出了一些实质性的问题。他说："共和主义的美德是一种对公共利益的无私忠诚，完全排除且独立于任何个人的私利。要想成为一个共和主义者，一个人就必须彻底放弃所有利己的动机，绝不从事最终而言对社会无益的活动……对于这样的政府，任何看起来高雅和精美的东西都是有害的。"

也就是说，一个共和主义者看起来应该就像一些不食人间烟火的上仙儿，只要看起来是这样就行。毕竟人心难测，哪怕他其实是个贪酒好色的妖孽，也不打紧，只要不被别人知道，看起来是那么回事儿就行。共和主义者还会将美德肤浅化、泛滥化，要求所有人都做到舍己为人；如果别人不愿意这样子，他们就会爬上道德制高点，对其发射道德子弹，压迫他们服从。

布拉克斯顿认为这种共和主义，在一个贫穷且甘于贫穷的地方实行，也还勉强说得过去，但是在北美这片把富裕生活当作理想目标的土地上，不会受到欢迎。这里的人应该拥有支配享受自己的劳动成果，而不在任何胁迫下将其无偿转让的权利，北美人不会受任何理想政府原则的限制……不会考虑比邻居更富有是否不妥这种莫名其妙的问题。

因此他的结论是："共和主义是一种仅仅由热情想象创造出来的理想。"可惜布拉克斯顿的提醒非常不合时宜，公元1776年对于北美来说是一个大脑充血的年份，政治精英们迷醉于其事业的象征意义，对于这种冷峻的提醒不屑一顾。

作为革命意见领袖的约翰·亚当斯吐槽布拉克斯顿的说法"荒谬至极，不值得过多考虑"。大家听他这么一说，害怕受到同样的斥责，只好纷纷噤声。

等过了这阵子再说吧……

77

理想

乾隆四十一年，公元1776年5月15日，弗吉尼亚代表在大陆会议上提出建议：宣布北美十三个殖民地独立，正式与英国脱离关系。6月10日，大陆会议委任约翰·亚当斯、本杰明·富兰克林、罗杰·谢尔曼、罗伯特·利文斯顿和托马斯·杰斐逊组成委员会，起草一份《独立宣言》。

7月1日，大陆会议就是否立即宣布独立举行投票。新罕布什尔、康涅狄格、马萨诸塞、罗德岛、新泽西、马里兰、弗吉尼亚、北卡罗来纳、佐治亚九个殖民地投票赞成；南卡罗来纳和宾夕法尼亚反对；特拉华的两位代表意见相左，无法投票；纽约暂不投票。

这不是一件少数服从多数的事，必须没有反对票，独立才能形成决议，立即执行。

此后，大陆会议继续对这个议题进行表决。关键时刻，向来主张以温和手段对抗英国的特拉华代表约翰·迪金森考虑大势所趋，不愿耽误大事，以缺席会议的方式保留了自己的意见，也使得特拉华加入了同意独立的队伍。宾夕法尼亚和南卡罗来纳的代表也不再坚持。

7月4日，十三个殖民地全票通过立即公布《独立宣言》，向全世界宣告北美十三个殖民地与英国脱钩，分别宣布独立。

敲黑板咯！大家注意，是分别宣布独立。

这份宣言标题的英文原文是The Unanimous Declaration of the Thirteen United States of America.直译为"美洲十三个合众国一致同意的独立宣言"。注意，是十三个合众国。大家都知道，今天美国的全称是United States of America，简称U.S.A，中文译为美利坚合众国。但《独立宣言》中，United States of America这个词的前面还有thirteen，十三个。也就是说，通过《独立宣言》宣布独立的，是北美的十三个殖民地，他们分别建立起一个个小型的合众国，而不是一个整体。

这符合北美的政治精英们实现共和主义的梦想，只有小国才能真正实现充分的民主，才能保证大家都拥有"美德"，才能实现真正的共和主义。要是林子大了，那就什么鸟都来了。

而我们今天所熟知的美国，却是一个统一的广袤大国。美利坚的建国大业，这才刚刚开始呢。

　　乾隆四十一年，公元1776年7月9日，华盛顿将军在纽约向大陆军宣读了《独立宣言》全文。列克星敦的战斗之后，蜂拥而上的北美民兵打了英军一个措手不及，迫使其放弃波士顿。随即华盛顿出任大陆军总司令。但接着，英军在邦克山战役中还以颜色，还击败了远征魁北克，想把加拿大也拉下水的大陆军。

　　连遭失败的华盛顿判断将有大规模英国援军在纽约登陆，于是带着两万多人马来到纽约，准备迎战。

　　"我们认为这些真理是不言而喻的：人人生而平等，造物者赋予他们若干不可剥夺的权利，其中包括生命、自由和追求幸福的权利……"

　　追求幸福，pursuit of happiness，读到这里，华盛顿不禁莞尔一笑。托马斯·杰斐逊，《独立宣言》的起草人，居然在这么庄严正式的文件中使用这种俗烂的儿童用语。另外，他怎么知道要把"追求幸福"这部分写进去的？

　　日后，无数想过这个问题的人都受到这句话激励，或多或少。其中受激励多的那部分人就像电影《当幸福来敲门》的主角克里斯·加德纳那样，使出浑身解数，奋力追求自我的实现。

　　《独立宣言》关于人类权利的描述，展示出人性的发展有了一个全新的方向。

　　华盛顿的宣读才刚刚开始，民兵们就激动得不像话了。他们在激越的山呼海啸中拉倒了纽约城里英王乔治三世的铜像，把这坨四千磅重的玩意儿扔到冶炼厂，铸成了四万颗子弹。但华盛顿将军的心里却依然充满忧虑：纽约城愁云密布，更多的英军即将来临，而大陆军却是一支临时召集起来的散兵游勇，缺乏训练，组织涣散，粮草弹药都不充足，在与英军的正面交战中还未尝胜绩，以后的路该怎么走？

　　不论如何，《独立宣言》的发表依然令英国震撼。北美这片当时英国最大的海外殖民地宣告与英国脱离，使得英国在欧洲的霸主地位摇摇欲坠。法王路易十六蠢蠢欲动，普鲁士国王弗里德里希冷眼旁观，英国是否从此走向衰落，继而万劫不复？

英美双方未来的命运如何？

乾隆四十一年，公元1776年8月25日，英国伟大的哲学家休谟逝世。他曾经这样告诫英国人："我们被放在这个有如戏院的世界上，每个事件的起源和缘由却完全隐瞒，不让我们知道，我们既没有足够的智慧去预见未来，也没有能力防止那些使我们不断受伤害的不幸事件发生，我们被悬挂在这永恒的疑惧之中。"这段曾被英国人认为是胡言乱语的话，因为北美的独立而重新使英国人感到心惊胆寒。

经济

乾隆四十一年，公元1776年的英国某地。

"哦，不，先生，我可不这么看。"时年五十三岁的原格拉斯哥大学教师，现任苏格兰海关小职员的亚当·斯密在跟朋友们聊起北美独立之后英国是否会衰落的问题时，果断地否定了朋友们悲观的预测。

"我们用来统治北美和其他殖民地的重商主义思想已经过时，因此北美的脱离自然而然。您只要看透了这一点，就没必要再为这杯已经打翻的牛奶惋惜。亡羊补牢，为时不晚，只要我们换个角度思考问题，换上一种全新的思维模式去指导我们的行为，我们大不列颠的未来依旧光明，而且会更加光明。我的具体理由嘛，一言难尽。先生，我在今年三月刚刚出版了新书《国民财富的性质和原因的研究》，那里面有我全部的理由。您有兴趣的话，就抽空看看吧。"

"哎，我说亚当啊，你什么时候写出来的新书啊？我看你每天工作也挺忙的啊？你哪只手能腾出来写书？"

"看不见的手……"亚当·斯密故作诡异地说。

不同于大洋彼岸那帮正闹独立的满脑子共和美德，貌似不食人间烟火的北美意见领袖，一生混迹于社会中层的亚当·斯密对于人性的洞察力，显然要高出一筹。

他的《国民财富的性质和原因的研究》，又译作《国富论》。这本

78

经济

481

书在开头就摆出了人性自私的前提假设，认为为自己谋利是人们在社会上生存奋斗的原初驱动力，为了满足这一需求，人们使出各种手段，于是这个社会上就有了五花八门的各种职业，从事商业活动是其中重要的一种。

《国富论》中说："我们不能藉着向肉贩子、卖啤酒的或者烤面包的拉扯兄弟之情而获得免费的晚餐。相反，我们必须诉诸他们自身的利益。我们填饱肚子的方式，并非诉诸他们的慈善之心，而是诉诸他们的自私。我们不会向他们倾述我们的处境如何，相反，我们会诉诸他们的利益。"

亚当·斯密点明了商业活动的本质：以满足他人的需求为手段来获得报酬。从本质上讲，商人才是这个世界上最懂得体贴他人的人。你早上想吃饭，于是你的楼下有了包子铺；你要赶快出门上班，以免迟到，于是你的小区门口停满了出租车；你想穿得时尚一些去相亲，于是你家对面就开了服装店；你想买点便宜货，于是就有了某宝……

当然，前提是你手里要有钱。怎样有钱呢？你就得想想别人需要什么。想着想着，你也就成了商人，加入了市场。

这是亚当·斯密式的假想。如果让人们自由地加入市场，那么人人都会挖空心思去掂量别人的需求，整个社会的需求也就会得到最大程度的满足。

由于每个个人都会把他的资本尽力用以支持并管理国内的产业，这些产业便能达到最大的产值，每个个人也必然竭力地使社会的年收入尽量地扩大了。

社会的收入扩大了，又怎样呢？这都是一些自私自利的商人所为，对整个社会有什么好处呢？的确，如果是在一个以农业为基础，大多数人从事农业生产的社会，例如中国，少数商人为了谋利而像跳蚤一样跳来跳去，的确招人烦。但在彼时的英国，商人早已不再是少数派，而是社会的中坚力量，如果进一步取消对他们的限制，将会出现的情况就不一样了。

亚当·斯密描述道："确实，他通常并没有打算要促进公共的利益，也不知道他自己促进了这种利益到何种程度……他所盘算的也只是他自己的利益。在这些常见的情况下，经过一双看不见的手的引导，他也同时促进了他原先无意达成的目标。不出自本意并不意味着会对社会有害。借由追求他个人的利益，往往也使他更为有效地促进了这个社会的利益，而超出他原先的意料之外。"

"看不见的手"，亚当·斯密的一个著名隐喻，意指由消费者的需求与生产者的供给两种力量构成的自由市场供求规律。这只手牵动着自由市场上的每个人，无意中实现了每个自私的人都没有认真考虑过的大事——社会的整体利益。

所以，亚当·斯密的结论是，取消所有对商业活动的限制，让所有的商人自由竞争，市场规律就能发挥其最大能量，自然就能带来最大化的社会整体利益。

这是对当时被奉为国家战略的重商主义的极大挑战。前面我们讲过重商主义，国家仅仅将钱币当作财富，因此控制内外贸易；为了扩大出口，减少进口，而动用包括战争在内的所有手段。在重商主义的战略下，商人是国家的棋子，服从国家的战略需要，并不享有充分的自由。

《国富论》提出的对外贸易战略，则与重商主义相反。亚当·斯密提出，钱币并非财富唯一的表现形式，不过是交易的媒介；交易带来的各种物资才是真正的财富。因此他主张包括英国在内的世界各国政府都不应该干涉商业活动，人为阻止商业的自由运行。在如何获得最大化的收益这个问题上，商人们"显然能判断得比政治家或立法家好得多"。原因很简单，商业的获利是商人自己的，他们当然会比事不关己的别人更加爱惜。

只要给与商业活动充分的信任与自由，市场规律本身这只"看不见的手"就能爆发出它的全部能量，裹挟着所有人的私心杂念完成这世上任何一位暴君号令起千军万马也做不到的伟大事业。

这种"无招胜有招"的商业战略，看上去十分惊险。当时欧洲各国玩的都是以邻为壑的重商主义，使尽三头六臂都要筑起自己的藩篱，在限制邻居商品入境的同时，想尽千方百计钻别人的空子，要把自家的商品塞进去。在这时候，突然提倡什么自由贸易，会不会被别人算计？英国哪来的这种自信？

乾隆四十一年，公元1776年，即亚当·斯密出版《国富论》那一年的3月，詹姆斯·瓦特和其合伙人马修·博尔顿的心情激动而忐忑。他们将在波罗姆菲尔德煤矿为自己的产品进行路演，这是经过瓦特改良后的蒸汽机第一次在公众面前亮相。

这头巨大的机械遮蔽了阳光，在阴影下仰望它的人感到它是崇高的，同时也感到压抑。除了为那些说不清到底为何存在的造物主，或为那些说不清到底有什么理由自大的君王们建造的庞大的纪念物之外，人类历史上还从来没有过如此倨傲鲁莽的发明物。它的身量硕大无朋，它的轮廓刚直不屈，它的金属摩擦声粗糙到令人心里发毛。

这一切完全出自人造，浑身的每一处设计都只重功能，不顾其他，没有保留一丁点儿对自然以示敬意的模仿装饰。它像是人类从钢铁堆里召唤出的某种神兽，放肆无忌地向人类已经敬畏了上万年的造物主发出骄傲不恭的挑衅。

路演非常成功。瓦特式蒸汽机只用了老式纽科门蒸汽机所消耗的一半的煤炭，就抽出了是原来两倍的煤矿地下水，引得众人为此赞叹。在这次路演上，瓦特还为大家介绍了自己的第二项专利：一个连接在蒸汽机活塞上的曲轴，另一头连着一个圆盘。活塞带动曲轴运动，曲轴带动圆盘旋转。

这是什么意思？大家的脑子没转过弯来。

瓦特说："你想要什么动起来，就把它连接到这个圆盘上，那东西就能动起来，而且是在蒸汽机的巨大力量的驱动下动起来的。"有了这个装置，瓦特的蒸汽机就不再只有为煤矿抽水这一个用途，而是万能的了。

哦！英国人开始脑洞大开：纺织机可以连接吗？磨坊可以吗？车可以吗？船可以吗？……

都可以，都可以，包括这个世界、这个时代，都可以。

英王乔治三世也被瓦特的发明惊动，亲自前来视察蒸汽机。伶牙俐齿的博尔顿为国王解说。当英王问到这个机器能生产什么时，博尔顿回答道："力量！陛下，是力量！"

瓦特和博尔顿拿到了最初的几笔订单。到了那年年底，这种机器已经在英国各处竖立起来。为了赶上蒸汽机带来的快节奏，英国人告别了原来田园牧歌般的闲适生活，开始严肃地按照时间纪律安排各自忙碌的作息。

从那时起，英国钟表商们接到的订单上普遍多了一个要求：在原来时针和分针构成的计时系统之外，另加一个独立计时系统，把分针的计时由原来在钟表内部隐性运转，通过一根更长更细的指针显性地表示出来，将每分钟等分为六十份。这个计时单位是钟表中独立于原来计时系统的第二个计时系统，因此被称为second（第二），中文翻译为"秒"。

时间并非客观存在的事物，而是人们为了测度物质的运动速率而发明的一种计量单位。时间单位的精度加强，意味着随着人类运动频率的提高，时间本身变得更有价值了。从十八世纪后期开始，人类对时间的计较深入到了"秒"这个程度。

从那时起，时间开始变成金钱，效率开始等同于生命。这是工业时代的生活节奏。

有了亚当·斯密的《国富论》和詹姆斯·瓦特的蒸汽机，英国人被推到了新时代的起跑线上。环顾四周，英国人惊喜地发觉所有该来的对手都还没有到位，既然如此，英国便当仁不让地捷足先登了，这个时代将有很长一段时间只属于英国。北美独立不独立什么的，对于现在乃至未来百年的英国来说，似乎也没有那么重要了。

78 经济

时间对于中国人来说似乎格外地慷慨。到了公元十八世纪后期，中国人计时的单位依然是"时"与"刻"。时是时辰，相当于两个小时；"刻"则相当于十五分钟。刻之下，再无时间单位。所谓的片刻、须臾、瞬间，这些实际上来自于佛教的时间形容词，只表达了那么个意思，并没有实际可量化的概念。

那时的中国人悠闲得连分钟都不必去计较，更何况"秒"？

乾隆四十一年，公元1776年的那段时间，乾隆皇帝觉得很悠闲，悠闲得有空去思考许多曾经没空思考的问题，例如王朝的过去与未来。

那年的十一月十二日，他突然发布了一道诏令，宣布将来自己的某个儿子继位为帝时，名字里表示字辈的"永"字将改为同音字"颙"，自己的某个孙子即位时，名字里表示字辈的"绵"字将改为近音字"旻"。这样一来，以后的臣民们就不必为"永""绵"这两个常用字必须避讳而烦扰。

自这件小事起，乾隆帝开始安排未来。

一个月后的十二月初三，乾隆帝命令国史馆编撰了一部叫作《贰臣传》的人物传记集，专门记述明清易代时期，洪承畴、祖大寿等一批降清的明朝臣子的生平。

自这件小事起，乾隆帝开始清算历史。

洪承畴，明朝兵部尚书、蓟辽总督，与当时尚在关外的清王朝作战失败被俘。在著名的庄妃劝降之后投降了皇太极，后为清王朝入主中原立下汗马功劳。

祖大寿，明朝锦州守将。洪承畴战败之后锦州被围，祖大寿突围无望投降，此后随八旗军入关，也在清朝建立的过程中有些微功。

《贰臣传》其余的一百二十余人大多经历类似。在乾隆帝这次明确提出将这些人打入另册之前，他们因其功劳，也被算作大清王朝的开国功臣，在朝廷内享受着不错的身后名声。

但乾隆帝想到未来也有可能天下大乱，清王朝也有可能面临当年明王朝末年时的处境，他担心会有人学他们的样子弃旧主而附新朝，那将是大清王朝的灭顶之灾。

所以要告诉大家，那样做是可耻的。所以，要给洪承畴们的这种可耻行为下一个官方判决："贰臣"。即便他们于本朝有功，那样的功绩也不过是锦上添花，可有可无，不过是王朝的一时之需。他们的事功速朽，而他们违背的义理却是亘古长存的。

在中国人的价值观中，义理的重要性远在事功之上。可惜，义理的重要性又远在权力之下，义理必须接受权力的摆弄。当年劝降人家洪承畴时，皇太极对他晓以大义，说投降是对的；如今将人家打入另册，乾隆帝又对大家晓以大义，说投降是错的。

这大义，真的是大义吗？

公元1777年，乾隆四十二年正月二十三日，《甄嬛传》里的女一号、《还珠格格》里的老佛爷、乾隆帝八十四岁高龄生母、皇太后钮祜禄氏驾鹤西去，让乾隆帝再次感受到了不可抗拒的生命无常。那年，乾隆帝自己也已经六十六岁。在大清王朝的历代帝王中，活过这个年龄的只有其祖父康熙帝一人。

他知道时间已经对他很慷慨，但他不知道还会有多慷慨。因此，为后世准备的一切都要加快节奏。他要加快节奏去做的事情，就是要时间在大清王朝放缓节奏。

"谁掌握了现在，谁就掌握了过去；谁掌握了过去，谁就掌握了未来。"英国作家乔治·奥威尔在他的名著《1984》中如是说。乾隆帝虽然不知道这句话，但他却懂得这个道理。大清王朝的既有历史复杂而敏感，人们很容易从中挖掘出一些可资利用的话题来质疑王朝崇高的形象，质疑王朝统治的神圣。

例如当时坊间热议的孝庄太后下嫁多尔衮、顺治皇帝出家、雍正皇帝弑父夺嫡、乾隆皇帝本出身于海宁陈氏等真假难分的诡异话题，人们说着说着，就很容易得出这伙人怎么配统治国家这类悖逆结论。

必须要给出官方定论，告诉人们：关于这些事，只能这样去想，不能有别的想法。尤其是对于本朝开国的那段历史，必须有个以正视听的定论，终结所有的争议。乾隆帝派人编写《贰臣传》，贬抑叛明降清的那帮人，就是这项正本清源工程的一部分，解决了一帮小有争议的历史人物的地位问题。

第二步，就要为一个大有争议的历史人物定位了。谁呢？当然是摄政王爱新觉罗·多尔衮，清太祖努尔哈赤的第十四子。没有他，清王朝是否能够抓住李自成进京，明朝灭亡的战略机遇挺进山海关且迅速定鼎中原，是个很大的问题。可有了他呢？乾隆帝高祖母孝庄皇太后能否保持清白，乾隆帝曾祖父顺治帝能否保住皇位，又是很大的问题。多尔衮不到四十年的丰富人生经历，足以养活四十代落魄书生段子手、茶馆常客故事家。毫无疑问，他几乎是清朝开国史上所有争议的核心。

如何给他一个定论？

乾隆帝心里是厌恶他的。他怎么会喜欢一个妄图抢班夺权的臣子，而且还似乎玷污过自己的高祖母？他的想法跟当年的顺治帝一样：这种畜生就该开棺戮尸，挫骨扬灰，扬他个永世不得翻身！

但是，顺治帝这样做了，结果却是让多尔衮虽死犹生，长久地活在国人们的茶余饭后，不时还传出一些新的荤段子，就像他还活着，还能自由出入皇帝后宫似的。

乾隆帝是一位成熟的政治家，不会像顺治帝一样任性。他很清楚多尔衮与洪承畴等人的不同，他为大清王朝立下的功绩不是可有可无的锦上添花，而是决定性且无法抹杀的。如果强行将其从历史上挖去，那么大清江山难道是靠孝庄太后和顺治皇帝这对孤儿寡母拿下的？这怎么可能！

这个问题的逻辑漏洞太大，如果没有正统的定论，每个读史者都会自行补齐，那么多人去补，补出的花样可就多咯。所以，这个问题必须由大清朝统治者自己去补。

想来想去，还得把多尔衮补回到那个漏洞上去，只不过得先洗一洗。为此，乾隆帝开始研究建国史，准备为多尔衮洗白平反。这并不是为了多尔衮这个人，而是为了巩固维系中国历代王朝生存的君父纲常，并重申大清王朝是君父纲常的合格守护者。

在办这件事的同时，公元1777年，乾隆四十二年二月，大清王朝的刑部议定了一条新的法律：在民间，儿子如忤逆父亲，儿子将被发配边疆充军；如果是满洲人触犯此法，则罪加一等，发配到边疆的边疆——黑龙江充军。

怎么算"忤逆"？这个标准当然是父亲说了算，当儿子的没有半分分辩的权利，只能逆来顺受。乾隆帝想依靠天下的父亲们一起把时光凝固，让大清王朝永远留在当下这个他自我感觉良好的状态中。

在研究历史的过程中，乾隆帝深刻地体会到本朝历史与前朝大明的瓜葛太多，书写本朝史不能自说自话，必须和明朝的历史对得上口径才行。那么谁去对谁的口径呢？当然是删减死无对证的明朝史来和本朝的历史对接喽。

公元1777年，乾隆四十二年五月，乾隆帝启动了早已成书的《明史》的修订工程。

六月，乾隆帝在对多尔衮生平事迹的研究中，发现国史中记载着南明兵部尚书、扬州守将史可法曾给多尔衮回过一封信，但这封信因言语不逊而未被录入史册。乾隆帝命人找寻史可法书信的原文，将其原封不动地录入国史。

为什么？史可法作为大明朝最后的英雄，写给多尔衮的信肯定是一封言辞激烈的战书，极有可能骂尽了爱新觉罗氏祖宗十八代，所以百年前的满族人觉得受不了，没有将其录入国史。这会儿乾隆帝找这封信干吗？犯贱找骂？

当然不是，政治家是不怕骂的。大清朝立国已有百余年，还怕早已作古的对手的那点骂？况且史可法的道德魅力也早已征服了满族人，早在康熙年间，清王朝就为史可法建立祠堂，承认他的历史地位，几年前，乾隆帝也为史可法追谥"忠正"。如今的史可法，早已不是对手，而是王朝为了维持君父纲常设立的一个偶像。

很快，从内阁册库中找到了史可法给多尔衮的书信。史可法的修养远比乾隆帝想象的要高，书信通篇只有拔高大明王朝的言辞，称清王朝为"贵国"，丝毫没有贬低清王朝的意思，在表示拒绝清王朝的劝降时，也不过淡淡地写了句"贵国即有他命，弗敢与闻"而已。

而且，在这封书信中，史可法还尝试他"联虏灭寇"的一贯战略主张，提及明清两朝的"同仇之谊"，将明朝内部的起义军设定为共同对手，试图与多尔衮联合消灭各地的起义军，之后与清王朝南北分治。

这与清王朝标榜自己的天下是从"流寇"手上得来，而非篡夺大明正统江山的一贯说法相当契合。这也是史可法在清朝得到认可的原因之一。

正因如此，乾隆帝故作高姿态地说史可法的书信表现了"明臣尊明之义"，认为不必忌讳，把这封书信重新写入了国史，并亲笔为史可法祠堂题写"褒慰忠魂"四个大字，进一步抬高了史可法的地位，为刚刚完成的《贰臣传》提供了一个正面对比的同时，也向世人彰显了一把自己的"大度"。

适时地展现大度，对于独裁者来说很重要。那年十一月，乾隆帝又抓住机会再次"大度"了一把。他把一个被刑部判为凌迟处死的罪犯，减刑为斩立决，也就是把千刀万剐减为普通的杀头。

什么罪犯？

王锡侯，一个六十四岁的江西普通读书人。

什么罪名？

他编写了一部叫作《字贯》的新字典，在索引中将同义的字编在一起，方便查阅。在序言中，王锡侯特意点明了《字贯》的这一卖点，说《字贯》比朝廷钦定的《康熙字典》使用起来更方便。江西地方官吏以此定了王锡侯一个"悖逆"的罪名，上报朝廷。乾隆帝亲自过问，又发现《字贯》中本朝皇帝的姓名用字没有避讳，更是雷霆震怒，大骂王锡侯"双眼无珠""天良尽昧"，交刑部议罪。最后又假惺惺地将刑部送来的判决减轻一级。

在历史上寻找偶像，在现实中制造恐怖，在这所有的过程中寻机展现"大度"，这就是乾隆帝愚弄民众的方式。

历史文化方面的事情虽然重要，但也毕竟虚妄。要想王朝永固，乾隆帝要做得更多的还是现实中的点点滴滴。那一年，乾隆帝和一种武器杠上了，两次明令在地方民兵队伍和国家正式军队中禁用。

什么武器？

鸟枪。

公元1777年，乾隆四十二年二月，乾隆帝命令禁止在地方民兵队伍中推广鸟枪。理由是鸟枪对于民兵来说过于强大，很有可能成为民间对抗政府的工具。

那年的十一月，乾隆帝又命令在武科考试中，不准用鸟枪代替弓箭。理由是鸟枪对于正式军队来说过于弱小，不可能成为军队的主战武器。

这两个理由在当时都是成立的。枪械也有从弱到强的发展历史，并不是生来就像电影里那样不用换弹夹就能收割无数对手的性命。乾隆时期在中国流行的这种鸟枪，是一种前装滑膛火绳枪，全长两米，装填圆形铅制弹丸，利用火药燃烧时的冲力击发，射程约有百米，射速约为每分钟一两发。

而当时清军装备的满洲弓箭，则是冷兵器史上最强大的单兵远程武器。满洲弓箭拉力巨大，多在二十七公斤（六十磅）以上，外加刻意拉长的弓梢，蓄能强大，能轻松洞穿冷兵器时代的所有主流铠甲。其射程远超百米。在不讲究精确瞄准，只求火力压制时，弓箭的射速可达每分钟二十支；即使要求精确打击，也能有每分钟近十支的速度。在当时看来，弓箭的战斗力的确超过鸟枪。所以，乾隆帝不允许在军队中推广鸟枪。

另一方面，鸟枪的优势在于上手快。普通成年男子用一上午的时间就能大致掌握鸟枪的使用方法，对他人生命构成威胁，而弓箭的操作则需要经过长期训练。第一次使用弓箭的人在十米开外的距离向你瞄准，你身边的人可能会比你更紧张，因为他射出的箭会偏得离谱；而如果他换上一把鸟枪，那你就自求多福吧。

正因为如此，比起弓箭，鸟枪更加亲民，更有可能成为刁民手中的利器，所以不能让民兵手上有这种东西。

如此看来，乾隆帝那年关于鸟枪的两个决定都是合理的。然而，时间的诡异就在于它能变戏法似的使几乎所有的合理都变成无理取闹。在弓箭与枪械的抉择上，乾隆帝选择了强大而迟暮的弓箭，放弃了弱小但年轻的枪械，将中国军事强行留在了冷兵器时代。

公元1777年，乾隆四十二年，湖南凤凰县诞生了一个男婴，起名郑国鸿。多年之后，从军的郑国鸿担任浙江处州镇总兵。六十四岁那年，在与侵略者的战斗中，郑国鸿英勇作战，挥舞大刀向敌营冲锋，倒在了敌人用由鸟枪演进而来的伯克式前装滑膛燧发枪组成的枪阵前。

他六十四岁那年是公元1841年，侵略者是英国军队，那场战争是第一次鸦片战争。这意味着，乾隆帝费尽心机追求永固的江山，也不过能再维持六十四年。

公元1778年，乾隆四十三年正月初十，乾隆帝完成了对建国历史的研究，通过一篇故作煽情的旨意，将建国史上最具争议的历史人物多尔衮定义为"深明君臣大义"，命令恢复他铁帽子睿亲王的封爵，由其后人承继王爵。

正月十三，趁着大家还在议论遥远的多尔衮，乾隆帝顺便恢复了被先皇雍正帝分别改名为"阿其那""塞思黑"的八阿哥允禩、九阿哥允禟的原名，将他们重新列入皇室宗谱。对于雍正继位这大清朝的又一桩谜案，乾隆帝没有给出定论，但以此作结。

如此一来，不论是大清国的过去还是现在，乾隆帝都感到完美无缺了。这样完美的大清国，乾隆帝认为有资格拥有未来，乃至拥有永恒。

在那个志得意满的晚上，乾隆帝做了个梦，梦见自己在黑夜里搜寻一头黑豹，那头黑豹似乎也在搜寻着他。

79

教化

493

公元1778年3月，法王路易十六正在朝堂上心不在焉地听着大臣们有关北美局势的汇报。

"陛下，最新消息是北美大陆军在去年9月份的萨拉托加会战中击败了英国人，英国陆军上将约翰·柏高英向大陆军投降……"

这个来自中国的鲁班锁应该怎么解开呢？路易十六并不热衷于政治，也不好酒，不好色，他最爱的事情是摆弄各种奇妙的锁具。

"等等！"大臣的汇报忽然点亮了法王的兴致，竟然将他从最爱的锁具中拖了出来，"你刚刚说谁赢谁输了？哪个上将投降了？"

"是北美人赢了，哦，不！我想现在可以称呼他们美国人了。是美国人赢了，英国人输了，陛下。"

"瞎扯吧你！你前几次汇报北美的事情，不是每次都是北美人，哦，不，美国人——现在朕也得习惯用这个称呼了，不是每次都是美国人惨败了吗？怎么这次突然翻盘了呢？"路易十六惊奇地问。

"陛下……"大臣有些委屈，争辩说，"我前几次向您汇报时，您都没认真听，一直在玩您的锁子呢。"

"那好吧，"路易十六有些羞赧，"你现在把北美叛乱的事情再跟我讲一遍，好好地说清楚一点。"

好吧……

话说一年半前，也就是乾隆四十一年，公元1776年7月，北美《独立宣言》刚刚发布，英美两军的目光同时聚焦纽约。这里是北美最大的港口，北美殖民地的蜂腰位置，夺取此地，就能拦腰切断反叛的北美殖民地，保障英军与母国之间交通通畅。

大陆军总司令华盛顿也明白纽约的战略意义，断定英军首战必来此地，所以不论目前大陆军的战斗力如何，华盛顿都认为必须要在纽约跟英军干一场硬仗，宁死也要保住纽约。

乾隆四十一年，公元1776年7月20日，本着先礼后兵的贵族精神，英军派遣使节来纽约与华盛顿会谈，带来北美英军总司令威廉·豪给华盛顿的书信。

华盛顿展开书信，只见抬头写着George Washington, Esq., etc., etc（乔治·华盛顿及其他人等），便觉气不打一处来，下面的内容也不看了，把那封信又折叠起来，撂在了一边。

军人之间通信应该互称军衔，你们英国人不称呼我华盛顿为general（将军）就算了，也该按照我曾经在英军中的军衔叫我lieutenant colonel（中校），再不济也应该在我的名字前面加一个sir（先生）吧？就这么直呼我的姓名？另外，我亲爱的战友都有名有姓，怎么全成了etc.etc.（等等）？

英国人现在连对我们起码的尊重都没有了！

英军来使并不理会华盛顿的愠怒，依然傲慢地自顾自地说着华盛顿投降的条件，说他的上司威廉·豪有权向英国国会为华盛顿和他"等等"的战友们申请特赦。

华盛顿听不下去了，他回答道："清白之人，无须特赦。我只是捍卫我们无可争议之权利。"

好，说得好。那咱们战场上见真章吧。

纽约，是哈德孙河口的一堆群岛。紧邻北美大陆的是著名的曼哈顿岛，往东不到一英里宽的海峡对岸是长岛，长岛的西端是布鲁克林镇，西南方稍远处是斯塔滕岛，三岛呈犄角之势，相互对峙。

华盛顿率军两万三千余人抵达纽约时，鉴于实力考量，选择了在曼哈顿岛及邻近的长岛布鲁克林镇布防，斯塔滕岛则因为相隔稍远、较为孤立而被放弃，让给英国人做登陆场。

乾隆四十一年，公元1776年7月间，英军在强大舰队的掩护下占领了斯塔滕岛。8月，三万两千英军在此集结完毕，即将向华盛顿发动进攻。

这阵势把对岸由散兵游勇组成的大陆军将士吓得不轻，其中一位士兵说："我以为整个伦敦都飘过来了。"

英军肯定会攻击曼哈顿，这不用多说，曼哈顿才是纽约的核心部分。问题是，英军是先打作为纽约屏障的长岛，再来打曼哈顿呢？还是直接就来打曼哈顿？而且，凭着强大兵力，英军甚至完全可以同时攻打曼哈顿和长岛。如果是这样的话，该如何接招？

长岛真的很长，东西长，南北窄，绵延近两百公里，华盛顿不可能完全禁绝英军在此登陆，因此他也考虑过干脆也不要长岛了，全军龟缩在曼哈顿防御。可是，长岛毕竟是曼哈顿唯一的屏障，再破烂的被子，好歹也是条被子啊，还没开打就放弃的话，大陆会议会骂死华盛顿的。怎么好呢？

思来想去，华盛顿决定两个岛都要尽力守住。他将大陆军主力部署在曼哈顿，分兵四千余人前往长岛上的布鲁克林守备。

8月22日清晨，四千英军率先攻击长岛。轻松捣毁大陆军的滩头防御后，到正午时分，一万五千英军成功登陆，开始攻打布鲁克林。

调虎离山？得到消息的华盛顿担心这是英军的佯攻，对方极有可能等自己的大部队赶去支援时趁机进攻曼哈顿。

犹豫再三，华盛顿还是向长岛派出了一千五百名援兵。临走时，华盛顿像叮嘱小孩子似的叮嘱这些第一次上战场的百姓："要冷静，但要坚定。不要老远就开火，要等待军官的命令。"

为什么华盛顿是"美国军队之父"？因为只有父亲才会教你这种类

似于怎么穿裤子的最基本的常识。

"他们出发时都是高高兴兴的。"华盛顿在日记里写道。因为那些士兵们以为只是去打一场群架。

8月24日，放心不下的华盛顿趁着英军还没有开始大规模进攻，亲临布鲁克林战场巡视。他看到他的弟兄们依然是高高兴兴的，甚至比出发时更加高兴，高兴得都快没边儿了。大陆军的民兵战士们拿着枪支追逐嬉闹，那状态一点都不像是在准备一场血战，反而像是在期待一场狂欢嘉年华。

就算是临时征召来的民兵，也不该像这副样子！亲历过战争场面的华盛顿明白这样的军队可打不赢战争，何况对手是英国军队。24日当天，华盛顿一回到曼哈顿就愤怒地撤换了布鲁克林守将，并抓紧时间重新部署了布鲁克林各处紧要的防御。

布鲁克林这地方好久没打过仗了，老百姓们把这里的道路修得四通八达，平日里方便，战时可就麻烦了，需要守备的大道口实在太多。华盛顿手上的兵力捉襟见肘，只好又从曼哈顿调了一千人过来弥补，还不得不舍弃了一些小路口，交给上帝帮忙看着，别让英国人发现。

布鲁克林要塞东边有一条小道，名叫"牙买加"，因为年久失修，少有人问津，纽约本地人知道的都不多，于是华盛顿只派了五名骑兵带着对上帝的信仰前去放哨，让他们一有情况就飞马来报，还说等几天会有大部队去跟他们会合。

于是，这五个人带着自己的马儿安心地蹲守在牙买加小道口。

27日凌晨，这五个人终于等到了来跟他们会合的大部队，寂寞难耐的他们赶紧热情洋溢地催马前去打招呼。

"Hey！Guys！What's going on？（嗨！伙计们！怎么样啊？）"离人家还老远呢，这五个人就喊开了。

"Fuck！It's enemy！（是敌人！）"等走近才发现是敌人，太晚了，这五个人被英军俘虏。

⑧80
逆
转

原来早有纽约亲英派告诉了英军牙买加山道的存在。这天晚上，将信将疑的英军本来只是想来探探路，这下倒好，这五个哨兵什么都招了。

27日一大早，英军大部队开始经牙买加山道进攻布鲁克林要塞的侧后方，正面部队与之配合，同时发起总攻。长岛上的大陆军腹背受敌，顷刻间败局已定，大陆军只是凭借不算少的人数和不算低的士气拖延着时间。

直到28日上午，华盛顿都还没明白过来是怎么回事，还在命令曼哈顿的大陆军渡海赶来增援长岛。可这拨援兵刚靠岸就发觉败局已经无法挽回，他们进退两难，动弹不得。

奉华盛顿之命前来增援的托马斯·密夫林将军在长岛上看到的景象令人沮丧，其军队的表现和清朝军队在木果木的表现一样糟糕，漫山遍野都是呼天抢地四处逃散的大陆军。如果没有四百位来自马里兰的勇士在关键位置坚守到下午两点，掩护大家逃到渡口，长岛上的所有大陆军都会像鸡仔似的被英军挨个活捉。

眼下最现实的考虑是赶紧放弃长岛，撤回岛上的军队，能撤多少是多少。密夫林随即返回曼哈顿，向华盛顿报告了长岛战局的真实情况。

来不及垂头丧气了，华盛顿立即决定撤退。

"弟兄们，给我撤！"真实战场上的撤退，真的是这样吼一声就能完成的吗？当然不是，在战场上执行撤退任务需要高度专业的军事组织技能，尤其是在眼下这般危如累卵的局势下，撤退行动稍有不慎，就会演变成一发不可收拾的溃退。

幸好，在战役准备中犯下许多兵家大忌的华盛顿这时镇定了一把。他一面命令长岛上的大陆军收拾好全部物资，准备在夜袭英军之后转移阵地，从而顺利地稳定了士兵的情绪，一面秘密调集船只前去接应。这是华盛顿在长岛战役中唯一英明的决定。

当晚9点，东北风骤起，英军处在下风处，视野受阻，行进困难，风帆战舰寸步难移，无法前往封锁布鲁克林码头。断后的密夫林将军趁机在布鲁克林的山林中点起篝火迷惑敌人。死亡的压力下，数千大陆军终于收起了平日里的放荡不羁，在码头上井然有序地等待乘船前往"夜袭"敌军。

当晚11点，东北风骤停。华盛顿的心被捏紧了，英军舰船会不会立即北上巡航？如果那样，撤退行动就会暴露，一切都完了。

还好，白天大获全胜的英军没有出动。

船少人多，到了黎明时分，大陆军还没走完。英军的视野即将清晰，一旦让他们看见，就全完了。

然而，乾隆四十一年，公元1776年8月29日的清晨，长岛码头沿岸莫名地腾起了浓雾……

早上7点，所有大陆军残部安全撤离。

浓雾散尽，英军占领了空无一人的布鲁克林镇。望着寂静的码头，他们也不得不惊叹华盛顿这家伙在组织大规模撤退方面的确挺在行。但也仅此而已，英军并没有为放走了华盛顿及大陆军主力而感到多么惋惜。从长岛一战来看，这帮叛军从上到下都很不专业，因此北美的叛乱要不了多久就能彻底平息。

确实太不专业了！曼哈顿那边，华盛顿正为此捶胸顿足。长岛之战前，华盛顿也担心过这支临时征召的军队的战斗力问题，但当时箭在弦上，来不及多想就把部队拉到纽约来了。可没想到民兵们的军事素养居然能差到这个份上，战前不认真准备就不说了，那五个骑兵居然连基本的身份确认都不懂，稀里糊涂地就被俘了，还傻头傻脑地说出了一切……

当然，华盛顿也必须自责，发现问题之后为什么没有大步撤退，放弃长岛、曼哈顿，乃至整个纽约，以避免损失？还要硬着头皮跟英国正规军拼阵地战？还要两相求全，妄图分兵保住曼哈顿和长岛两地？在长岛遭到攻击之后，为什么没能及时断定英军的主攻意图，导致大陆军在支援长岛时扭扭捏捏，如果一次性投入足够兵力前往支援，战局是否会有所改观？

在战场上，没有战略魄力，就必将承受灭顶之灾。华盛顿越想越是后怕，如果没有那场东北风，如果没有那场大雾，现在我和所有的大陆军还能活着吗？

9月3日，英军大胜之后，以为叛乱即将终结，便暂停攻势，通知大陆会议派人来和谈。大陆会议为了争取时间，派亚当斯和富兰克林去长岛与英军周旋。

华盛顿趁机上书大陆会议，陈述了目前军事制度存在的问题，建议改变这种服役时间最长才半年，到期之后领二三十块钱就走人的临时合同民兵制，建立一支真正意义上的正规化军队，彻底消除这支武装最初的黑社会色彩。

因为"如果我们的自由不是用一支永久性的常备军，即战争中一直存在的军队去保卫，那么，我们的自由即使不完全丧失，也会处于危险的境地"，华盛顿如是说。

长岛之战的结局严肃地告知新生的美国人，靠理想是打不赢英国人的。约翰·亚当斯等人满脑子的共和制美梦，也得等先打赢了仗再说，现在得考虑现实问题。从长岛战役开始，美利坚海潮般的理想触碰到了现实的礁石。

什么最现实？钱！

华盛顿建议大幅提高军队的待遇，他指出："只有把我们的军队建立在永久的基础上，并提高待遇，才能招致好的军官……至于士兵，除按永久建制发给较高津贴之外，别无他法可以招致……因此，我愿冒昧建议，立即发给优厚津贴，并赠与每人一百英亩或一百五十英亩土地。（当前我们）对未受军衔的军官，每人（只）发给一套衣服、一条毯子。这种待遇不论看起来有多高，当此物资缺乏、百物昂贵之时，我完全有根据地说，仅供衣着的开支，是不足以养家的。"

大陆军终究还是幸运的，在这个热血澎湃的时刻，还有个领导在为大家考虑养家糊口的事儿。

当然，兹事体大，虽然华盛顿的建议大陆会议很快便同意了，但要落到实处还早得很。建立正规军不仅需要花更多的钱，还事关大陆会议里那帮书呆子的理想，他们认为一个国家不应该有常备军，因为那会威胁到民众的民主权利……

没奈何，华盛顿还得带着那帮稀稀拉拉的军队再挺上一阵子。9月11日，和谈无果而终，但英国从此有了招降叛军的幻想，进攻节奏开始变得拖泥带水。15日，英军缓慢地向曼哈顿进攻，边打边等着北美人来投降。磨磨蹭蹭地战至11月，纽约才终告失守。

华盛顿没有投降，他带着残部撤往新泽西。英军随即追来。12月13日，大陆军副总司令查尔斯·李被俘。英军前锋已直指北美大陆会议所在地，也就是美国的临时首都费城，吓得大陆会议赶紧卷起铺盖迁往巴尔的摩。

屡战屡败的大陆军后勤物资匮乏，军营里疾病横行，走得动的士兵差不多都开溜了，走不动的都在抱怨华盛顿无能，整支军队在滑向绝境。8月还有两万多人的军队，现在只剩下了五千人。公元1776年的寒冬，似乎要把北美独立的梦想撕得粉碎。

要不是英军，尤其是他们从德意志花钱雇来的黑森雇佣军军纪松散，到处打砸抢烧，激起了原本亲英的新泽西居民反抗，害得英军不得不更加放慢脚步，先镇压民变，华盛顿等人早就没命了。

12月中旬，英军找到了已经无处可躲，正在特拉华河对岸扎营休整的大陆军。碍于河水阻隔，他们没能马上扑过去。不过，也不用着急，要不了多久河水就会冰封，到那时再冲过去也不迟。

仗打到这个份上，英军已经很有些猫玩耗子的意思了。可是，华盛顿不是耗子，人家终究还是一位合格的统帅。

乾隆四十一年，公元1776年12月25日圣诞节，华盛顿率部强行横渡冰冷的特拉华河，在暴风雪中悄然绕到英军后方的新泽西首府特伦顿，

逆转

于26日上午8时，向驻守在镇子里的戴着圣诞老人帽子装可爱的英军黑森雇佣军兵团发动突袭。

苦战至当天中午，大陆军大获全胜，黑森兵团投降，被俘近千人。战斗结束后，华盛顿立即于当天傍晚率军撤回，不惜重大损失再次强渡特拉华河，跳出了敌人援兵的包围，于27日撤往宾夕法尼亚。

这招干净利落的黑虎掏心让骄傲自大的英军顿时方寸大乱。几天后，公元1777年1月3日，华盛顿如法炮制，再渡特拉华河，躲过前来寻仇的英军主力，突袭英军后方基地普林斯顿。英国人这下彻底被打醒了，放弃了过冬之后再战的计划，要立即找到大陆军主力与之决战。

两连胜的美军士气大振。失去纽约之后，华盛顿也看开了，不再与英军硬碰硬地抢地盘。在"打得赢就打，打不赢就走"的游击战略的指挥下，公元1777年，北美战局打成了一锅粥式的消耗战。当然，这种玩法，远道而来的英国人是玩不起的。

烦乱至极的英军总司令威廉·豪怒了，放了个大招。乾隆四十二年，公元1777年9月，他亲率英军主力挺进费城，以摧枯拉朽之势轻松拿下了这座叛军的临时首都。华盛顿守城失败，带着部分美军躲进了费城西北十八英里的福吉谷森林。

又一个隆冬将至，华盛顿认为英军照例不会再有大动作，便安心地在森林里猫冬，趁机让好不容易请来的德意志教官们好好训练一下自己刚刚组建起来的正规军。

英军总司令威廉·豪则在等待着美国方面对首都失陷做出反应。他又认为美国叛军这下子就要完了，就快来投降了，这种想法总是让他在战胜之后心慈手软，不及时去斩草除根，害得胜利果实白白腐烂。

远在加拿大的约翰·柏高英将军就是这么想的，他觉得上司威廉·豪的这种作风实在是瞎耽误工夫。攻打费城有多大个意思？费城也能叫个城？这地方拿到英国去，顶多算个村。表面上说是美国的政治中心，但实际上那里的大陆会议并没有什么实权，十三个殖民地各自为政。费城其实并不重要，你打不打，又能怎么样？

所以约翰·柏高英决定不理会威廉·豪，去做自己觉得靠谱的事。9月，英军攻占费城之后，柏高英紧接着率军六千由加拿大南下，前往攻击美军在北方的重要据点阿尔巴尼，意在切断华盛顿所部与北方各邦的联系。

战略意图是对的，但战术……这么大的行动，至少你多带些人去啊。

9月19日，柏高英所部与美军于萨拉托加相遇。激战月余，美军以逐渐累积起来的四比一的人数优势，将英军合围。柏高英弹尽粮绝，走投无路，于10月17日率残部向美军投降。

这就是史上著名的"萨拉托加大捷"。英军的实际损失不大，但是脸面却丢大了。柏高英的军衔是陆军上将，那是英国最高级别的军衔。以上将之尊向叛军投降，英国人在北美还怎么混？

萨拉托加战役期间，威廉·豪虽然埋怨这个猪一样的队友自作聪明，也还是想要出兵援救。不料华盛顿忽然率军从福吉谷的林子里蹿出来，而且一改从前东躲西藏的打法，竟然直扑威廉·豪所率领的英军主力阵地日耳曼镇。几番硬仗打下来，大陆军还愣是跟英军拼了个平手，威廉·豪也因此腾不出手去援助萨拉托加。

这段时间，躲在福吉谷里的华盛顿没有虚度光阴。在许多来自欧洲的退役军官的志愿帮助下，大陆军终于得到了正规化训练，举手投足之间有些军人的样子了。

战争开始以来，威廉·豪第一次感到了恐惧，不光是因为萨拉托加一役英军上将乞降，也因为美军的成长。才短短两年时间，这支军队已经有能力跟自己面对面地玩阵地战了。

北美战局由此出现重大转折。

……

"嘻嘻！有点意思！"津津有味地听到大臣讲到这里，法王路易十六继位以来第一次对国事产生了浓厚的兴趣。击败英国是历代法王的

逆转 ⑧

最高荣耀。现在，北美已经让英国陷入泥潭，法国岂能不趁机再去蹬上他两脚？

乾隆四十三年，公元1778年3月，法国与美国结盟，对英国宣战，并派出援兵前往北美助阵。随即，西班牙也与法国走到了一起，荷兰也向美国提供贷款，并在航运方面力助美国。

法国、西班牙、荷兰相继搅和进来了，下一个很可能就是俄国。为了稳住俄国，英王乔治三世亲笔致信俄国女皇叶卡捷琳娜："我的姐姐……如果在这千钧一发的时刻，陛下仍然冷眼旁观，他们的计划就会实现……"

还姐姐呢，叫奶奶都没用！叶卡捷琳娜这头冷酷的母兽根本不理会乔治的哀嚎。为了趁机狠狠地坑英国一把，她义无反顾地发表了《武装中立宣言》，以护卫商队为名，向北美派出舰队，为大陆军提供后勤支援。

随后，丹麦、瑞典、普鲁士、奥地利、葡萄牙等国先后加入武装中立。北美独立战争的范围扩大了，变成了欧美联合起来拖英国下水的斗争。

萨拉托加大捷之后，英军在美国北部难以立足，华盛顿趁机再次率军来到纽约附近徘徊，寻机光复纽约。在纽约城北八十公里一个叫作"西点"的地方，华盛顿看准了这里S型的险要河道易守难攻，于是在此建立要塞，与英军对峙。

后来，这里成了一所学校。

送别

　　法美军事同盟结成后，法王路易十六一声令下，万余法兰西将士离开法国，横渡大西洋，前往北美支援世界革命事业。

　　这次离别虽然伤感，人们毕竟还能用荣耀凯旋来相互劝慰。然而，不是生命中的每次分离都能期待重逢。这一年的另一次离别，让整个法兰西陷入哀恸无以自解。

　　乾隆四十三年，公元1778年5月30日，法兰西的明灯，伟大的启蒙思想家、文学家、哲学家伏尔泰先生逝世，享年八十四岁。

　　伏尔泰老先生和蔼可亲，为人处事如此，文章字句也是如此。伏尔泰竭力把高高在上的玄奥哲学，用最平易的语句，在轻松的嬉笑间介绍给他的每一个读者。通过他老少咸宜的《哲学通信》《哲学辞典》《牛顿哲学原理》等著作，无数法兰西人学会了思考正义、自由和权利。

　　伏尔泰所表达的思想并不深刻，用"广博"一词来形容更加贴切。八十四年的悠长生命，大多数时间衣食无忧的生活条件和崇高的地位让他能从容地清晰表达自己的思想。他用整个生命时光，完成了一次现实版的盗天火。不同于普罗米修斯的悲壮，他用了一种舒缓的方式。

　　伏尔泰以完人的姿态适时离席，一生圆满，了无遗憾。在他的棺木上，人们镌刻了这样一句话："他拓展了人类精神，他使人类懂得，精神应该是自由的。"

完美凝练的概括。

一个多月后的7月2日，另一位哲人卢梭的骤然去世，却让法国人的内心五味杂陈。比起伏尔泰，卢梭的名声就不那么完美了。

卢梭曾是伏尔泰的拥趸，后来二人却因为观点相左而分道扬镳。卢梭对此耿耿于怀，多次出言攻击伏尔泰。伏尔泰却很豁达，在卢梭的著作遭到政府查禁时，伏尔泰还站出来为卢梭辩护，并说出了那句大家耳熟能详的至理名言："我不同意你的观点，但我誓死捍卫你说话的权利。"

当然，伏尔泰也很在意自己说话的权利。面对不感恩的卢梭，伏尔泰以他一贯假装正经的嬉笑怒骂的方式，匿名写了一本书，名叫《公民们的感情》，在庄严的标题下深挖卢梭与多位女性保持不正当关系，还抛弃私生子的八卦新闻。

卢梭嘴笨，不擅长还击。他把人们对他的所有攻击深藏在心，把心里那股子恨意编织成逻辑缜密的文字，以哲思为武器，拷问嘲弄他的每个人，看看谁还敢说自己比他要好些。

这个带着深刻的自卑从贫民窟里冲杀出来的凤凰男，凭借锋利如刀的思考到处撕扯人性的遮羞布，害得几乎所有人在照镜子时都不敢再自鸣得意，反而自惭形秽起来。

卢梭在每个法兰西人的心里扔了一根虫子，骚扰得他们的灵魂不能安宁。

于是，嘴上厌恶他的人，心里佩服他；嘴上佩服他的人，心里害怕他；嘴上害怕他的人，心里憎恨他。比起伏尔泰如夏日阳光下的一目了然，卢梭像是雾中山林，人们想要靠近他，却又担心被他吞噬。

人们传说卢梭在逝世前就已精神失常。但那真的只是传说，在还处在旧时代的法国，卢梭所有的正常，在旁人看来都算是失常。

现在，卢梭总算死了，总算失去了对自己作品的解释权，无法再出言斥责人们打开他作品的方式不对，就像浓雾散去后的山林，人们终于可以放心大胆地走进去拾掇里面美味的蘑菇。

这林子里，《社会契约论》这朵蘑菇的色泽最是华丽。卢梭在《社会契约论》中提出了著名的"公意（或译为普遍意志）"概念。公意比"少数服从多数"的多数人意见更进一步，乃是指社会中一切公民的共同意志。在这个共同意志的基础上，社会成员之间订立社会契约，相当于每个人都把自己的自由交给一切他人，每个人又都可以从任意他人那里获得自由，由此形成全体公民的立法权。

全体公民的立法权是唯一的主权，这种权力不像孟德斯鸠所说会受到行政权、司法权的制约。公民的立法权不可分割，不可被代表。公民因共同享有立法权而人人平等，一切不平等均属不义。

看到这朵瑰丽多姿的蘑菇，法兰西人眼馋了，这才开始惋惜卢梭太早逝世，他还没来得及说清楚这种蘑菇的食用方法呢。如何获取真正的"公意"？如何鉴别那些自称获取"公意"者的真伪？如何处置那些不遵从"公意"的人？

《社会契约论》这朵瑰丽多姿的蘑菇让法国人迷离不安。刚刚从巴黎路易大王学院毕业的二十岁青年罗伯斯庇尔对这样的畏畏缩缩感到十分恼火。

为什么不赶紧去采下来先尝尝再说！毫无疑问，我，罗伯斯庇尔，就掌握着真正的公意。这件事不用证明，我心光明，堪配天地，上帝明白我就行了，我懒得向这些凡人证明什么。我要让这个世界上的所有人都遵从由我代表的公意，不从的人将不配活在这个世界上！

罗伯斯庇尔为精神导师卢梭的逝世写下了这样的献词："我愿踏着您那令人肃敬的足迹前进，即使不能流芳百世也在所不惜。在一场前所未有的革命为我们开创的艰难事业中，如果我能永远忠于您的著作给我的启示，我将感到幸福。"

巨人离席惊天动地，新秀入场寂静无声。乾隆四十三年，公元1778年12月15日，在人潮涌动的法国南部港口土伦，一个与家人走散的瘦小男孩引起了港务人员的注意。其中一人赶紧上前询问情况，准备提供帮助。

"孩子，你叫什么名字？从哪里来？到哪里去？"

这个有些窘迫的男孩喏喏地回答："我叫波拿巴……拿破仑·波拿巴……从阿雅克肖来，去巴黎布里埃纳少年军校读书……"

储君

您看，十八世纪的西方历史舞台上真可谓群星闪耀，生生不息。如果历史真的是一个舞台，那么掌控舞台聚光灯的人，现在一定有些手足无措了：这么多人粉墨登场，聚光灯应该打给谁呢？

而在同时代的东方，历史舞台的聚光灯只属于爱新觉罗·弘历一个人，他是这片广袤土地上唯一拥有自由意志且可以随意将其表达出来的人。

所以，您别烦，这才说到乾隆四十三年呢。还要说到哪一年，您应该也知道。可当时大家不知道啊，这不，奉天锦县（今辽宁凌海）就有个人对乾隆年号腻歪了，觉得该准备为历史翻篇了。

此人名叫金从善，锦县的一个穷秀才。道德文章的教化并没能抹去他出人头地的梦想，反而使他实现梦想的手段变得迂腐可笑。这年，听说当今皇上东巡盛京祭祖回京时途经锦县，金从善感觉这是一个搏出位的绝好机会，不能放过。

公元1778年，乾隆四十三年九月初九重阳节，真是个好日子。金从善的亲友们都按照习俗登高去了，遍插茱萸少一人，金从善上哪去了？

这家伙溜到城外，凭借对地形的熟悉，躲过了御前侍卫的清场，猫在皇帝即将经过的路边。

不一会儿，浩浩荡荡的皇帝出巡队伍来了。金从善心潮澎湃，感觉一道恢宏的龙门正在向他这条小鲤鱼敞开……

"什么人!"队伍前面的探哨骑兵发现了金从善,厉声喝问。

往常有人这么对金从善说话,他早就吓得腿打颤了,但是今天,在千载难逢的改变命运的机会面前,金从善鼓起了毕生的勇气,他站直身子,把一份尽己所能装帧得精美的文书刚刚举过头顶,高声回答:"草民锦县生员金从善,有要事呈奏皇上!"

"什么屁事,给我闪一边去!"骑兵不屑一顾。

"草民所奏之事,事关本朝千秋万代、当今圣上纲常无缺。尔等怎敢阻拦!"金从善的血液现在全灌进了脑子里,搅得那地方热得发烫,焕发出一种无可阻遏的气势。

这震慑住了那几个探哨的骑兵,他们一时对金从善不知所措。后边的人马渐渐堵上来了,金从善成功造就了一个对方无法控制的局面。队伍里面的朝廷官员很多,各级上司在此,几个骑兵不敢造次,只好赶紧把这个情况报上去。

朝廷官员除了责怪锦县的安保措施落实不到位外,也不敢妄作决断。此乃事关吾皇亲民形象的大问题,弄错了谁都负不起责任。

既然皇上就在这里,那么就让他老人家自己来负这个责任吧。

消息传到了乾隆帝那里。考虑到自己是个爱民如子的君王,乾隆帝示意队伍停下,命令把金从善的上书递过来给他看。

一定又是民告官拦轿喊冤,乾隆帝非常讨厌这种事情,在历次出巡中,他已经好几次遇到这种事。他的处理方法是,即使是喊冤的一方占理,他也会在处罚了被告官员之后,回过头来处罚喊冤的人。在他看来,凡是喊冤的都是不安分的刁民,而"安分"是独裁者对臣民的起码要求。这"分"是皇帝的安排,即使在落实过程中有些走样,臣民也不能随意挣扎,只能等待皇帝来嘘寒问暖,施恩予德,不能自己伸手过来找皇帝要,把皇帝置于被动地位。这样的刁民要是多了,天下岂不大乱?

但对于各级官员没有擅自处置金从善，而是恭敬地将裁决权交到自己手上，乾隆帝还是很满意的。既然朕这个独裁者在这儿，那么你们就不能裁，只有我才能裁。

乾隆帝打开金从善上书的那一刻，随侍圣驾的各级奉天官员魂飞魄散……

然而，良久之后，只见皇帝身边的几个侍卫冲上前去锁了金从善，接着大部队继续前行，就像什么事都没有发生过一样，乾隆帝并没有召见奉天官员询问什么。

看样子，金从善并不是告状喊冤。那他的上书写了些什么呢？

这会儿，乾隆帝正坐在他那架大如殿堂的轿子里生闷气，原因自然是金从善的上书。那上书里没说别的事，四个建议个个直指乾隆帝的个人问题。

哪四个建议？

立储。金从善说本朝不公布太子储君的做法，是"以不正之运自待"，也就是说没把自己当作一个合法的正统政府，因为历朝正统都有太子，大清王朝也该如此。

立后。乾隆帝先后有两位皇后，第一位是著名的孝贤皇后富察氏，逝世已经三十年了，第二位是辉发那拉氏，也已经逝世十多年了。目前，大清朝中宫空虚，金从善觉得堂堂皇帝居然成了个老鳏夫，这样不好，不成体统，所以建议皇帝再立一个皇后。

然后还有纳谏、施德两个建议。虽然没有具体所指，但金从善觉得这两件事是完美圣君的标签，没有完成时，永远只在进行时，所以写出来提醒一下当今皇上。

但乾隆帝觉得这是在暗指他不纳谏，不施德。

还有立皇后，立个什么鸟皇后？朕都快七十的人了，早就阅尽人间春色，玩腻了。现在立皇后，是不是又给你这种人机会来建议我"节欲"？

至于建议立储，就更是狂妄。本朝自在关外的时候起，就没立过什

储君 82

么太子储君，不也照样一统了天下？康熙爷倒是学你们汉人，立了个太子起来，结果那家伙是个废材，被康熙爷给撸了下去，引得九宫夺嫡，兄弟之间为了一个太子位，争得六亲不认，鸡飞狗跳，康熙爷眼看着这样不行，又把废太子重新扶起来做太子，结果还是烂泥糊不上墙，最后还是得废掉，害得最后先皇登基也充满了争议。

爷爷万般圣明，就是这件事没处理好。乾隆帝一直这么认为。

不说本朝，历朝历代的立储制度又有什么好处？没有那死板的嫡长子继承制，哪来什么玄武门之变？哪来什么靖难之役？且不说这些极端的情况，历代太子继位的皇帝有几个是像样的圣明君王？

幸好先皇创新发展，创立了秘密立储的方法，才保得自己风平浪静地平安继位。乾隆帝是这个方法的第一个受益人，他怎么可能来打破这个方法？

而且，你金从善一个小老百姓，这么关心立储的事情是几个意思？乾隆年号怎么就让你觉得不耐烦了？

金从善该杀！于是，这个妄想通过"直谏"来搏出位的穷酸书生，被斩立决了。

然而，金从善虽死，他给乾隆帝心里添的那块堵，却没人能帮助皇帝排解。立储的建议虽然在皇帝看来实属荒悖，但毕竟事关未来，乾隆帝不得不多做思量。

在那个时代，对于一个快七十岁的人来说，死亡，的确就在不远的未来。看着身边人们的年纪渐渐地都比自己小了至少一轮，乾隆帝无法不感到应该给这些新生力量许下一个未来，告诉他们万象更替的准确时间表。

省得他们胡乱猜想！

公元1778年，乾隆四十三年九月二十一日，回京之后的乾隆帝专门发布谕旨，就立储之事昭告天下，自己已经按照先皇的办法，秘密地定好了继承人，天下人不准为此瞎操心。另外，他宣布，如果自己活到八十五岁，也就是到乾隆六十年时还没死，他会禅位给那个秘定的继承人。

这是乾隆帝最后的雄心与谦逊。一个老人最后的雄心，大多关于生命本身。如果活到八十五岁，他将超越梁武帝萧衍，成为中国历史上最高寿的皇帝。一个老人最后的谦逊，大多只对祖先。如果乾隆六十年退位，他就不会打破敬爱的爷爷创造的做皇帝时间最长的记录——六十一年。

至于再远的未来……乾隆帝悄悄地再次打量站在朝臣堆里的他的第十五个儿子——时年十八岁的爱新觉罗·永琰。这孩子太平常了，扎到人堆里就认不出来，害得朕差点没找着他。

五年前，他就已经亲笔把永琰的名字写在秘密立储的遗诏上，装在玉匣子里秘密保存着。

五年过去了，他依然怀疑当年的决定。这个从里到外都看上去平淡无奇的孩子，真的可以吗？

他开始怀念亡妻孝贤皇后所生的两个夭折的儿子永琏和永琮，还有十几年前去世的五阿哥永琪（真有这个人），甚至自己一直不怎么喜欢的大儿子永璜。这些先他而去的孩子们个个看起来都比这个老十五永琰要强。

他又想起自己那个刚刚三岁的孩子。那由淳妃汪氏所生的孩子不论长相还是性格，都最像自己，如果能继承自己的皇位，自然是最好不过的选择。

可惜，那孩子是个公主……

年近七旬，眼下乾隆帝已经成年的儿子共有六个，有两个过继给了兄弟，还剩下四个。最大的是八阿哥永璇，这孩子倒是聪明，不过呢，做事不踏实。有一年，永璇奉旨代父去天坛祈雨。祈雨这种事，关键是表达诚意，那就得顶着烈日好好在天坛上站几个时辰。结果永璇呢，只站了一会儿就没了兴致，居然丢下众人撂挑子走了。

乾隆帝气得要死，从那时起，永璇就被淘汰出局。

然后是十一阿哥永瑆，与八阿哥同母所生，也跟八阿哥一个性子，聪明但不靠谱。永瑆书法水平极高，有清一代的书法家里，永瑆怎么也能排上TOP5，很有些艺术家气质。艺术家的气质，自然和政治是不搭调的，永瑆做事古里古怪，他老子乾隆帝理解不了，所以这孩子也不在考虑之列。

还有幺儿子永璘，五年前秘密立储时才七岁，还啥都看不出来。

所以，就剩下老十五永琰了。他不古怪，但也不出众，完全没有一点儿雄才大略的样子。

唉……乾隆帝轻叹，朕怎么没生出个像样点的儿子来？

可是，儿子太像样的话，像您这样生性多疑的父皇能容得下吗？

好吧，既然如此，乾隆帝暗下决心，离自己给自己规定的退位时间还有十七年，朕得打起精神把大清朝打理好，好到即使继承人平庸无奇，也能照样安享太平的程度。

岁月不饶人，乾隆帝刚刚下定这个决心，涌上胸膛的血液就逼得他有些心慌眼花了。他赶紧放下手上准备批阅奏折的朱砂笔，闭目凝神深呼吸。

随侍在侧的军机大臣和珅不动声色地悄然为他端来一杯人参茶……

83
虐菜

乾隆四十三年，公元1778年的北美战场。

英军总司令威廉·豪终于发现了大陆军的一个bug。尽管华盛顿这些年说得口干舌燥，大陆会议也多次通过决议，但北美的这十三个"合众国"都在悄悄打着自己的小算盘，并没有把普遍兵役制的落实当回事儿。除华盛顿及两三个重要将领的部下中有些是长期服役的士兵，大陆军的大部分依然由短期临时服役人员组成。

且不说这些人的战斗力咋样，最可气的是，为了方便领完临时工资就回家，这些人拒绝远征，战场离家稍远一点儿，他们就不去，好说歹说都不去。

对于这个问题，华盛顿也不好多说。这的确是北美人对待战争的传统，当年七年战争，英军将法国人赶出自己的家乡附近，准备向加拿大追击时，华盛顿就义无反顾地拒绝了远征，回家抱孩子去了。

自己当年都不去，现在怎么好赶别人去？

那好，你们不走，我们走！利用对手的这个弱点，威廉·豪在公元1778年底转移了战略目标，放弃在北部与大陆军打稀泥战，将重点进攻方向转移到南部地区。当年年底，英军骤然南下，袭击十三个"合众国"中最南端且防守空虚的佐治亚。得手后以此为据点，迅速向西向北逼进。

佐治亚？太远了！北方的大陆军照例拒绝远征。华盛顿根本无法救援南方，请大陆会议来说句话，大陆会议绵软无力，说话不起作用；请法国人帮忙，说好要帮他们打仗的法国人，只是停留在加勒比海一带观望。这咋整？华盛顿只好派了几个人去南部，先就地组织一伙军队，拖延一段时间再说。

北方的英军继续龟守，大陆军也无机可乘。一时间，华盛顿发觉他的军队在这个紧要关头居然稀里糊涂地无仗可打了。华盛顿这个心里堵得啊。

该死的大陆会议，一群废物！

在给友人乔治·梅森的信中，华盛顿吐槽说："我们的敌人看到我们为他们的利益效尽犬马之劳，不禁欢欣鼓舞。他们本已处于绝望的境地，行将退出美洲，现在又在企足而待，有所希冀。按照我的判断，要想救亡图存，唯有彻底转变作风，或者欧洲事务有决定性的突破，除此以外，别无他径。"

他觉得需要转变的作风是什么呢？

"但C（指大陆会议）因党派纷争已四分五裂。在此危急存亡之秋，许多私人小事竟可使他们忽视国家大事。似此行径，尽人皆知，已无法掩饰。"

这就是革命开始前那些狂想家们心心念念的共和制？这种毫无原则的共和要来有什么好处？作为美国独立革命中与现实的礁石撞击得最惨烈的那朵浪花，华盛顿最早意识到革命最初的理想严重不靠谱。

还是在给梅森的信中，华盛顿提出了对未来政府的初步设想："整个大陆可比钟表的运转，各州只是较小的部件。如殚精竭虑仅求较小零件的完好无缺，而对重要部件如摆轮、发条则置之不问，欲求整个时钟正常运转，势必徒劳无功。"

现实摆在眼前，大家都能看见，因此华盛顿的意见不乏知音。例如他身边时年二十三岁的年轻参谋副官亚历山大·汉密尔顿就是一个。这个纽约国王学院（今哥伦比亚大学）毕业的高才生敏捷过人，华盛顿要借用钟表之类的比喻才能勉强说清楚那些道理，而在汉密尔顿的脑子里，早就有一篇用历史事例和逻辑串联起来的锦绣文章，把这些国家大事说得一清二楚了。

"以后有这样的年轻人去争取改革，就不用我这张笨嘴去说了。但以后归以后，现在咋办？火烧眉毛了！"

不久后，从南方前线传来的一则消息终于让华盛顿松了一口气。闯入南方的英军为了扩大兵员，解放了南方种植园奴隶主们的黑奴，让他们加入英军同美军作战。

华盛顿自己也是个奴隶主，他知道这些从来没有接受过军事训练的奴隶在战争中完全帮不上什么忙。何况，在南方人看来，奴隶并不是人，而是属于他们的"东西"。你英军把别人家里的东西给"解放"了，那人家还不跟你拼命？

看来英军是在北方打烂仗打惯了，南方本来不是打烂仗的地方，他们跑去后也非要激起全民反抗，来跟他们打烂仗。

惹起了种植园奴隶主们的愤怒，华盛顿相信南方的事也就没那么着急了。既然北方闲着，那就让大陆军去找个仗打吧。但英国人最近在北方不接招啊，打谁呢？

华盛顿翻开地图，眼光落到了阿巴拉契亚山脉以西的地方，那里是印第安人的易洛魁联盟。

印第安人，北美大地真正的主人。早在还有猛犸象、剑齿虎的时代，这些人的祖先就走过当时冰封的白令海峡，从亚洲来到这里。用了大约一万五千年的时间，这群人的后代走遍了美洲大陆从北极到南极的每个角落，在这片与世隔绝的土地上四处生根开花。到了十五世纪，美洲的人口至少达到五千万，其中一些人还建立起了像模像样的文明。

美国历史学家加里·纳什说："殖民者们来到的并不是一片他们经常描述的未开垦的土地，而是一块人们已经居住了数千年的土地。"

虐菜 ⑧⑧

因为与世隔绝，他们的文明还是差了那么点儿意思。

公元1492年，中国明朝弘治五年，数学不及格的航海家哥伦布愣说他计算出从欧洲出发往西，会比往东到达印度的距离更短。航海水平更高的葡萄牙没有采信他的话，因为那确实是错的。而起步较晚，急欲加入大航海事业的西班牙女王伊莎贝拉病急乱投医，信了哥伦布的鬼话。

要是没有美洲大陆，还不知道哥伦布会怎么收场呢。

就这样，外人浮海而来，糊里糊涂地闯进了伊甸园。哥伦布至死都认为他找到的那个地方就是印度，那里的人就是印度人。所以，美洲大陆的主人们被强行叫作Indian，意为"印度人"。中文翻译时为了以示区别，用音译的方法译作"印第安人"。

印第安人建立在富饶的中南美洲地区的玛雅、阿兹特克以及印加文明很快被西班牙流氓科尔特斯和皮萨罗灭亡。在废墟上，西班牙人建立起烜赫一时的殖民帝国。

而在北美，英国、法国、荷兰等欧洲国家所遇见的，是另外一群印第安人。他们距离文明的门槛还很遥远，连私有制都尚未产生，人们居住在氏族公社式的村庄之中。这样的村庄遍布北美各地，隔得近的村庄形成部落，隔得近的部落形成民族，隔得近的民族结成联盟。

公元1570年，明隆庆四年，在欧洲人的步步进逼下，印第安英雄海华沙将莫霍克、奥奈达、奥农多加、卡尤加和塞尼卡五个民族联合起来，组成了易洛魁联盟，与英法殖民者和战周旋，捍卫祖先留下的土地。

海华沙的土地上，易洛魁人爱唱这样的歌：

在广阔的人世间战场上，

在人生的营帐中，

别像哑口无言、听任驱使的牛羊，

需要做个战斗英雄。

多少伟人的生平都提醒我们,

我们也能使自己的一生灿烂辉煌。

等我们辞别人间,

要把我们的脚印,

留在我们身后的时间的沙滩上。

留下脚印,

也许有后来的人,

航行在这生命庄严的海洋上。

一个翻了船的兄弟,

寂寞凄清,

见了这脚印,

又将变得坚强!

易洛魁的土地东至哈得孙河,西达密歇根湖,南界俄亥俄河,北抵渥太华,大致相当于今天美国东北部和加拿大东南部的内陆地区。

英国统治者大体上尊重易洛魁联盟,将其算作英王臣民的一部分,严厉控制繁衍生息起来的英国北美殖民者翻越阿巴拉契亚山进入易洛魁领地的行为。

这让北美人感到非常不爽,在《独立宣言》中,他们把这种控制算作英国的罪状之一,写了进去。

独立战争爆发之后,易洛魁人在开始阶段保持中立,坐山观虎斗。然而,大陆军在不久之后就蛮横地侵入联盟成员之一莫霍克的领地,使得易洛魁人醒悟过来,义无反顾地站到了英国一边,反对北美独立。

在追求多元一体的大英帝国体制下,易洛魁人好歹还有个臣民的地位,得到英国的保护,而新生的美国却没有等级制度,所有人都是共和国公民,但美国人怎么可能把明显的异族易洛魁人也当成共和国公民?因此,美国的独立,对于易洛魁人及其他印第安人来说将无疑是一场灾

83 虐菜

难。趁着大陆军与英军交战，易洛魁人多次背后插刀，突袭美国城镇。在纽约和宾夕法尼亚，神出鬼没的易洛魁人血洗村镇的恐怖行动成了支持独立的美国军民的梦魇。

印第安人与殖民者相交两百余年，恩恩怨怨，已经难以理清，哪是一句简简单单的侵略与被侵略能够说尽？到了这个份上，谁的手上没有对方的无数血债？有那么多无辜平民横死于刀枪之下。

华盛顿决定趁着这个空闲，腾出手来解决易洛魁问题。乾隆四十四年，公元1779年夏，他指派麾下大将约翰·沙利文率军翻越阿巴拉契亚山脉，攻击易洛魁人。

这也是一次远征，不过这次大陆军的临时兵们倒是愿意去。进驻阿巴拉契亚山脉以西，在广袤的西部内陆发家致富，是北美人多年来的梦想。

大陆军打英军吃力，虐菜还是很可以的。冷血的约翰·沙利文率领大军以无可阻挡之势深入易洛魁腹地，将这些年来易洛魁人对北美人做过的一切统统加码之后，再报复到他们身上。易洛魁人遭到包括老幼在内的无差别屠杀，村庄被焚毁，田地被践踏。易洛魁联盟灭亡了，残部逃往加拿大境内。

通过这次犁庭扫穴，美国赢得了一片巨大的领土。多年后，无数城市将在这里崛起，其中著名的有：底特律、芝加哥、克里夫兰、密尔沃基、辛辛那提……

奴才

公元1780年，乾隆四十五年，这一年是乾隆帝的七十岁整寿。中国人十分重视这个时间节点。当时，七十岁被称为"悬车之年"，因那时官员的退休年龄一般是七十岁，辞官之后，不再需要频繁乘车外出。七十岁，人生的金秋，来到这个时刻的人，可以放下所有的忙碌，不论人生是否拥有丰厚的收获，都有资格彻底平静下来，安然期待人生的收尾了。

正月十五一过，他就带队浩浩荡荡地离开北京，开始了第五次江浙巡游。乾隆帝心里美滋滋的，距离爷爷康熙帝六下江南的记录，就只差一次了。他照例免去南巡经过的江南（包括今江苏、上海、安徽三省市）、浙江本年赋税的十分之三，免去江南省会南京、浙江省会杭州本年的全部赋税，免去江南、浙江在乾隆四十三年以前的全部未交赋税。

钱不是问题，大清国力鼎盛，乾隆帝很是懂得"有舍才有得"的道理。钱这种东西，不花出去就毫无价值，看得那么紧，干啥呢？只要是朕自己花出去的，给朕买回了人心就行。

二月初，乾隆帝的队伍抵达山东临沂。在这里遇到的一件事，在皇帝如画般的好心情上抹了一坨阴云。

云贵督标营千总陈连升，于去年年底奉总督李侍尧大人钧旨来京公干，到京之后方知皇上已经起驾南巡，他也就正好以公干为名慢慢去追皇上，也来南巡一番，见见世面。

在山东临沂郯城县，陈连升总算"追"上了皇上的队伍。他要面见皇上，呈上李侍尧总督大人的贡品清单，这就是他这次穿越大半个中国要完成的公干。

皇上当天驻跸郯城县的郯子花园。趁着皇上还没有召见，陈连升先得去办点儿别的事。他找到了李侍尧总督大人的俩宝贝儿子，这两位小主人正作为御前侍卫跟随皇上南巡。陈连升不敢怠慢，赶紧扑通一声跪在地上给小主人请了安。两位小主人也不避讳，大大咧咧地问了几句父亲的近况，揣了陈连升带给他们的父亲发放的生活费就走了。似乎他们觉得这位官居正五品的督标营千总，给自己这同样正五品的御前侍卫下跪请安是理所当然的事。

皇上还没有召见，陈连升赶紧去找他要找的另外一个人——李总督的弟弟，当时也在随驾南巡的江南提督李奉尧。

您看这李家兄弟起的名字，一个叫侍尧，一个叫奉尧，真是那啥。

李奉尧正站在一处人多的地方，看见陈连升向他走过来。虽然一个在江南，一个在云南，但李奉尧对陈连升很熟悉，此人是侍尧、奉尧两兄弟间的固定信使。

陈连升正在向他走来，他的膝盖已经开始弯曲，马上要向他下跪请安了。若在平时，李奉尧对此习以为常，但是，现在……哎，不要这样子啊！李奉尧真想喊出声来，可又不行，这里人多。李奉尧只好急切地向陈连升摆手示意。

晚了！陈连升看见了，可是要把已经弯下去的膝盖再凌空直起来，得需要极大的肌肉力量，陈连升做不到啊。他奋力往上弹了一下，但还是扑通一声跪下去了，而且跪得前所未有地结实。

哎呀，亲娘呢！李奉尧赶紧扭过头去，尴尬地装作不知。

李奉尧干啥这么紧张呢？因为，"尧"就在附近。这会儿他正和许多比他级别还高的官员待在一起，等待"尧"的集体接见。

坐在堂内屏风后面的"尧"注意到了外面的这个小骚动，探起身子往窗外一瞥，看见了一个身穿五品武官朝服的人正在向外面候见的某个官员下跪。

这是干啥？根据正规的朝廷礼节，所有的朝廷命官都只能向朕下跪，上下级之间见面只需要拱手致敬就行，谁这么大的威风，要一个五品堂官跪拜相见？乾隆帝不知道，下属官员跪拜封疆大吏，其实早已是官场上的习惯。

"那人是谁？"乾隆帝发问。

随侍在侧的和珅回话道："禀皇上，那人是云贵总督府属下的督标营千总陈连升，说是替云贵总督李侍尧进贡来的。这事昨天已经禀告过您了，您安排在今天召见完这一拨官员之后接见他。至于他跪的是谁，廊下众人中并无与云贵方面直接相关的官员……"和珅在他那数据处理器一般的小脑袋里调出了所有候见的官员简历，逐一寻找与陈连升有可能发生联系的蛛丝马迹。

"奴才猜想该是江南提督李奉尧，他是陈连升上司李侍尧的弟弟……"和珅在脑子里的检索得出了正确的答案。

"哼，连见了上司的弟弟，一个跟自己八竿子打不着的江南提督，也要跪拜请安，那么见了李侍尧本人该怎么办？难道还要三跪九叩了不成？李侍尧这个狗奴才！"乾隆帝恨恨地说，有些生气。

不过，等集体接见结束，单独召见陈连升时，看到他代上司呈上来的贡品清单，乾隆帝的怒意也就烟消云散了。李侍尧是个好狗奴才啊，当年首位归降大清的明朝将领李永芳的这个子孙，办事能干且乖巧，从二十五年前外派出任广州将军至今，已经先后为皇帝进贡了一百二十余次。

与旁人的贡品不同，奴才出身的李侍尧非常了解皇帝对物质享受的品位何在，他进贡的东西总能挠到皇帝的心尖，使得皇帝一边道貌岸然地说什么"进奉一节，最为吏治之害"，三令五申地禁止地方上供，一

84
奴
才

边多次秘密指示李侍尧多给他从外面带点东西送来："嗣后似此样好得（的），多觅几件，再有此大而好者，亦觅几件，不必惜价。如觅得时，于端阳贡进几样来。"

李侍尧是个好奴才，而且难能可贵的是，他办起正事来也很不错。二十五年来，他先后两次出任两广总督。大家应该还记得，二十多年前英国人洪仁辉告御状之后，乾隆帝颁布的全面管制外商的正式章程《防范外夷规条》就是时任两广总督李侍尧起草的。他中间还当过几年湖广总督，升任军机大臣之后，又作为救火队员前往昆明处理再次紧张起来的中缅边境问题，完成任务后继续待在云南办差，至今已有三年。

乾隆帝评价李侍尧说："在总督中最出色。"这等于说他是大清朝精英中的精英啊。乾隆帝喜欢李侍尧的乖巧，喜欢李侍尧的能干，也喜欢李侍尧的名字。李侍尧，李侍尧，被你所侍奉的朕，是伟大的"尧"啊。

侍，奉……啊，对了，还有李奉尧。那陈连升居然向李奉尧下跪！这两兄弟侍奉朕，却也还有人侍奉他们，像他们侍奉朕一样侍奉他们，这样好吗？

乾隆帝心里不是滋味，但他并不想为此掀起风暴。七十岁的人了，怎么说心胸也该宽些才好。

可是，总有人来逼乾隆帝发毛。

二月初，新上任的奉天府尹海宁按照惯例在赴任前拜见皇帝。这种本来没有实质意义的接见，却因为海宁突然掷出的一堆实质性问题而变得意味深长。

海宁在调任奉天府尹之前，是贵州省的提刑按察使，云贵总督李侍尧是他的顶头上司。在这次拜见乾隆帝时，海宁像一个逃出生天的囚犯一般，痛快淋漓地向皇帝倾述了李侍尧对云贵地区各级官员的残酷压迫。

乾隆帝听他一把鼻涕一把泪地说了老半天，总结起来，就是说李侍尧在任期间以各种名目，尤其是以为皇上置办贡品为名，大肆向官员们索取贿赂。

海宁好不容易说完了，瞥了一眼站在皇帝身边的军机大臣和珅。和珅隐秘地给了他一个赞许的眼神。

和珅早就不待见李侍尧了。四年前，他成为军机大臣时，军机处其他人虽然都是他的叔叔辈，但对他的态度都还算可以，唯独当时也在军机处做大臣的李侍尧对他的蔑视形于颜色，史载李侍尧"平日儿畜和珅"。

怎么个儿畜法，大家自己脑补吧。

血气方刚的和珅狠狠地记下了这笔账。看到乾隆帝目睹陈连升跪拜李奉尧之后脸色的些许变化，他觉得算账的机会来了。老天似乎也在帮助他复仇，这几天在和新任奉天府尹海宁交谈时，和珅摸到了李侍尧的小辫子。

于是，和珅鼓动海宁告发李侍尧。一开始，海宁是拒绝的。天下乌鸦一般黑，哪个猫儿不偷腥？我告发李侍尧，李侍尧反过来告发我怎么办？

"怕什么！有我呢！"和珅自信地拍拍胸脯。

海宁看这个年轻人气魄非凡且咄咄逼人，隐隐感到自己这次如果不跟他站到一起，就会被他算作敌人，遭到他猎杀。海宁顿感脊背发凉，他其实没有选择权。

于是就有了皇帝召见时的那场事儿。听闻海宁的哭诉，乾隆帝倒抽了一口凉气，万万想不到自己最器重的总督李侍尧居然也搞这些名堂，自己最喜欢的这些贡品居然是这么来的。他不由得想起了多年前查而无果的江苏盐政贪腐窝案。

乾隆帝觉得完全有必要敲打一下李侍尧这个老奴才了，要敲就得认真地敲，狠狠地敲。

还得悄悄地敲。既然想起了江苏盐政贪腐窝案，那就也得想起在那

84

奴才

起案件中发生的严重的信息泄露：看不见的耳目手足就在自己身边，处处抢在自己前面，害得自己时刻被动，直至不了了之。

这次不能这样！乾隆帝暗下决心。

他点了和珅的将，去查李侍尧这个案子。他知道李侍尧与和珅之间有龃龉，所以料定和珅不会对李侍尧手下留情，更不会为李侍尧通风报信。当然，这也正中和珅的下怀。

另外，在和珅到达云南正式办案之前，乾隆帝还专门为他准备了一系列保密配套措施。和珅这次出差，对外的说法是去贵州办事，乾隆帝密令湖南巡抚李湖严厉扣留借用官道驿马前往云南的所有公私人员，保证和珅能赶在李侍尧的耳目之前到达云南，占据主动。

乾隆帝这次成功了。三月，"反腐钦差"和珅抵达昆明。李侍尧对即将到来的惩罚一无所知，傲慢地打着拱手在总督府里迎接这个曾经被自己"儿畜"过的年轻人。

和珅请出密旨，宣布了皇帝拿问李侍尧的决定。紧接着，他身后的几个穿黄马褂的侍卫径直走向前去，就像沉重的保龄球威风凛凛地冲进瓶子堆，轻松撂下了李侍尧。李侍尧头晕脑旋，其他人呆若木鸡，谁也不敢上前阻止口衔天宪的和珅，即便是自己的主子被擒拿。

云贵总督府成了和珅的办案大堂，但他并没有直接审问李侍尧。他知道这老奴才见惯了大场面，他的嘴是轻易撬不开的。于是，和珅一边翻对云贵总督府的账本，一边把李侍尧府里的下人们抓了起来，对他们严刑逼供，并且发动两广两湖等李侍尧工作过的地方的官员一起落井下石，搜索证据。

这招很灵，李侍尧的案子很快就清楚了。确如海宁所说，他在任期间以各种名目，尤其是以置办贡品为名，大肆向官员收钱去买贡品，从中吃差价；而且多次从贡品中扣留一部分，强行出售给下属各级官员。三年来，共敛财白银三万三千两。

现在该和珅向皇帝"起诉"李侍尧了。根据清王朝法律，官员的经济问题分为相当于受贿罪的"枉法赃"和"不枉法赃",以及相当于贪污罪的"监守盗"两大类。李侍尧贪污罪状不显,这应该属于受贿罪。但王朝法律对于受贿罪的重视程度不如贪污,靠没有死刑惩罚的"枉法赃"和"不枉法赃"的相关条款,没法把李侍尧弄死。于是,和珅决定以贪污罪的罪名起诉,请求乾隆帝根据监守盗罪中"侵盗仓库钱银入己,数在一千两以上者,拟斩监候"的规定罪加一等,判李侍尧秋后处决。

虽然在罪名上玩了下偷梁换柱,但和珅知道乾隆帝不会在意这个。王朝的统治者相信"有治人,无治法"的古训,法律不过是个幌子,程序正义更是无从谈起,只要能达到目的,怎么玩弄法律都可以。

您别以为和珅这次玩弄法律是为了惩治贪官李侍尧,是好事,情有可原。要知道,江湖之上,血雨腥风,吹打得李侍尧,就吹打不得别人吗?他和珅既然可以玩弄法律去整治李侍尧,就不能玩弄法律去整治别人吗?所以,最好是让法律拥有独立地位,坚持程序正义,这样法律才不受任何人玩弄,才有可能做到公正。

您再接着看,不光和珅想玩弄法律,读罢起诉书,乾隆帝也想玩弄一下大清朝的法律了。与和珅一心想利用法律弄死李侍尧不同,乾隆帝却想利用法律救李侍尧一命。

为啥要救他呢?三万三千两银子,对大清国力进入鼎盛期后见惯了天文数字的乾隆帝来说,真的并不算多。何况这些钱不是李侍尧从国库里贪污来的,而是从别人的兜里掏来的,现在又一股脑儿地全查出来上交了,这也算是另一种方式的"为国聚财"吧。

况且,大清国的官员储备并不丰富,像李侍尧这样经过二十多年打磨的能干老练官员更是稀有,为这么点儿事就秋后处决了,岂不可惜?

根据规定与判例,乾隆帝在接到和珅的起诉后,把这个案子交给了国家正式的司法部门——统称"三法司"的刑部、都察院和大理寺审判。然而"三法司"不明白乾隆帝的意思,以为皇帝只是要严惩贪

84
奴才

腐，不知道皇帝想要保住李侍尧这个贪污犯（这个意思皇帝当然不能明说），因此通过正式的公开渠道建议把处决升级为斩立决。这下子就尴尬了。

其实也没那么尴尬，如果法律阻碍了皇权意志的实现，那么法律，对不起啦。

思来想去，乾隆帝决定抛弃法律程序，另起炉灶搞一套。既然他自己不好意思说出保护贪污犯的话来，那就扩大范围，让更多的人参与讨论，说不定就有人帮他说出他想说的话。

公元1780年，乾隆四十五年五月初六，乾隆帝发出圣旨，让全国各地的总督巡抚书面讨论如何处置李侍尧。绝大多数人的脑子还没有绕过这个弯来，还在投票支持处决李侍尧。只有安徽巡抚闵鹗元品出了其中的味道，上书建议看在李侍尧多年劳苦的分上，饶他这一次。

闵鹗元聪明啊，乾隆帝一看他的上书就喜出望外，继而理直气壮地给出了这次考试的标准答案：你们其他人都是在揣测朕的想法，根本没有就事论事，这样很不好；只有闵鹗元大胆地直陈己见，而且说得很有道理。那么就按他说的办吧。

就这样，乾隆帝就坡下驴，免了李侍尧的官职，也免了他的死罪，改为斩候。这个斩候不是法律规定的斩监候，而是乾隆帝临时发明的一个说法，意思是李侍尧该斩，但得候着，候到朕想起来了再说。

好吧，那就等着吧。和珅很失望。但是，通过乾隆帝千方百计保李侍尧周全的行动，和珅得到了别样的启发：只要像李侍尧那样得到皇帝打心眼儿里的喜欢，想死都难。

整整一年之后，公元1781年，乾隆四十六年五月，甘肃爆发了特大贪腐窝案，整个甘肃官场上至巡抚王亶望，下至各县县令全部涉案。被乾隆帝派往兰州查办此案的，是还在等死的李侍尧。不过，他又穿上了三品大员的顶戴袍服。

让一个腐败分子去查办另一窝腐败分子，看来即使年过七旬，我们的大皇帝的创造性思维依然没有衰竭。同为腐败分子的李侍尧的确能够更加精准地把握腐败分子王亶望的心理和行为，能干的李侍尧让乾隆帝在这次甘肃腐败窝案中大获全胜。李侍尧的死刑就此不了了之，他再次进入仕途正轨。

这不挺好吗？这样办事不是还给了甘肃省乃至大清朝一个清平世界、朗朗乾坤了吗？只不过一次死刑没有兑现，折损了几分法律的尊严而已，那有什么打紧的？

止渴的方式有很多种，喝毒药也的确是可以止渴的。但是，后果你懂的……

84
奴才

85 决战

乾隆四十六年，公元1781年4月的北美，在南线作战的英军指挥官查尔斯·康华利与南方大陆军的争夺陷入胶着。为了改变战局，他带着七千五百英军主力，跳出与大陆军在卡罗来纳的纠缠，北上突袭大陆军后方根据地弗吉尼亚，吓得"合众国"的"国长"托马斯·杰斐逊丢下首府，跑进山里躲起来了。英军还闯进大陆军总司令乔治·华盛顿的庄园。庄园的管理人伦德·华盛顿跑去为英军送上点心，乞求他们归还华盛顿的财产，释放华盛顿的黑奴。这让任大陆军总司令的乔治·华盛顿羞怒难当。

8月1日，康华利将军进驻切萨皮克海湾边上的约克镇，依托停驻在海湾的英国海军舰队在此固守。得到这个由战无不胜的英国海军建立的战略支撑点，康华利觉得自己很快就能横扫弗吉尼亚，现在可以先休息一会儿，等站稳脚跟再说。

好啊！南边的英军终于也靠到北边来了。抚平家园被劫的伤痛后，华盛顿迅速发现了康华利的北上行动给自己带来的机遇。在自身的努力和欧洲各国明里暗里的支援下，眼下的大陆军已今非昔比，完全有能力与英军正面对抗，进行战略决战。

唯一的软肋是大陆军依然拒绝远征。如果英军一直在南方搅和，大陆军主力没有办法。

不过，现在好了，他们自己送上门来，还打到了弗吉尼亚。这可是独立的十三个殖民地里人口最多的地方，包括华盛顿本人在内的许多大陆军将士都是弗吉尼亚人，大陆军再怎么扯皮，保卫家乡这种事他们总是愿意的。

可是，这又和华盛顿原来的计划部署有些冲突。在康华利北上这个突发情况出现前，华盛顿一直在筹备攻击北方英军的总部纽约，期望在一雪长岛之耻的同时，把英军彻底赶出北部战场。

当年7月，由罗尚博伯爵率领的六千抗英援美的法国陆军在纽约北部与华盛顿会师。在声明尊重华盛顿的指挥权后，他建议华盛顿暂时放弃纽约，南下寻找康华利的南部英军主力与之决战。

理由很简单，纽约城海陆交错，易守难攻，当年大陆军没守住是因为当时的水平实在太菜，而英军的水平可不菜。况且，纽约海域还有英军舰船游弋，即使陆军数量上是法美联军占据优势，但没有海军的支持，就算联军取胜占领了地盘，英军主力也能安然撤离，己方的胜果不会很大。

而弗吉尼亚则不同，那里靠近南方，加勒比海的法国海军舰队可以过来参战！

罗尚博说得固然不错，大陆军现在还没有靠谱的海军，如果法国海军能过来支援一下，那么放下纽约，去打弗吉尼亚肯定更加划算。但问题是，他只是个陆军将领，法国海军参不参战，又不是他说了算。法国海军来北美很久了，却一直在加勒比海寻机攻占英国的几个岛屿，要是真心帮我们，不早就过来了吗？

华盛顿为此犹豫不决。他没有停止往纽约方向调兵遣将，同时也抱着试一试的心态，不断请求法国海军指挥官德格拉斯上将出兵援助。

8月14日，德格拉斯回信了。他说他会带领二十九艘战舰前往弗吉尼亚，但待到10月份就要走，该怎么办，你华盛顿自己看着办吧。

还能怎么办？难得法国海军终于良心发现，愿意做点实事了，那就

85 决战

赶紧收拾东西去打弗吉尼亚啊。

8月19日，华盛顿和罗尚博伯爵带领一万七千法美联军悄然南下。士兵们并不知道此行的目的地何在，以为是去南郊继续合围纽约。纽约城里的英军也为此枕戈待旦，约克镇那边的英军却还懵懵懂懂。

华盛顿原本拖泥带水的犹豫，现在反而"弄拙成巧"，成功搞成了疑兵之计。战争这种要命的事，如果一方在犯下错误之后还能掩盖，还能死里逃生，最后还能玩出花儿来，那一定是因为另一方同样也在犯错误。

让大陆军一次次弄拙成巧的，是英军的一次次弄巧成拙。萨拉托加战役之后，北美英军总司令威廉·豪下课了。但是换汤不换药，接替他的亨利·克林顿将军新瓶装旧酒，依然延续前任的战略，每获得一次胜利就会手下留情，停下脚步，傻乎乎地期待北美叛军来降。

英国似乎一直不相信北美人这次闹分家是铁了心的。

一年前，即乾隆四十五年，公元1780年5月，在亨利·克林顿将军的指挥下，英军在查尔斯顿获得过一场完胜，仅仅伤亡225人就俘虏了当地的5400名守军。此乃大陆军建立以来前所未有的重大失败。

可惜，查尔斯顿战后，克林顿又在等美国人主动来投降了，白白地浪费了这场来之不易的胜利。

现在，克林顿龟缩在纽约城里，被动地等待着华盛顿发动攻势。等到8月下旬，华盛顿却还没来……

你还不知道吧？人家已经往弗吉尼亚的约克镇去咯。

不过，华盛顿这一路走来也并非顺风顺水。9月初，途经马里兰时，一群来自当地的大陆军士兵闹着要回家，不走了。原因很简单，他们被拖了很久工钱，要求赶紧给他们发工资，不然这趟弗吉尼亚，他们打死也不去。

马里兰那地方出的士兵很能打啊，战斗力很强。如果没有他们，这场仗要赢恐怕很悬乎。

所以，钱不是问题，一定要给他们。

但问题是，没钱！

大陆会议至今没有征税的权力，税收都在十三个"合众国"自己手里捏着，大陆军的军费他们完全凭心情上交，十三个"合众国"还相互"攀比"谁交得少……

无奈之下，华盛顿只好以自己的人格为抵押，承诺所欠工资一定会及时发放，请大家先打完这一仗再说。幸好大家还信得过这个言出必践的总司令，买了他的账之后，部队才又继续开拔。

华盛顿单凭那点儿可怜巴巴的军事指挥能力，完全无法成为让一个民族世代怀念的英雄。他之所以能做到这一点，更多的是靠他那一诺抵千金的人格信誉。这种信誉并非来自于他的自我吹嘘，而是建立在大家的信任上。

华盛顿一边继续带领大家南下约克镇，一边不断寄信给北边费城的大陆会议，向他们强硬施压，要求尽快拨款下来。大陆会议里的十三个"合众国"的代表都不敢拂了华盛顿将军的脸面，终于达成一致，拿出钱来结了账。

如果没有华盛顿在大陆会议与大陆军之间协调，鬼知道这两方面势力会闹出些什么幺蛾子来。英国人想要看到的场面，恐怕早就发生了。

9月14日，大陆军抵达约克镇外围，军饷也随之到位。现在，华盛顿和他的将士们终于可以全身心投入决战了。

德格拉斯上将派来的法国海军于十天前先期到达，已经与英国海军有过零星交战。康华利为法国人突然积极行动感到纳闷，为什么他们忽然跟我们动起真格来了呢？没有地面部队的配合，他们来弗吉尼亚干什么呢？

现在华盛顿亲自来为康华利解惑了：法国海军此行的目的，是配合陆地上的法美联军切断你们的海上退路，将你们围歼于约克镇。

嘿嘿！怕你怎的？即使看到了浩浩荡荡的法美联军在不远处安营扎

寨，康华利依然自信满满。约克镇堡垒林立，就靠你们大陆军那几条枪，没有足够的重炮就想来攻击我？找死吧！

约克镇外围的战役直打到10月9日。虽然法美联军凭借人数优势抢占了几块阵地，在场面上稍占上风，但是对于这种攻坚战来说，场面上的优势意义不大。攻坚战的目的只能是攻陷对方的城池，如果到最后城池没攻下，那外围战打得再好也没啥意思。

"过不了几天，等法美联军的人死得差不多了，他们还得前功尽弃，灰溜溜地回家去。到那时候，我们再冲出堡垒去收拾他们。"

想到这里，康华利胃口大开，喝令炊事员给他准备早餐，自己则迈着自信优雅的大方步慢慢向餐桌踱去。

"砰！"从天而降的声浪把康华利惊得半死。一枚炮弹把不远处的餐桌劈得稀烂，飞溅起来的石头、木片瞬间就索去了餐桌旁几个随军侍者的性命！头晕耳鸣的康华利老半天都没回过神来。

等醒过神来，康华利抓过望远镜，往对方的阵地望去。看到标志着波旁王朝的白百合旗帜，康华利明白了。

该死的法国人，为了整我们，你们倒是什么都舍得呢！

"噢！亲爱的法国朋友，谢谢你们帮助，这种炮玩起来太爽了！"刚才那一炮是华盛顿亲自放的。在代表大陆军接受法国援助火炮的简短仪式上，他象征性地打上一炮以示庆祝，没想到竟差点儿打死了康华利。

罗尚博伯爵为大陆军带来了十四门火炮，其中包括六门专门用来攻城的重型臼炮。

约克镇英军的末日到了。在法美联军彻夜不停的轰击下，10月19日，康华利带领七千英军出城投降。这是继萨拉托加战败之后，英军主力建制的又一次大规模投降。

灰头土脸的康华利拒绝出席投降仪式，让副将奥哈拉代他去献投降书。仪式上，奥哈拉故意把投降书递给了法军将领罗尚博，他觉得败给法国总比败给叛军要好。但罗尚博却不吃这一套，他指了指旁边的华盛顿，说该把投降书递给他。

没办法，奥哈拉只好又低头来到华盛顿面前。可刚刚的那一幕让华盛顿的自尊心受到了刺激，他也要羞辱奥哈拉一番。于是他也拒绝接受投降书，指了指自己的副官。奥哈拉只好又向副官蹑足而去。

军乐团演奏着一首名叫《天翻地覆》的小调……

北美独立战争大局已定，此后再无大战。乾隆四十七年，公元1782年，美英和平谈判在巴黎举行。谈判的前提条件是英国承认北美十三个殖民地与自己脱离关系。

天翻地覆了。

85 决战

新书

86.

乾隆四十六年，公元1781年，普鲁士小城哥尼斯堡的一家书店的老板从出版商那里拿到了一部新书。要不是出版商提醒他这部书是本地大学教授康德先生写的，好歹得给点儿面子，估计这位老板当场就会骂开了。

这么厚的书，里面一幅插图都没有，所有的句子都老长老长的，所有的字都印得贼小贼小，读上一句就让人头晕脑涨。谁会买这样的书？还不如拉到建材市场当砖头卖！

碍于康德先生在当地的名声（至少他每天下午三点钟准时出门散步的习惯让大家节省了闹钟），老板才勉强在书架上找了个角落，把这部书塞了进去。

他的这个举动，其实也配得上有个军乐团在旁边演奏一曲《天翻地覆》。因为《纯粹理性批判》的面世，对于整个西方思想界来说，也是一件天翻地覆的大事。从此，在哲学的世界里，人字彻底大写，上帝彻底靠边。

九年前的乾隆三十七年，公元1772年，哥尼斯堡大学教授伊曼纽尔·康德就在给学生马科斯·赫茨的信中说自己正在写作一部名叫《纯粹理性批判》的书。当时他估计三个月内就能出版。

结果呢，三个月过了又三个月，三个月过了又三个月……一直过了快十年了。当然，如果能用十年时间来驱散西方哲学千年来的迷乱，用十年时间来打破人类理性思维百年来的徘徊，将人类的整体思维能力引入一个崭新的阶段，康德觉得自己这十年的辛苦也就值回票价了。

要说遗憾，那就是这十年间，康德的两位精神导师——英国人大卫·休谟和法国人让·雅克·卢梭先后谢世，无缘看到他们的好学生康德交回的答卷了。

尤其是休谟，康德的《纯粹理性批判》几乎完全是回应他对哲学的难堪拷问。康德相信，如果他老人家还在世的话，《纯粹理性批判》一定会很快遇到知音。

可惜，他不在了，康德的寂寞岁月就还得延长。康德的书太难读了，不是凡俗的人那一丁点儿耐性与智慧就可以轻松驾驭的。在《纯粹理性批判》中，康德肆无忌惮地展示着自己出众的理性思维，书里动不动就整个自然段是一句话，整页纸是一个自然段。这种极端理性风格的文字，对读者们来说是个极大的考验。在康德的引领下，德意志民族开始形成如今为我们所称道的显著的民族性格：讲究理性。

康德焦急地期待着读者们的反馈。可是他的书实在是太难啃了，很长时间过去了，《纯粹理性批判》仍旧如同泥牛入海，没有丝毫反馈。这也怪不了别人，即使是对于理性民族德意志而言，别说读懂《纯粹理性批判》了，读完都难。

我们简单说说这部书吧。这书很好，很实用，看不懂的时候可以用它治失眠，看懂了可以用它治脑残。本书作者的失眠和脑残就是用这部书治好的。

认识能力，是人类最强大的武器。人们用这种能力探问一切天机，乐此不疲。哲学，则是人类用这种武器反过来探索自身（也就是我们常说的"反思"），用认识能力去探索认识能力的一门学问。

德国诗哲海涅这样概括康德的事业："康德以前的哲学家们虽然也思考过人类认识的起源问题，并且如我们曾经指出的，每每按照他们承

86 新书

认观念是先天的或者承认观念是后天的，而步入两条不同的道路，但关于认识能力本身，关于我们认识能力的范围或关于我们认识能力的界限，则思考得较少。于是这就成了康德的课题。"

我国当代哲学家杨祖陶先生曾精确概括《纯粹理性批判》一书的内容："通过对理性本身，即人类先天认识能力的批判考察，确定它有哪些先天的，即具有普遍性和必然性的要素，以及这些要素的来源、功能、条件、范围和界限，从而确定它能认识什么和不能认识什么，在这基础上对形而上学的命运和前途做出最终的判决和规定。"

您可别在这种长难句面前服输，多读两遍，找准了主谓宾就能读懂。何况，海涅还说："这种形式（指《纯粹理性批判》的文风）冷漠地拒绝了较低智能阶层的人们来接近它。"他都这么说了，您看，您能不能服这个输呢？

李泽厚先生说得简要："康德对人类精神结构（认识、伦理、审美）的探索和把握，便是基本特色所在。"对认识结构的把握，主要是由《纯粹理性批判》完成的。既然是结构，那么就要有个轮廓。所谓轮廓，就是所要把握的事物与其他事物之间的界限。请您注意，海涅与杨祖陶先生的概括也都强调了界限。与其他哲学家不同，康德十分在意认识能力的界限，十分关注理性不能认识什么。在康德之前，大家要么觉得理性无所不能，要么觉得理性百无一用。

越过《纯粹理性批判》的序言部分，正文开篇第一句话就是："我们的一切知识都从经验开始，这是没有任何怀疑的。"这是康德对英国经验主义哲学的吸纳。所有的知识都从经验开始；没有经验，光凭理性空想出来的东西，不能算作知识。身为理性主义哲学嫡传弟子的康德说出这样的话来，可谓离经叛道。

但人家终究还是信仰理性主义的，紧接着就写道："但尽管我们的一切知识都是从经验开始的，它们却并非因此就都是从经验中发源的。"

这是邓晓芒先生翻译的版本，距离康德的原意更近，也因此更加费解。民国时期蓝公武先生的翻译是这样的："吾人之一切知识虽以经验始，但并不因之即以为一切知识皆自经验发生。"半文半白，也很费解，是吧？

好吧，我们往下面探索就能明白了。康德接着说："因为很可能，甚至我们的经验知识，也是由我们通过印象所接受的东西和我们固有的知识能力（感官印象只是诱因）从自己本身中拿来的东西的复合物。"

也就是说，经验的确是形成知识的必要条件，但并不是充分条件。要想形成知识，没有经验不行，光靠经验也不行，还需要"我们固有的知识能力"。

固有的知识能力是什么东西？

前面我们说过了，这东西就是理性。康德们认为，理性不需要教给人们，而是人类与生俱来的先天能力。这就是康德要批判的纯粹理性。

和经验一样，在康德看来，理性也是构成知识的必要条件；而与纷繁复杂、变化多端的感性经验不同，理性具有普遍性与必然性。

例如，在春天的原野上，草本植物的头顶上有那么多红的、黄的，大的、小的，香的、没气味的漂亮物体。这是感官带给您的一箩筐芜杂体验，而您的理性认识却可以直接把这堆东西命名为"花"，管他是红的白的，这种草本植物头顶的物体普遍必然地就是花。

没有理性认识，人们连什么是花都不可能知道。

理性思维能力可以通过寻求不同事物之间的共同性，为它们建立在客观世界中实际上并不存在的联系，这叫作综合判断能力。把这种能力应用于理性本身，排除感官经验，在纯粹理性的概念之间建立联系，这种联系就叫作先天综合判断。

例如，世界上本来没有"1"这个东西，理性使我们有了这个概念；世界上本来也没有"加"这回事，理性使我们有了这个概念；然后，理性又在"1"和"加"这两个纯粹概念之间建立联系。

于是，有了1加1等于2，1加1加1等于3……

这就是先天综合判断，理性在两个或两个以上的纯粹概念之间建立联系。有了这种联系的能力，人类才创立了数学，创立了物理学。

康德认为，这两门学科以其严密的普遍必然性，成为人类其他一切学科的楷模；哪门学科想要升格为科学，就要有数学、物理学的一般的普遍必然性。

只要先天综合判断的确具有坚固的普遍必然性，那么以之为根基的数学与物理学知识就是靠谱的；只要数学与物理学知识的确是靠谱的，那么以它们为范例的人类知识也就是靠谱的。

所以，康德的问题在于证明先天综合判断确实具有普遍必然性。那么，如何证明？

按照先哲们的思路，应该证明认识的对象的确具有普遍必然性，那么认识本身也就有了普遍必然性。但是，我们前面说过的休谟已经用怀疑论的大刀斩断了这种证明的可能性。

我们从来没有看到过世界，我们看到的只是这个世界所反射的光。康德认为，我们的感官感受到的只是现象，其与对象本身是否一致还很难说。因此，以前的哲学思路所证明的不过是现象的普遍必然性，可能与本质无关。

他反其道而行，不去证明认识的对象是否具有普遍必然性，这个问题他存而不论，他要证明人类的思维结构本身具有普遍必然性，认识对象的普遍必然性反而是人类的思维所赋予的。他要让"存在决定认识"变成"认识决定存在"。

康德自诩这一思维方式的转变为"哥白尼式的革命"。海涅后来如此阐释："以前，人们把地球当作静止的东西，而让太阳绕着地球转动，那时候，天算总是不太准确的。这时，哥白尼让太阳静止下来，而让地球绕着太阳旋转了，于是看吧，现在一切都圆满地运行起来了！以前理性像太阳一样围绕着现象世界旋转并试图去照耀它，康德却让理性这个太阳静止下来，让现象世界围绕着理性旋转，并使现象世界每次进入这个太阳的范围内，都受到照耀。"

这样的证明还是得先从感官下的现象世界说起。我们能够感知这个世界，但是，我们为什么能够感知这个世界？康德说："由于那只有在其中感觉才能得到整理，才能被置于某种形式中的东西，本身不可能又是感觉。所以，虽然一切现象的质料只是后天被给与的，但其形式却必须是全都在内心中先天地为这些现象准备好的。"

天上掉馅饼下来了，我们也得有点儿准备才能接得住，不管是用大箩筐还是用手掌去接，总得有点儿准备。现象世界向我们释放信息，我们拿什么去接受信息呢？

首先需要有时空的概念。

康德是牛顿科学体系在哲学界的门徒，他把牛顿的时空概念引入哲学。注意，在牛顿之前，人类所有语言中的时间与空间都只用于技术应用和文学修辞，不具备理性科学意义，是牛顿将时间与空间彻底从感官经验的现象世界中抽象出来，升格为理性的科学概念。

康德认为，时间与空间概念是人类的思维结构自己创造的，是人类能够接受现象世界所释放信息的先决条件。空间是人类外部感官信息的存储盘，使人可以感知感官世界中诸多现象的并存与相对静止；时间是人类内部感官信息的存储盘，使人可以感知现象的变幻与绝对运动。

康德在《纯粹理性批判》第一部分"先验感性论"的标题下，对此做出了详细的阐释，这是他证明先天综合判断的第一个构件：感性经验的形成同样需要先天思维结构本身给与的准备。

第二个构件是看理性思维是否具有某种先天的思维结构。最严格的纯粹思维无非是逻辑，康德就从逻辑说起，从逻辑最基本的零件说起。

"80后"在上微机课时，学过一个概念叫作文件后缀名，如exe、doc、txt等。后缀名决定该文件的类型，双击具有某后缀名的文件时，电脑将启动相应的程序将其打开。如果您修改文件的后缀名，将其改为其他名称甚至乱码，您的电脑就搞不明白这是什么文件了，会傻乎乎地请您选择打开方式；如果您选错了，结果就会显示"打开方式不对"。

逻辑中的范畴，就是人脑储存信息最基本的类型与格式，是人脑信息处理的打开方式。康德认为，人类的逻辑范畴共有四类十二种，分别是量的范畴，包括单一性、复数性、全体性；质的范畴，包括实在性、否定性、限制性；关系的范畴，包括实体与偶性、原因与结果、主动与受动的交互作用；模态的范畴，包括可能性与不可能性、存有与非有、必然性与偶然性。

范畴是理性认识对象的支架、骨架，是对象进入人脑之后的存储格式。如果某种信息超越了这些范畴，人脑就找不到打开方式，无法将其存入理性。

康德认为这样的范畴结构在人类的思维之中普遍存在，且必然如此，正是因为有了这样的结构，我们才感知到这样一个世界。如果这个结构发生变化，我们感知到的世界也会发生变化。

例如，猫的眼睛看不见红色和橘色，所以它哪怕再聪明，也欣赏不到郁金香美丽的色彩。例如，人类的耳朵听不到超声波和次声波，所以人们永远也搞不懂大象用跺脚的方式与同伴进行次声波远程聊天的内容，不清楚蝙蝠能听见的超声波是否如海豚音一般美妙。

包括先天综合判断在内的理性思维，是人类唯一拥有的思维结构，除此之外，人类无法想象别的感知和思维结构会带给自己怎样的世界。从这个意义上说，理性思维对于人类来讲是靠谱的，是普遍必然的。

因为，呵呵，你没有别的招数。

也正因为如此，对于理性思维——这种我们人类认识世界的唯一方法——的局限性，康德认为需要特别注意。理性思维是一种躁动的家养宠物，热爱自由却又无法在自由中生存，它总有一种想要冲破感官现象的束缚，进入纯粹想象中的世界的冲动，可一旦脱离感官经验，康德认为，它想出来的东西就没有一件是靠谱的。

例如，欧洲人狂热地想象了两千多年的上帝。康德说了，我们人类所认识的只是现象，而现象之后的本体，康德也没说就不能认识，但反正是弄不清楚的，既不能说它存在，也不能说不存在。

《圣经》里说了，上帝无形体，人类不能用任何一种感官感知到上帝。既然如此，争论上帝存在与否，没有半点意思！

"就这样，他（康德）袭击了天国，杀死了天国的全体守备部队，这个世界的最高主宰未经证明便倒在了血泊之中，现在再也无所谓大慈大悲了，无所谓天父的恩典了，无所谓今生受苦来世善报了，灵魂不死已经到了弥留的瞬间……"海涅如是说。

时至今日，您可以在正统哲学教材的指引下，将康德的学说简单地斥责为"不可知论"和"唯心主义"。如果一定要把这说成是缺陷的话，那么，不必讳言，康德的学说的确有这样的缺陷。

但是，康德之于人类哲思的最大贡献，不在于他批判的内容，而在于他的批判精神与方法。他的《纯粹理性批判》像一堂精细到极致的人类思维解剖学课程（本书对这门课程的介绍极其简略），让哲学思考彻底转向人类思维本身。发掘人类自身蕴含的可以改变世界的主观能动性，成为日后德意志哲学的主题，从康德到费希特，到黑格尔，再到马克思。

不过，要把康德的这些意思理清楚，很是需要时间。《纯粹理性批判》太难读了，销量很不好。这部书上市的时间也没选好，在那个哲学与自然科学还没有彻底分家的时代，《纯粹理性批判》的发表，被那年天文学界的一件大事抢了风头。

86

新书

发现

乾隆四十六年，公元1781年3月13日晚上，四十出头的天文爱好者、管风琴演奏家威廉·赫歇尔正在摆弄他自制的反射天文望远镜。

赫歇尔真是汉诺威王朝带给英国的一件礼物。他是德意志汉诺威人。七年战争爆发后，十九岁的赫歇尔为了躲避欧洲大陆的战乱，迁居到了同属汉诺威王朝的英国。别忘了，那时的英国在汉诺威王朝的治下，英王同时也是汉诺威选帝侯。

赫歇尔有很高的音乐天赋。来到英国之后，他的努力让天赋兑现了，管风琴演奏家的名望令他衣食无忧，也让他有能力专心发展自己业余的兴趣爱好。

几年前，在读过一本天文书后，赫歇尔爱上了夜里的天空，很认真、很严肃地爱上了。他要把他所爱的看个真切，而当时所有的天文望远镜都满足不了他的热爱，于是，他开始学习自制天文望远镜。

用一双音乐家的手来磨制望远镜的镜片，似乎有点大材小用了。但也正因此，赫歇尔制作的望远镜才能贯穿广袤的黑夜，看到他人不能看到的美丽。

信奉强权主义的政治家们喜欢这样一句话："口径即正义。"指的是大炮的口径大小决定了其拥有者的话语权大小。在天文学上，大家也相信这句话，但这里的口径指的是望远镜的口径。谁拥有口径最大的望远镜，谁就能有最伟大的发现。

赫歇尔常用的那架自制望远镜，口径五十厘米，焦距七米。这样的神器在当时非常罕见。打磨这副镜片时，赫歇尔常常不眠不休。他的妹妹卡罗琳担心哥哥饿死，在他磨镜片时，就在旁边端着饭碗用勺子喂他吃饭。

另外说一句，这位给哥哥喂饭的好妹妹卡罗琳·赫歇尔是人类历史上第一位女性天文学家。

乾隆四十六年，公元1781年3月13日晚上，在英国的度假胜地巴斯，这架赫歇尔最珍爱的望远镜，将会给他的主人带来回报。

在二百倍率的放大下，一个陌生的微弱光点幽浮一般若隐若现。赫歇尔回忆了自己所有的天文知识，也没弄清楚这是已知的哪一颗星。换上更高倍率的目镜后，那个光点有些不情愿似的扩大了一丁点，成了个莹白的光斑。

她是谁？

她不是一颗恒星。在同等观测条件下，恒星非常耀眼，不像这样羞答答的；她也不是一颗彗星，彗星应该有一条长长的尾巴。那么，难道是一颗行星？

所谓行星，在天空中的位置不像恒星一样相对固定，而是像在天空中行走一般，今天晚上在这里，明天晚上就到了那里。所以，行星是比较容易发现的。早在史前时代，仰望夜空的人们就发现了五颗行星：火星、金星、水星、木星、土星。这些行星在大多数时候，单凭肉眼就能看到。行星自身不发光，太远了就看不见，因此此后数千年，这份名单一直没有增加名字。不论在东方还是西方，大家一直认为行星只有金木水火土五颗。

难道太阳系里还有我们肉眼看不见的行星？

……原来，太阳系比我们几千年来所想象的还要大得多！

一夜激动地辗转反侧之后，赫歇尔飞奔至伦敦，告诉他所有的天文学同好，他发现了一颗新的行星。那天夜里，在赫歇尔的指导下，大家通过天文望远镜证实了他的发现。

赫歇尔发现的这颗星球被命名为"天王星"，是一颗气体球，距离太阳约20个天文单位[①]，体积能装下六十五个地球，质量是地球的十四倍。天王星的自转角度与众不同，几乎是横躺着运转的，所以它没有南极与北极，却有东极与西极。

两年之后，英国皇家学会主席约瑟夫·班克斯（当年库克船长探险队里的那位科学家）正式确认了赫歇尔的发现，人类所认识的太阳系（迄今为止生命体在宇宙中唯一已知的家园）的疆界扩大了。

其对人类的鼓励意义远远超过了发现本身。虽然人类自己还到不了多远，但这次发现就像一个弹射器，把人类探索的目光抛向了太阳系之外的鸿蒙希夷。

人类，卑微的人类，的确是可以认识这个世界的。远在天边的天王星都能认识，近在眼前的《纯粹理性批判》还认识不了？

———————

① 太阳与地球之间的平均距离约1.5亿千米，定义为1个天文单位。

和谈

可怜的英国政客们此刻无暇分享科学发现的喜悦。约克镇大败之后，在英王乔治三世的支持下坚决主战的首相诺斯羞愧辞职，主张限制王权的辉格党魁罗金汉侯爵上台主政。辉格党认为战争如果继续，国王的权力将会出现恶性膨胀，因此，他们立即鼓动国会通过不再支持剿灭北美叛乱战争的决议，停止继续为北美英军划拨战争经费。

辉格党的釜底抽薪让英王乔治三世又成了个光杆司令，英国即将向北美叛军认输。

乾隆四十七年，公元1782年4月，英美和谈在巴黎开始。英方代表是理查德·奥斯瓦尔德，美方代表是本杰明·富兰克林、约翰·亚当斯、约翰·杰伊。法国人也怪声怪气地出现在和谈中，外交大臣维尔仁凭借法国军队在战争中给予美方的实质性帮助，趾高气扬地在幕后控制着三位美国代表。在笼罩在莫大羞赧中的奥斯瓦尔德看来，维尔仁既碍眼又碍事。

事已至此，发什么牢骚都没用了，眼下只能稳定情绪，在和谈中尽量为英国多保留些好处，至于反思教训的事，以后再说吧。北美那些乡巴佬，既然铁了心要闹独立，怎么会甘心又被法国人控制？北美这帮白眼狼，我英国两百年的恩情都不顾，怎么会看不透法国人的帮助实际上是出于利益的考量？

看似紧密团结的法美必有间隙。好，待我打探一番！

果然，法国的想法是放缓和谈节奏，让战争拖延下去，这样既可以继续为难我们英国，又可以让美国继续依靠他们法国。即使一定要停止战争，维尔仁也要求美国人放弃对阿巴拉契亚山脉以西直至密西西比河的领土主张，以停战时的双方实际控制区作为和平后的边界。

这样看似对英国有些好处，实际上是想让我们英国继续耗在北美这摊烂泥里，等以后有机会再来踩我们两脚。

狗日的法国，恶毒！

但是，法国的主张，北美叛军会同意吗？肯定不会。富兰克林等人都是聪明人，应该知道目前的战局之所以对他们有利，很大程度上是因为我们英军屡次手下留情，他们虽然有萨拉托加和约克镇的胜利，但相信长岛之败、费城之失、查尔斯顿之倾覆会让他们对英美双方实际战斗力的差距之大印象深刻。所以，给他们一个见好就收的机会，他们是不会放过的。

这场战争，英国不是输在战场上，美国也不是赢在战场上。

而且，阿巴拉契亚山脉以西的土地，是叛军梦寐以求的。当年我们英国不允许他们翻山过去，还被他们作为罪状写进了《独立宣言》。如今法国人又不想让他们过去，那岂不是……

还有，纽约等重镇至今都还在我们英国手上，如果以目前双方的实际控制区作为未来的边界，那么，叛军这么多年的仗岂不是白打了？

北美叛军不会跟法国一条心的，那么，就把他们拉过来！

怎么拉呢？

眼下，这场战争我们算是输定了，没什么好说的。北美叛军独立建国已成定局，无可阻止。既然如此，我们还在北美扭扭捏捏的，有什么好处呢？天高皇帝远，地阔豺狼近，美国独立之后，阿巴拉契亚山脉以西的土地迟早会被他们抢去。

纽约等城镇我们虽有重兵把守，但这些靠商业兴起的地方一旦陷入孤立，也必将萧条，指不定还会出什么幺蛾子，最终它们还是会倒向铁定会不断在旁边嗡嗡叫的美国。

从败局已定的那一刻开始，这些剩下的筹码就在不断地贬值。与其到最后分文不值，乃至成为负担时再毫无意义地抛弃，不如现在趁着还热乎，赶紧兑现它们的价值。

什么价值？

把这些东西送给叛军，哦，不，美国，美利坚合众国，送给他们，让他们撇开法国，赶紧把这个和平协定签完算了。我大英帝国还有大事要办，别磨叽。

于是，奥斯瓦尔德在塞纳河左岸找了个咖啡馆，秘密会见了几位美方代表，双方商量着就把事情定下了。

英美双方绕开法国订立了和约：英国承认北美十三个殖民地独立，并放弃阿巴拉契亚山脉以西至密西西比河的领土，送给那十三个"合众国"去分；英国放弃十三个宣布独立的殖民地目前实际控制的所有地盘，英军会尽快撤离；英国允许合众国前往没有独立的加拿大海域航行和捕鱼。

富兰克林等人喜出望外。作为回报，合众国承诺保护其境内效忠于英国之人的人身财产安全，承认他们的基本权利；并承认本国公民与英国人之间的私人债务继续有效，受到法律保护。

谈判在和谐的气氛中结束。乾隆四十八年，公元1783年9月和约正式公布之前，法国人对此并不知情。理查德·奥斯瓦尔德以英国式的卓越外交智慧在和谈中逃开了法国人的圈套，帮助英国干净利落地挣脱了北美这摊烂泥。奥斯瓦尔德出色地完成了自己的使命，至于英国以后该怎么办，就不在他的能力范围之内了。

人家英美双方签字了，法国不高兴也没办法，毕竟这是人家之间的事。空欢喜一场之后，法王路易十六不得不处理为了援助世界革命而欠下的账单。

美国人丢开法国，独自与英国媾和的行为，对于法国人而言，的确十分不义。要知道法王路易十六倾力援助美国独立的代价，是将自己继位以来接二连三的饥荒所造就的近百万法国贫困人口的生计弃之不顾。不仅如此，战后和谈一无所获，意味着路易十六还得再掏一次这些可怜人的腰包，为战争抵账。因为按照法国的制度，有钱有权的封建贵族和天主教会是不用交税的……

至此，美国独立战争彻底结束。大西洋两岸，除了不列颠岛外，几乎都在欢腾着。美国那边自不必说，欧洲大陆这边，所有的君王都在为英国的分裂而幸灾乐祸，奥地利皇帝约瑟夫二世断言：英国已降为二流强国。

英国自己也在哀叹。批准签订美英《巴黎和约》的英国首相谢尔本说："我们政府同意美洲独立的时刻，就是大英帝国夕阳西下的时刻。我们将不再是一个强大并受人尊重的民族。"

是的，失去了北美大部分殖民地之后的英国，生产出口商品和工业原料的能力大大削弱，这让英国的出口能力暴跌，进口需求却暴涨，英国的金银很快就会外流，英国很快就会破产。

但是，这是正在过时的重商主义的逻辑。而其过时的原因是正日益普及的蒸汽机和已成为经典畅销书的《国富论》。

同样过时的还有在重商主义的逻辑下垂头丧气的老派首相谢尔本。乾隆四十八年，公元1783年，英国新首相上台。他名叫威廉·皮特，不是多年前领导英国取得七年战争胜利的那位威廉·皮特，而是他年仅二十四岁的儿子，人称小威廉·皮特。

看样子英国真的快完蛋了，找不到人才，居然弄这么一个才大学毕业不久的人来做首相。这小首相还真的学生气十足，一上台就宣称自己是亚当·斯密的学徒，要求他手下的官员也都要做亚当·斯密的学徒，要人手一本《国富论》，天天读，周周读，月月读，每个官员都要把书读烂，把意思读懂。英国政府被小威廉·皮特给整顿成了学习型政府。

亚当·斯密，这个半生潦倒的知识分子，突然就成了大英帝国的国师。他的学说真的可以为英国，为这个刚刚遭受分裂之痛的英国开创新未来吗？

小首相威廉·皮特带领英国人痛定思痛，并很快把所思所想付诸实施。乾隆四十九年，公元1784年，《印度法》作为小首相的初政，由国会通过颁布实施。

在旁人看来，所谓《印度法》，不过是英国在失去北美之后，害怕又失去另一块重要的殖民地印度而紧急采取的亡羊补牢式的救火措施。的确如此，《印度法》当然含有这个意思。

但是，如果认为这就是《印度法》的全部意义，那就太肤浅了。《印度法》的适用对象，并不是印度的英国臣民，而是代表英国政府在印度执行重商主义战略的东印度公司。

《印度法》设立了一个监督局，取代东印度公司管理印度的军政事务，并有权直接干预东印度公司的内部事务，还剥夺了东印度公司任命英印总督的权力，将其交给了议会。

小威廉·皮特用制度锁链驯服重商主义者们豢养的恶犬东印度公司，使英国政府得以开始直接管控印度事务。政府管控印度要做什么呢？要稀释重商主义思想，推行自由贸易政策。

用强硬手段为自由开道。小威廉·皮特以这种奇怪的方法，开始雕琢一个全新的奇妙的大英帝国。作为战争中失败的一方，英国反倒率先找到了出路，迅速振作起来。

而胜利者美国呢？十三个殖民地原本就互不相干，从英国的掌控下获得独立，是他们联合的唯一原因，如今，他们再也找不到在一起的理由。庆祝战争胜利的酒会结束后，十三个已经独立的合众国落寞地各自回家了。他们只是按照《邦联条例》，在费城留下一个邦联议会作为新生美国的权力机构。十三个殖民地在邦联议会中各有一个席位，各有一个投票权。这个议会只有十分有限的立法权，因为没有行政机构而没有执行权，软弱无能。

各种狗血的窝里斗戏码随之开始，邦联议会每天都被十三个合众国的代表搅得鸡飞狗跳，理由却只是些鸡毛蒜皮。几个大的合众国准备重新武装起来，舞刀弄枪地要跟邻居们兵戎相见；几个小的合众国则蜷在角落里惊恐地看着大国们乌眼鸡似的瞪着彼此，无所适从地瑟瑟发抖。

"我们佯装联合，目的究竟何在？"即将于公元1783年年底卸任大陆军总司令，解甲归田的华盛顿哀叹道。

是啊，美利坚，你该如何存在？

89 人丁

公元1784年，大清国乾隆四十九年的农历新年有些不同寻常。三十七岁的皇长孙爱新觉罗·绵德自几年前因结交外朝官员而被削去郡王爵位之后，此刻再次得到了爷爷乾隆帝和满朝文武的高度关注。

因为他的儿子和儿媳妇帮他实现了一项了不得的业绩！他的儿媳伊尔根觉罗氏被他那十七岁的儿子奕纯（大清皇室的奕字辈已经有人成年了）搞大了肚子，即将临盆。

这算个什么事？

这算个大事！

如果伊尔根觉罗氏生下的是男孩，那么这孩子将是乾隆帝的第一个玄孙（孙子的孙子）。他的出生意味着乾隆帝将完成一项绝大多数中国人想都不敢想的人生伟大事业：五世同堂。

正月十四，元宵节的前一天，一个太监从位于北京西城小石虎胡同的绵德府邸飞奔紫禁城，为乾隆帝带来喜讯：男孩！是个男孩！

还活着就成为高祖的乾隆帝喜极而泣。其实，大多数时候，皇帝和所有普通中国人的情怀是一样的。

中国传统上是一个以农业为经济基础的国家，农业生产的特点决定了需要以家庭为基本单位，以男性家长为基本单位的领导，需要经验的累积，需要大量劳动力的投入。

家庭中有老人，意味着拥有经验，意味着在遭遇某种N年不遇的自然灾害时，拥有应急方案。家庭中拥有足够的青壮年，则意味着拥有能源。这种能源投入生产的边际收益大于边际成本（边际成本超过边际收益就会分家），意味着家庭的生产力增强，未来可期。

围绕着这种客观的经济关系，中国文化衍生出了各种各样的文化价值观，并受到美化，最终把农业式的家庭伦理关系上升到了相当于信奉某种宗教的高度。千百年来，每个普通的中国人在长大成人之后都期待早生贵子，开枝散叶，儿孙满堂，死后自己的名字被写在木板上，年年清明享用后世子孙呛人的薰香灰纸。

当然，中国人终究讲求实际，活着的时候就在儿孙的跪拜中自鸣得意其实是最好不过的。所以，建立父子天伦是起码，三代同堂算及格，四代同堂可以奋斗一下，五代同堂就凭天意了。

如今，天意竟然如此眷顾朕，刚过完七十古稀的万寿庆典，就又被赐予这般荣耀。就连朕那位伟大的爷爷——康熙皇帝也没能摊上这福报，他老人家不到七十就驾崩了，五世同堂更没得想。

看来，朕真是太伟大了！想到这里，乾隆帝忽然发出了豪迈的笑声。

低调，低调，这是上天的眷顾、列祖列宗的福佑，朕不能放纵，还得做出一副战战兢兢、受宠若惊的样子才好。看到旁边被自己的笑声吓了一个趔趄的小太监，乾隆帝赶紧提醒自己要谨言慎行，才对得起上天的馈赠。

当然，这并不是什么上天的馈赠。七十岁就迎来五世同堂，是因为皇室子孙代代早婚早育，把事情抓得紧，外加乾隆帝自身努力，活得够久，才有了这一幕的发生。

乾隆帝自己十六岁成婚，十七岁时生下长子永璜；永璜十七岁成婚，十九岁生下皇长孙绵德；绵德十六岁成婚，二十岁生下皇曾孙奕纯；奕纯接过接力棒，赶在十七岁时为乾隆帝生下了皇玄孙，完成了皇帝五世同堂的梦想。

如今的中国，提倡晚婚晚育已经多年，三十出头就做爷爷的事十分罕见，祖先们早婚早育的事情，现在看来匪夷所思。然而，为了充分利用生殖能力，尽可能多且早地为家庭带来新的劳动力，早婚早育是古代中国人的第一选择，只要经济条件允许，人们简直恨不得在孩子的生殖器官第一次勃起后就给其安排婚姻。晚婚则意味着穷，将会遭到他人的鄙视。

当然，早婚早育传统的形成还有一个原因，那就是人均寿命低下。中国古代的大多数人，三十岁就自称老夫，四十岁就可以等死，活到五十岁就算是高寿了。

别去看古代名人的生卒年表，那只是少数人。名人一般有钱，吃得饱，穿得暖。而且在生活节奏缓慢的古代，活得不够长就意味着做不了多少事，做不了多少事也就成不了名人，大多数时候，活得长本身就是成为名人的必要条件之一。所以，通过他们的生卒年表，并不能看出古代普通人的生存状况。

然而，长时间人均寿命短的状况在乾隆帝治下的清王朝中期有了变化。随着长时间的和平、帝国版图的扩大，以及自顺治到乾隆初期政府长期执行的强制开垦政策，尤其是甘薯、土豆、玉米等美洲高产农作物的大规模推广，中国土地供养人口的能力有了大幅提升。

粮食产量的增加必然带动人口数目的同步增加。生存条件稍好一些，人们就能活得稍久一些，三世同堂可以保障，四世同堂也不再遥不可及，有福人家甚至可以奋斗一下，像皇帝那样享受洪福齐天的五世同堂。这一切都使得人们更加乐于生娃。

九年前的乾隆四十年，皇帝曾经做过一次全国性人口普查，得出的全国人口数据为2.64亿。跟乾隆六年第一次全国人口普查的结果1.43亿相比，几乎翻了一番。

粮食产量增加，带动人口数量同步增加。可如果粮食产量增加的速度赶不上人口增速，或者粮食产量不再增加，甚至下降时，多出来的这么多人口怎么办呢？

去年，也就是公元1783年，乾隆四十八年时，皇帝曾经写过一首诗，记述了他对于这个问题的思考与忧虑。

诗云：

　　民数谷数国之本，每岁各省令具奏。

　　因命司农计损益，观之持盈惧益懋。

　　谷数较于初践阼，增才十分一倍就。

　　民数增乃二十倍，固幸太平滋生富。

　　以二十倍食一倍，谷价踊贵理非谬。

　　谷贵因之诸物贵，何怪近利居奇售。

　　淳朴拟欲禁奢费，游手谋食恐难付。

　　设曰驱之尽务农，那得许田供耕耨？

　　水旱赈济数逾万，无过补置其罅漏。

　　三免正供两免漕，未见闾阎生计茂。

　　长此安穷不敢言，蒿木怵心吁天佑。

　　绥丰或尚可支持，惕息中丰又难遘！

您别笑话，咱皇上写诗就这么个风格，讲究诗以言事，不求辞藻华丽。这首诗的意思好懂，乾隆帝认识到了人口数量与粮食产量挂钩的关系，发觉全国粮食产量较他登基时相比，只增长了十分之一，可人口却增长了二十倍。

当然，他所言的人口数据是错误的。他登基时的人丁数不是人口统计，而是税收统计，远远低于真实的人口数目。

但是，量的差错没有影响质的正确，乾隆帝还是正确地认识到了谷价升高引发物价普遍升高，进而导致了社会风气奢侈、赤贫人口增加的两极分化现象。他也发觉了政府在面对赤贫人口生计时陷于困境，人多地少已是既成事实，过多的劳动力无事可做，大量人口游走在刑事犯罪甚至造反闹事的边缘，唯有通过免税免息的方式暂时敷衍，但长此以往，如之奈何？

疆域扩张，土地开垦，高产作物带来的红利即将见底，以后的日子该怎么过？乾隆帝认识到了问题的存在，也发出了忧虑的叹息，可是，该怎么解决？他似乎没有思考，也没有作为。

我们的皇上老了，上午的事情，时常下午就忘了，甚至在上午就忘掉了。例如，刚刚吃过早饭，他就忘了，过了一会儿又吵着要吃早饭。衰老健忘，使得他已经没有了当年以持续性的战略定力解决帝国挑战的魄力。

我们的皇上很快就忘记了关于帝国未来的忧虑，玄孙可爱的啼哭让他兴奋不已，他收起了所有煞风景的喟叹，兴冲冲地于公元1784年，乾隆四十九年正月二十一日，开始了第六次巡幸江南。

他终于凑足了"六"这个数字，和他的爷爷康熙帝一样，先后六次南巡。他把康熙帝作为自己毕生的榜样。因为这份仰慕，而有了一份想要超越的心思；也因为这份仰慕，他必须适可而止，不要打破康熙帝创造的诸多纪录。

但他也要旁人知道，不打破爷爷的纪录，不是朕做不到，而是朕不愿意。静悄悄地在世人的心目中超过爷爷，这是乾隆帝的人生目标。爷爷的六次南巡被世人传为美谈，乾隆帝也要这样做。如果说前几次南巡尚还有诸如收揽人心、督建海塘等实事要做的话，后面这几次则完全没有实际的需要，完全只是为了自我实现。

他要成为他想成为的那种人，比康熙帝还要伟大的君王。

他治下的这个国度里有多少人能像他这样公开自由、毫无顾忌地追求自我实现，努力成为自己想要成为的人呢？恐怕只有他一个吧。

南巡途中，心情大好的乾隆帝格外开恩，准许普通读者前往扬州文汇阁、镇江文宗阁、杭州文澜阁三家"国家图书馆"，去借阅分别储藏在那里的三部《四库全书》。

《四库全书》，乾隆帝高度重视的文化工程，已于三年前（公元

1781年）初步完成，共收录古今图书三千五百余部，分为三万六千余册，七万九千余卷，二百二十八万余页，八亿余字。如果将《四库全书》拷到您的电脑里，您需要1.49GB存储空间；如果将《四库全书》放到您家里……您家是超级别墅吗？

《四库全书》完成之后，乾隆帝觉得不够，想要多复制几部。那年代别说没有Ctrl+C和Ctrl+V了，就连仅有的印刷工艺也在《四库全书》的体量面前望而却步，想要复制，只能靠手工抄写。

于是，一项历史上从未有过的浩大文化工程——抄写《四库全书》开始了。乾隆帝甚至拿出了自己的私房钱——内务府的银子来雇人抄书。三年后，按照每页十八行、每行二十一个字的格式，三千八百位抄书员先抄出了三部。乾隆帝把这三部书放到了饥渴于文化的江南地区，就是我们前面说的三个地方，称为"南三阁"。

完整的《四库全书》一共有七部。后续抄出的三部被放到了圆明园、避暑山庄和故都沈阳，还有一部放在宫里，这四部都是皇帝留着自己看的。

把先抄出的三部赠给江南，对江南士子免费开放，这确实体现了乾隆帝对江南的格外恩宠，足够江南读书人狠狠地感激涕零一番了。

然而，即便如此，《四库全书》的实际社会效益依然十分有限。文化知识之于当时的中国人，除了作为进入仕途的敲门砖，没有别的实际价值，而整个社会，能做官的人毕竟是少数。因此，文化对于当时沉默的普罗大众而言并没有价值。

没多少人觉得有必要放下手里繁重的农活，跑去扬州、镇江或是杭州，经过一大串繁琐的官府审查手续去看一眼《四库全书》。

另外，必须提及的是，为了编定《四库全书》，政府在全国范围内征集书籍，在这一过程中发现了内容对朝廷不利（包括讨论满族统治的合法性，讨论程朱理学的正统性等）的书籍共计三千一百余种，几乎与《四库全书》所收录的书籍数目相等，它们都被付之一炬。

乾隆四十九年，公元1784年7月30日，法国启蒙思想家德尼·狄德罗先生逝世，享年七十一岁。

狄德罗一生了无遗憾。他离世时，代表他人生意义的《百科全书》已经在欧洲各处生根发芽，点开了无数人冰封千年的思想之花。

多亏了出版商夏尔·庞库克，他看准了民众对于知识的渴求，看到启蒙是一件有利可图的事情，才于公元1768年，乾隆三十三年，费尽心机地从那些慵懒贵族手中接盘了《百科全书》的出版事业。从此，他和狄德罗一样，将其作为标志自己人生价值的事业认真经营。

二开本的《百科全书》即便体量巨大、价格昂贵，也凭借其卓越的内容而有了巨大的影响力。例如十八世纪八十年代，在法国一个名叫亨利·贝尔的小朋友家里就有二开本的《百科全书》。

亨利后来回忆说："我的父亲和祖父有狄德罗和达朗贝尔的对开本《百科全书》。这是一部值700到800法郎的书，一个外省人必须受到非常大的影响才会在书籍上投入如此多的钱……每当我翻阅《百科全书》时，父亲就会很生气……（但）我绝对信任这部书！"

后来，这个孩子爱上了文学，写了部小说《红与黑》，还给自己起了个笔名：司汤达。

一接手，庞库克就断定巨大的二开本且价格昂贵的《百科全书》还有更好的市场形式。他一边继续经营二开本《百科全书》的销售，一边寻觅更好的市场机遇。

看准《百科全书》有利可图的，不止庞库克一个人。常年向政治气氛压抑的法国走私书籍的瑞士，拥有当时欧洲最为强大的印刷工业。得悉庞库克获得了《百科全书》的版权，瑞士的纳沙泰尔印刷公司立即行动起来，主动与庞库克接洽，想要承包《百科全书》的印刷业务。

纳沙泰尔公司老总奥斯特瓦尔德亲赴巴黎拜访庞库克，却不想扑了个空，庞库克已经去瑞士了。奥斯特瓦尔德立即写信命令公司下属找到庞库克，并请到公司里来，另外特别指示："如果他接受你的邀请，那就让他喝最好的酒，也就是放在我酒窖里最里面两个壁橱里的酒。"

那壁橱里的酒真好，三杯下肚，庞库克就同意了与纳沙泰尔公司合作。当然，更重要的原因是，作为投标大型事业的中型企业，纳沙泰尔给出的条件更有诚意，更加优惠。

随后，庞库克又在巴黎找到了与政府出版监管部门关系深厚的约瑟夫·杜普兰，让他做《百科全书》的销售总代理。看来，在王权专制下的法兰西办事也得靠关系和酒。

公元1777年，乾隆四十二年，庞库克率领的出版商业联盟正式组建。庞库克对《百科全书》的市场进行了细分：二开本提供给大贵族和图书馆，四开本则供给财产不那么多的文人和爱好者。

经过精心编辑，二开本的《百科全书》变成了四开本。二开本的书得放在牢靠的实木架子上读，四开本则总算能让成年人勉强捧在手上读了。更重要的是，价格由原来二开本的840里佛，降低到384里佛；进入十八世纪八十年代后，更是降到240里佛。

这次变革大获成功。几年间，四开本《百科全书》一共印刷了8525部，其中在法国国内销售的有7257部，其余出口到欧洲各地乃至新生的美国。

这部按照法语字母顺序排列，以启蒙思想依次重新讲述每个词汇所承载的知识的四开本《百科全书》，每部有36卷文字和3卷插图，相当于一个小型图书馆。每部《百科全书》都是一盏夜明灯，在商业力量的推动下，八千多部《百科全书》足够将法兰西乃至整个欧洲、整个西方世界的思想长夜彻底驱散。

东方大清国的乾隆大皇帝，倾全国之力，也不过把《四库全书》复制了七部而已。况且《四库全书》思想陈旧，无法像《百科全书》那样为普罗大众充当夜明灯。

美国历史学家罗伯特·达恩顿指出："这部书（《百科全书》)允诺重新安排认知宇宙的秩序。"

如此看来，法国人急欲用这部书重新安排宇宙秩序。那么，现在的秩序不好吗？他们想安排出什么样的秩序来呢？

乾隆四十九年，公元1784年10月19日，十五岁的拿破仑·波拿巴从布里埃纳少年军校毕业，被选送到巴黎皇家军事学院。第二年，在他读完预科，准备选择专业的时候，他的母亲从科西嘉岛来信，告诉了他父亲去世的噩耗，并告诉他家里已经背上了高达9000法郎的债务。

这个深爱着自己母亲的孩子，不想母亲被逼债者过分欺辱，放弃了自己多年来想成为海军军官的梦想，毅然改变志愿，填报了陆军炮兵专业。

因为海军学制五年，陆军学制三年，他想早点毕业，拿到薪水去帮补家里。这是早熟的男子汉才有魄力做出的决定。

这个决定改变了历史。谁也无法想象，拿破仑要是在历史舞台上迟到了，世界会变成什么样？

看着这孩子优异的入学成绩，他的新班主任相信，几年后，法王的军队里一定会多出一名优秀的炮手。

91

起航

乾隆四十九年，公元1784年2月22日，美国——呃，现在该怎么称呼他呢？这个人现在什么头衔都没有，美国大陆军解散了，他已经不是大陆军总司令了——美国老头乔治·华盛顿在五十二岁生日期间收到了一份特别的礼物：一艘商船的启航仪式的邀请函。

纽约的海面风和日丽，港口前人头攒动，刚刚赢得独立战争的美利坚邦联（十三个合众国按照《邦联条例》组成的联盟）要员们来了不少，眼光齐聚于泊在码头的一艘簇新的商船，眼神中充满了期许。

那商船的名字镌刻于船头，名曰the Empress of China：中国皇后号。

用美丽女性的名字起名是西方命名商船的主要传统之一。但这艘船为啥不叫玛丽苏号或者斯嘉丽号啥的，干吗要叫中国皇后号呢？

乔治·华盛顿来了，人群的目光暂时离开了中国皇后号，纷纷向这位开国元勋致敬。罗伯特·莫里斯像主角一样走到人群前面，当仁不让地代表中国皇后号欢迎华盛顿将军的到来。

罗伯特·莫里斯，华盛顿将军的老战友，代表宾夕法尼亚在《独立宣言》上签字的人，费城首富，时任美利坚邦联财政监督官，中国皇后号的投资人之一。

"老莫，恭喜你呀。你真行啊你，这是哪儿弄的这么大一艘船呢？"华盛顿向莫里斯道贺。

"这不军队解散了嘛，我买了一艘战舰给改装的。将军，您看，我这船长三十五米，宽十米，吃水五米，可载重三百六十吨，全身包裹铜皮，速度和质量都还算不错的。有了这艘船，这次我们去中国做生意，一定没问题。"莫里斯喜滋滋地说。

一提到军队解散，华盛顿的心里掠过一丝不快。战争结束后，已经升级为邦联议会的大陆会议立马就解散了军队，表面上说是因为战争终结，军队的存在不仅没有必要，而且会威胁大家的自由，实际上不过是因为邦联议会软弱无能，没有能力向各自为政的十三个合众国摊派军费而已。

今天高兴，且不想那些烦心事。华盛顿调整了一下心情，和所有人一样，把注意力集中到了中国皇后号的启航上。他又问莫里斯："老莫啊，真要去中国那么远的地方做生意吗？这是我们第一次远航贸易，不能选个近一点的地方吗？中国，毕竟我们都没去过，风险大啊！"

"将军……"莫里斯的脸上忽然也浮现了一丝愁云，"您也知道，我们不得不去中国啊。去年，我们发行了自己的货币，也就是dollar（美元）。首先用dollar这个计量单位所表示的数据，就是我们各地政府在战争时期欠下的所有内债外债，其中外债共计八百万dollars，内债更是有三千万dollars啊！我这个邦联财政监督官，每天如坐针毡，不想办法做生意赚些钱，这些债务很快就会让各地政府破产。我们以前的贸易活动主要是在加勒比海一带，那时候我们是英国的一员，我们在那里有优惠政策。可现在没了，我们在加勒比地区根本争不过商品成本更低的英国人。没办法，这是独立的代价。西班牙和法国呢，因为我们没听他们的，独自跟英国媾和，现在他们要报复我们，要对我们的商船征收高额关税。就这样，欧洲和拉丁美洲市场我们都去不了啦。如今的世界，只有中国对我们是公平的，虽然确实远了点儿。"

"你说得是啊，老莫。那么，你这次的中国皇后号投资了多少钱？准备去中国做些什么买卖？能赚得回来吗？"

"将军，这艘船和里面装载的货物是我和纽约的丹尼尔·帕克公司合伙投资的，连船带货我们一共投了十二万美元。我们虽然没有去过中国，但是中国是个什么情况，我们大概还是知道的。毕竟我们曾经的母国英国已经和中国打过多年的交道了。雷雅德，你知道吧？约翰·雷雅德。"

"你是说独立战争爆发那年跟随库克船长去太平洋探险的那个康涅狄格人？"华盛顿知道这个雷雅德，他写的《库克船长最后一次太平洋航行日志》是当时北美的畅销书。

"那你肯定也知道，在他的书里写到的有关在中国做生意的情况咯。他说，在我们这里卖六便士一张的毛皮，在那个叫广州的地方能卖到一百美元！还有，在我们这里卖得很贵的茶叶、丝绸、瓷器这些，直接在广州拿货，那进价简直了！将军，别的不说，单说茶叶，我们北美每年都要喝掉二十万磅茶叶，这是多大一笔生意啊！而且，我还了解到，我们有一种中国人特别喜欢的东西，别的国家没有！"

"啥东西？"华盛顿追问。

"一种植物草药，在我们内陆地区很常见，在中国被称作'百草之王，众药之首'！"

"是什么？"

"这东西在中国的医学中，据说'能治男女一切虚症'，神医用它治病能'起死人，肉白骨'！"

"到底是什么，你说嘛！"

"在中国内地，这种草药早就被挖光了。据说现在很多中国人跑去他们国家东北的老林子里挖，但那地方说是中国皇帝的老家，所以皇帝不准他们去挖，抓住了是要被杀头的！即便如此，中国人依然对这种草药神魂颠倒！"

"你说不说？"

"人参，华盛顿将军，人参！"一边说着，莫里斯一边从身边的货箱拿出一株奇怪的人形植物给华盛顿看，"这次我们准备了四十多吨人参呢！"

华盛顿明显被这种植物的奇怪样貌吓了一跳，惊问："这东西能吃？"

"没问题！不过一次只能吃一小片，而且据说要身体虚弱的人才能吃，像将军您这样的，就暂时不用了吧。"莫里斯一脸怪笑，接着说道，"多年前，擅长倒腾山货的法国人就把这些东西卖到中国去过，市场反响很好。英国人后来也搅和过。说起来气人，其实我们本来去年就可以直航中国了。去年波士顿商人集资弄了一艘叫哈特莱号的船，满载我们产的人参想要去中国贸易。结果呢，在好望角遇上英国人，那帮家伙吓唬我们说去中国的路多么多么险恶，我们自己人也不争气，居然就被他们给吓回来了，人参也被英国人连哄带骗地换成了他们的廉价茶叶，让他们又去中国发了一笔财。"

"唉，航海这事啊，的确要勇敢的人去做才行。那么，这次船上的人员素质怎么样呢？"

"这次没问题！"莫里斯自信满满，"这次我们的船长是约翰·格林！"

"哦，他呀！"华盛顿认识约翰·格林，称赞道，"当年我手下的海军上尉！找他没错！"

"我们船上共有四十三人，格林船长把他的孩子都带上了。船上有五个月的淡水和一年的干粮，还有十门小炮、四门大炮。还有，这次航行主管商务的是萨缪尔·肖。"

"肖！你把他也带走了？"萨缪尔·肖，时年二十九岁，曾经的大陆军炮兵少校，打仗勇敢，战功卓著，多次受到嘉奖，华盛顿称赞他为"聪明、积极和勇敢的军官"。

"将军，对不住啊。您知道现在我们人才匮乏，显眼的可造之才都在原来的大陆军里，只好先从您曾经的军队里挖了。更不好意思的是，我们打算让肖就留在广州，作为我们美利坚邦联常驻中国的商务代表。您放心，这可不是大材小用，你也知道，一旦和中国的贸易成功，这个商务代表对我们的重要性绝不亚于十三个合众国里的任何一位议会议长！"

"你这个比方打得真是……现如今，我们的邦联乱作一团，议会议长又有什么作用？哎，这么看的话，这对他也算是个好的归宿。"华盛顿心中有些怨怒。独立战争之后，他手下复员的将士们一直难以重新融入社会，大部分也没有得到应有的补偿。华盛顿为此曾多次臭骂邦联议会忘恩负义，邦联议会却觉得他们是无辜的，因为他们根本没有可以约束十三个合众国的权力。

"起航了！"从中国皇后号传来一声水手的洪亮呼号。华盛顿和莫里斯暂停了对话，和大家一起挥手向船上的人致意。

华盛顿看到船上刚刚喊出那一声的人，正是自己的爱将萨缪尔·肖。望着这个正转身向船头走去的年轻背影，华盛顿忽然心生爱怜。他没有儿子，如果有的话，该和肖的年纪差不多吧。

我该不该为这些美利坚的儿子们创造一个更好的未来呢？望着远去的中国皇后号，华盛顿陷入了沉思。

六个月后，在一艘法国商船的带领下，中国皇后号驶入广州黄埔港。这是世界上最古老的国家和最年轻的国家的第一次交会。中国皇后号自豪地鸣响十三声礼炮，代表美利坚邦联的十三个合众国；黄浦港里的其他国家的商船也鸣响礼炮，欢迎这个国际贸易菜鸟加入，只有英国船没有这么做。

前来接待中国皇后号的广州十三行代理商名叫潘启官。当年十三行的人因为是靠着官府发财，名字里都喜欢带个"官"字。潘启官看着船上图案新鲜的旗幡，听了萨缪尔·肖通过翻译简单介绍的美国概况后，凭直观印象给这个新国家带来的一些新概念进行了命名：暂时称美国为"花旗国"，他们带来的人参为"花旗参"。

"花旗国"的商务代表萨缪尔·肖的名字，则被潘启官改作了用粤语念起来读音相近且顺口的"山茂召"。

在潘启官的帮助下，"花旗国"的40吨人参、2600件皮货、1270匹羽纱、861担棉花、476担铅、26担胡椒全部卖完。随后，"山茂召"又在广州采办了红茶2460担、绿茶562担、棉布864匹、量产瓷器962担、丝绸490匹、肉桂21担。

山茂召还跑到广彩瓷器高端私人定制商铺，为家乡的辛辛那提协会定制了一套绘有该协会logo（标识）的瓷器，为华盛顿将军及各位投资人各订购了两匹高端丝绸作为礼物。

插一句，这个辛辛那提协会是一个由退役的大陆军老兵组成的反对派组织，要求改变现行于美国的邦联体制，不然就准备武装起义。

两个月后，山茂召送走了回国的中国皇后号，自己留在广州，准备为新生的祖国打下一片新天地。公元1785年5月11日，乾隆五十年，中国皇后号凯旋至纽约。这次小试牛刀的贸易，净赚了超过百分之二十五，为莫里斯等投资人带回了近四万美元的收益。

尝到甜头的美国人停不下来了。此后，无数扛着花旗的船只浮海东来，他们将很快超越法国等老牌世界贸易国家，成为仅次于英国的世界对华贸易第二大国。

别的国家就不说了，法国，欧陆霸主法兰西，就这么容易被超越了？他们在干什么？

法兰西，一言难尽……

91
起航

92 项链

乾隆五十年，公元1785年1月，巴黎珠宝业巨头博梅尔带着他一生的杰作——一串耗时十五年设计、集资、收集材料、精工细作打造出的钻石项链来到了凡尔赛宫，来谒见他心目中的客户——时年三十岁的美丽法国王后玛丽·安托瓦内特。

她是奥地利皇太后特蕾莎的小女儿，奥地利现任国王约瑟夫的亲妹妹。十五年前，为了巩固与法国的同盟之谊，她受母亲之命来到凡尔赛，嫁给了当时的法国皇太孙。为了留住欧洲大陆上的最后一个朋友，法国王室给了她在维也纳时受到的同等甚至更多的宠爱。

从太子妃升职为王后，玛丽·安托瓦内特没有经过任何残酷的宫斗，她的前半生充满了阳光的呵护，她不需要情商这种东西来维持她的生存和地位，一切都是想怎样就怎样。

作为王后，除了需要适应法国王宫繁缛无边的礼节外，玛丽·安托瓦内特对其他的一切都很满意。而作为女人，她的夫婿法王路易十六那因包皮过长而萎缩的阳具却让她体验不到哪怕一个普通的民间少妇都能体验到的极致欢娱。

这让她感到压抑、抑郁寡欢又难以启齿，这让她开始寻觅满足欲望且支撑精神的方法。晚上，在凡尔赛宫近万只烛火的照耀下，她在幽暗的处所，与阳刚的贵族男宠约会；白天，在特尔维农庄园近万名侍从的簇拥下，她在雅致的处所，与璀璨的金银珠宝厮守。

她买下了她看得上的所有珠宝。法王路易十六也从不阻止，他对妻子有愧，愿意以此作为补偿，不愿意把珠宝账单上的高位数字换算成粮食、军火等别的东西。

因此，博梅尔对这次推销行动信心满满。这世上眼睛都不眨就买下这串价值连城的项链的，除了玛丽·安托瓦内特之外，没有别人。

是啊，好几颗鸽子蛋钻石，还有几十颗蓝宝石结彩、几百颗祖母绿垂饰、数不清的纯银簪金流苏，即使是享尽了维也纳与凡尔赛两座帝都繁华的玛丽·安托瓦内特，也未必见过。

"您知道……博梅尔先生，这个价格……足够买下一艘战舰了！"看到这串项链，法兰西王后的眼神中先后出现了惊诧与迷醉两种状态。博梅尔以为下一种状态一定是狂热，然而，王后却突然冷静下来，咬着嘴唇艰难地说出这样一句话。

战舰？王后怎么会知道世界上还有战舰这种东西？她这种女人，哦，不，我的意思是她这么高贵的、不食人间烟火的天使，怎么会突然关心起战舰这种凡俗人世间的物件来？那不是她的丈夫应该考虑的东西吗？

她从什么时候开始也为自己的丈夫考虑了？

或许是博梅尔这些年过于专注于这串完美珠宝的制造，他似乎并不知道，几年前，王后的哥哥约瑟夫国王到访巴黎，亲自带来名医为妹夫做包皮切割手术，路易国王变身真男人，与王后的关系也和谐起来。这些年，国王夫妇已先后有三个孩子降生。

此刻的王后考虑事情，当然会站在给她带来快乐的那个男人、自己孩子的父亲的角度了。

总之，王后拒绝了博梅尔的价格，博梅尔也拒绝过分打折，生意没谈成，博梅尔悻悻而去。

该死，这女人突然也知道战舰了！

92
项链

这件事很快就在法国的贵族圈子里传开。人们在夸赞王后大义懂事的同时，也注意到了在博梅尔拿走项链时，王后眼中深深的不舍。

风流倜傥的红衣主教、法国天主教领袖罗昂也听说了这件事，把它当作一则普通的趣闻讲给了自己的情妇——一个自称拉莫特伯爵夫人，自名让娜·德瓦卢瓦·圣雷米，自封王后远房表姐的女人。

那年月，欧洲贵族太多，相互间的亲戚关系太复杂，就连声名显赫的红衣主教也理不清楚。他也懒得去理清楚，让娜说自己是谁就是谁吧，爱谁谁，反正没人在意这些真假。

"你不是一直想要修复和王后的关系吗？"一番云雨之后，让娜忽然问。

"嗯？……是这样，怎么啦？"罗昂心不在焉地回答。多年前，他曾经担任法国驻维也纳大使。那时，他并不知道维也纳宫廷里的小公主的前景，大大咧咧地说过不少小公主的坏话。不想，后来那小公主成了法国王后，一直记恨他。

"你说王后其实很喜欢那条项链？"让娜继续追问，要罗昂肯定她的复述。

"当然，那可不是一般的项链，哪个女人见了都会爱死它的！"罗昂遂了让娜的心愿，"好了，别说这些了，我们再来一次！"说着又向让娜身上扑去。

"你起开！"让娜烦躁地掀开罗昂，"让我想想……"

"哎呀！想什么啊！"罗昂又扑过来。但这次，让娜没有给他一丁点他想要的回应，她在想事情。罗昂抽动了一阵子后觉得无趣，便只好起身，罩起他那庄严肃穆的红衣道袍，走了。

罗昂一走，让娜就叫来了她的另一位情人——雷多·德维莱特，一位经常出入凡尔赛宫的贵族。他俩没有上床，而是正儿八经地在桌前商量着什么……

几天后，让娜神秘兮兮地来到红衣主教罗昂家，亲手交给罗昂一封密信。光鲜耀眼的火漆印、巧夺天工的信签、娟秀可人的字迹，这一切都说明这封信来自凡尔赛宫里的某位美丽夫人。

信中人说想要得到博梅尔的那串项链，担心被别人抢先，但是怕别人说三道四，不便自己出手，于是拜托罗昂这位上帝在法兰西的代表，作为中间人，帮她以赊购的方式从博梅尔那里拿到项链，钱以后付给他。

罗昂必须相信这位来信人，因为信的落款是：玛丽·安托瓦内特，法兰西王后。

法兰西王后！

罗昂欣喜若狂，美丽的王后竟然写信请我帮忙！她竟然会主动请我帮忙。上帝啊上帝，您说说，您倒是说说啊，我怎么能拒绝这么美丽的请求？

我不能拒绝！

"主教大人！我表妹拜托您的事情，您答应吗？"一边的让娜看着激动的罗昂半天没有回应，不耐烦地问。

"当然，当然，愿意为王后效劳。"罗昂兴高采烈地回答。

"那好，就这么定了，以后就由我负责您和王后之间的联系！"

"让娜，我的天使，我爱死你了……"罗昂把嘴唇往让娜脸上凑去。

"就这样，等我的信。"让娜轻俏地推开罗昂的嘴，转身走了。

让娜每隔几天就给罗昂带来一封王后的亲笔信。除了项链，王后还在信中和罗昂聊起很多事，关于人生，关于理想……

也关于爱情。

原来，王后暗恋我！难怪她会委托我做中间人呢。我就说嘛，法兰西的土地上怎么会有我罗昂征服不了的女人？我罗昂可是法国的红衣主教啊，上帝在法国的代表就是我，哪有上帝征服不了的女人？就算是王后，又能怎样？

这期间，罗昂在凡尔赛宫见过王后几次。她虽然依然对他不理不睬，但罗昂知道，现在那已经不是出于厌恶，而是出于少妇的矜持。

情场老手罗昂理解王后的难处，他没有咄咄逼人地把一切说开，而是体贴地为王后留下余地。暗恋嘛，本来就是一种怕他知道，又怕他不知道，更怕他假装不知道的复杂情感。

罗昂越发觉得王后俏皮可爱。

几天后，在信中，王后请求罗昂跟她见面！

夜魔的裙下，凡尔赛宫的一个幽暗平台上，王后的脸颊在她那顶俏丽的帽子下若隐若现地出现了。罗昂大脑充血，心潮澎湃……

"我想您知道这意味着什么。"王后说，随即往罗昂的手里塞了一张纸条，便转身离开，留下罗昂一个人望眼欲穿。

"怎么样？"让娜在转角处等待王后，她一来就急切地问。

"放心，那二傻子整个呆了，啥也没看出来。好了，我该回红磨坊上班了，伯爵夫人，请兑现我的酬劳！""王后"说。

"好的，谢谢你咯，你真的很像王后，我亲爱的奥利娃小姐！"让娜给了"王后"一袋子钱，还让她坐自己的马车回红磨坊。

回家的罗昂揣下小鹿乱撞的心，打开了"王后"给他的纸条。"王后"要他尽快拿到那串项链，作为爱情信物交给她。

下午，罗昂兴冲冲地拿回一个精致的盒子，那串绝世项链安然躺在里面。罗昂把它郑重地交到让娜的手上，请她转交给他的梦中情人——玛丽·安托瓦内特，法兰西王后。

罗昂很快又在公开场合见到了王后，他使出浑身解数为王后堆出自以为充满了魅力的笑容。王后却觉得莫名其妙，这个讨厌的东西，这几天为什么老对着自己淫笑？

罗昂知道与王后产生爱情不是一件容易的事，他们要面对太多世俗的白眼和偏见，他应该给王后更多的时间，他也应该为了王后有所担当。因此，博梅尔数次上门讨债，都被罗昂拒之门外。

你们搞什么？这项链是我十多年的心血！你们就想这样白白拿走？

不行！博梅尔怒了，绕开罗昂，直接去凡尔赛宫找王后要钱。

"什么？什么钱？"玛丽·安托瓦内特一头雾水。

博梅尔无奈，拿出罗昂交给他的作为中介信物的"王后亲笔信"。

"这不是我写的！"玛丽·安托瓦内特否认，她拿出许多封自己写的信件给博梅尔看，"您看看，我写信时，落款从来只有我的姓名，不会加上'法兰西王后'这个头衔的！"闻讯赶来的法王路易十六也为妻子作证。

买卖成了诈骗案件……

几个月后，公元1785年8月15日，案件告破。主谋者是罗昂的情妇让娜，同谋者是让娜的情夫德维莱特，他俩伪造王后信件，骗得罗昂昏头昏脑地信任，拐走了珍贵的项链，将其拆分之后弄到英国卖掉了……

让娜被处以鞭刑后关押。但鞭刑并未执行，她还在关押期间跑掉了。法国政府只好抓来她的丈夫为她抵罪，原来这个到处留情的女人也有正牌的丈夫。

德维莱特被流放。

罗昂，虽然在法庭上声称自己也是受害者，还是被罢免了红衣主教的职位，被关进了巴士底狱，后来又被贬到外省。

处罚都不算重，这来自于国王夫妇的原谅。但在民间，大家却不这么认为。

"放屁！那个奥地利荡妇怎么可能原谅这种事？她那点心胸是做不出'谅解'这种高级别的人类行为的。她之所以轻饶这些人，一定是心里有鬼！"

"你看看，这些天主教会里的贵族都是些什么人？男人一提到女人，女人一提到珠宝，就全都傻成这个样子。这样的傻子居然是我们的王后、我们的红衣主教！"

"可不是嘛，从十几年前来到我们法国，玛丽·安托瓦内特就恣意妄为，没做过一件正经事。我们法国命苦，居然纵容这样的人在凡尔赛

92 项链

573

宫内生存，还让她肆意挥霍国家的钱财。你知道吗？别说那些珠宝，就是凡尔赛宫每天晚上点的蜡烛，每支的价格都相当于我们这里最熟练的工匠一星期的薪水。这样的蜡烛，宫里每天晚上要消耗一万支！"

"哪里有什么国家的钱财？那些钱财都是我们的！王室和贵族交税吗？不交！罗昂他们的天主教会交税吗？也不交！国家的钱财，全都是我们上交的！可是我们现在呢，还在饿着肚子！"

"有什么办法呢，人家是国王……"

"嘿！你这话我就不爱听了。国王怎么啦？卢梭先生的书你没读过吗？人人生而平等！国王不也是人吗？"

"就是！哎！听我说，我有个表哥，刚从北美那边帮助他们那个叫啥华盛顿的打仗回来。我哥跟我说，他们北美人跟英国闹分家，就是因为英国国王找他们多收了点税！"

"多收了多少？"

"嗯……印花税、汤森税什么的，加起来每年多交几英镑的税吧。"

"就这么点破事就可以闹革命？那我们法国人交了那么多税，那么多人被逼得家破人亡，岂不是早就有资格把国王抓起来吊死了？"

"别胡说……"

"有啥说不得的？人人生而平等！"

93
平等

　　"人人生而平等。"这句如今已在全世界大多数地区成为名言的话，从十八世纪后期开始在西方世界被广泛接受。

　　这句话，不论是语法，还是意思，似乎都非常简单。那为什么在十八世纪后期之前，没人想出这样的话来？难道古人笨些？

　　然而，人类学家告诉我们，至少在进入文明时代之后，人类这种生物的脑容量就再也没有出现突破性进展。也就是说，在智商上，古人和近代人、现代人大致一样。

　　那么，为什么这个时候才说出这句话来？

　　"人人生而平等"，是的，这是一句话，是语言。语言来自思想，思想规律决定了语言规律，而经济规律，作为人类社会存在与发展的第一要义，决定着思想规律。

　　有怎样的经济，就有怎样的思想，就有怎样的人性。历史规律，说穿了不过是经济发展规律和人性变化规律。

　　当代哲学家邓晓芒先生说过："历史的意义在我看来是基于人性的发展，而不是着眼于帝王将相怎么打江山坐江山，怎么改朝换代。就是说，人性发展到某一个阶段时，它就显露出一个发展的方向。我们评论过去的历史，恰好是为了未来人性的层次的提高……今天我们学历史就是为了把握历史的规律，以便更好地掌握自己的命运。"

别老想着从历史中找些有趣的事情来解乏！要是想猎奇，读些有趣的故事就行了，完全没有必要来读历史。伟大的二十一世纪，单就趣味的多样性而言，远超任何历史。

经济，归根结底是人类劳动产生的；劳动则是人类与自然、与他人、与自我的关系的总和。正是在为了生存与生活的劳动中，原始的人类有了表达思想的需要；想要表达，就要有与旁人一致的表达方式，于是有了语言。这就是对劳动、经济、思想、语言四者关系的简要概括。

作家路遥先生在他的巨著《平凡的世界》中说："如何看待劳动，这是人生最基本的课题。"本书进一步认为，如何看待劳动，如何看待自己所处的社会的经济生活形式，是一个社会最基本的课题。

在古典时代，先哲们给出了为各自的民族所认可的回答。在东方，得到认可的是孔夫子的学说；在西方，被采纳的则是基督的教言。然而，历史的车轮行进到十八世纪，西方世界的经济基础发生了根本性的变化，他们需要重新思考如何看待劳动这个问题。

公元1785年，一座新磨坊在英国伦敦城内的泰晤士河南岸拔地而起。说它是一座新磨坊，不光是因为建筑本身是全新的，更是因为这座磨坊采用了一种全新的能源：来自瓦特公司的蒸汽机代替了人力，为这座磨坊提供能量。

一年前，瓦特的曲轴连杆装置获得了专利，投入生产。这种装置彻底打破了蒸汽机只用于为煤矿抽水的局限性，任何机械只要使用这种曲轴连杆装置与蒸汽机连接，就能获得其巨大的力量而运转起来。

第一个试用这种力量的是伦敦的面粉磨坊主，在瓦特的投资人博尔顿的不断劝说下，他们勇敢地吃了螃蟹。

公元1786年，新磨坊建成后的第一个小麦收获季，蒸汽磨面机开始了运转。三台蒸汽机驱动三十六台磨面机飞旋，每星期磨面216立方米。忙活一个月下来，全英国一年所需的面粉就备齐了。

那些没有蒸汽机的磨坊，一个月也磨不出几立方米的面来。这下子，全英国买面粉的钱，全滚进了阿尔比恩（蒸汽机磨坊主决定用海王波塞冬之子的名字为自己的新磨坊命名）的财务室。

几年后，作为第一家大规模利用蒸汽动力的伦敦工厂、伦敦工业化的第一个伟大象征，这家工厂被因它而失业的磨坊工人们愤怒地烧毁了。

如何看待劳动，这个似乎早已解决了的老话题，如今又成了西方世界需要在发展中思考的全新问题。催动经济发展的动力已经升级，新时代即将来临。

公元1785年，乾隆五十年，八十高龄的福建商人陈世元在受政府委派前往河南传授种植番薯之法的途中逝世。您还记得他吗？前文有他的故事，他从乾隆初年开始就致力于在全国各地推行种植番薯。

乾隆帝闻讯，开恩追赠陈世元国子监学正职衔，这是一个区区正八品的官位。看来乾隆帝根本不清楚陈世元推广番薯对他和他的帝国究竟有多大的价值。迷之自信的乾隆帝似乎把乾隆王朝的一切成就都算成了自己一个人的功劳。

冒贪天功是要遭报应的。乾隆末年，高产农作物种植基本普及，其带来的产量红利也大致告罄，粮食增长速度再次放缓，人地矛盾即将再次爆发。四川、湖北一带的白莲教徒此刻正在密谋起事，即将揭开清朝后期大规模农民战争的序幕。

休管带头闹事的那几个野心家目的何在，大多数人参与这种暴动，原因依然是人多地少，又活不下去了。

古时的国家若能够保持一段较长时间的统一与稳定，农民的数量就会迅速增加；人口增加了，耕地的增加却不那么容易，人多地少的矛盾便产生了。

经济的发展伴随着贫富差距拉大，有钱人开始大量收购农民的土地。土地兼并加速了农民失地的进程。失地农民要么沦为被地主盘剥的佃农甚至农奴，要么被迫离开家乡流浪，他们在努力求生的过程中不可避免地严重冲击了原有的社会秩序。

一旦经济失控，农业中的过剩人口就会大量溢出，形成庞大的失业群体。失业问题在古代同样存在，且由于缺乏解决方案，其后果往往更具灾难性。无助的失业群体会演变成社会的沉重负担，最终从内部将王朝的五脏六腑烧成灰烬。这就是中国历史上上演过无数次的"合久必分，分久必合"的经典桥段。

在内外合力的帮助下，清王朝成功完成了人口闯关，为大清江山延寿百年。然而，该来的还是会来，而且来得更加惨烈。

94
八品

时代

新时代，像个在夜间入室盗窃的小偷，等你一觉醒来，才发觉它很可能已经带走了你曾经引以为荣的一切。

在那个时代，熟睡的国度有很多，不只是中国。有些国家的睡眠，跟中国一样深沉；有些君王的梦乡，跟乾隆帝一样甜蜜。

乾隆五十一年，公元1786年，我们久违的普鲁士国王弗里德里希二世已经七十四岁高龄。在8月17日凌晨沉睡之后，他再也没有醒来。

其实，唯有死神，才真正懂得人人平等。

当时出使普鲁士的法国官员米拉波在日记里写道："一切都是阴暗的，但没有人悲伤；一切都是忙碌的，但没有哀苦。"普鲁士人各有各的事要忙，而且这些事都是国王给安排的，对于统治普鲁士四十六年的君王逝世，大家无暇表示哀悼。活着很累，死了反而轻松，平民百姓如此，国王差不多也是如此。

如果弗里德里希能早死个十年二十年的，也许国民还能为他流下几滴伤感的眼泪，那时的人们真诚地尊奉他为"大帝""开明君主""爱民如子的好国王""战争之神""上帝在人间的化身"。可惜如今时间长了，大家早把这些看透了。

在华丽时髦的外衣下，他依然是个彻头彻尾的自私自利的封建君主。封建，传统社会的代名词。我们再次引用法国历史学家丹尼尔·罗什的总结："传统社会的理想就是在空间上保持静止，在时间上参照过去。"

也就是说，弗里德里希刻意装扮出的一切先进与前卫，依然是想拖住普鲁士跟随时代前进的脚步，让这个国家永远留在君权神授的过往。

彼时的英国，正全情投入于凭借新式的机械工业制造自由贸易的浪潮；新生的美国对此亦步亦趋，小心翼翼地跟随；法国扭扭捏捏，半推半就，国内局势的暗潮涌动已经使它距离新时代的大门不远。普鲁士却对此不闻不问。

弗里德里希时代的普鲁士，农业依然占据着国民经济的绝对支配地位；农民，确切地说是农奴，依然是这片国土上绝大多数人的终身职业；农村依然是中欧平原上最普遍的土地利用样式。

农业作为支配性经济基础存在，是专制君主国家赖以生存的条件之一。在弗里德里希时代，英国式的"圈地运动"也在普鲁士发生过，新兴的资产阶级通过各种手段（包括直接抢夺）来获取土地的所有权，将其挪用到工商业生产中，使原来的农民变成为工商业服务的工人，或者使农民降格为佃农。这样的原始积累，无疑充满了不义，但却是历史前进的必然、走向资本主义时代的必然。

而弗里德里希，这位在战场上毫无畏惧的赌徒型战神，对于民间的这种经济趋势却像老鼠见了猫一样害怕，千方百计阻止英国式的圈地运动在普鲁士扩展。

他严厉禁止国内的容克地主把农民逐出份地，坚决要求保障农民的财产权与继承权，为农民短期减税，提供贷款，鼓励失去土地的农民前往在战争中抢得的国土开垦定居。如果不是遭到了容克地主们的反对，早在七年战争结束时的公元1763年，他就想全面废除普鲁士境内的农奴制了。

他的确是想把所有的农民置于自己的保护之下。在悠长的统治生涯中，他也在很大程度上做到了这一点，将普鲁士的农民由欲做奴隶而不

95

时代

可得的时代，拉进了做稳奴隶的时代。

农民们曾经认为他所做的一切都是爱护自己，曾经感激过他，赞美过他。可当农民们发现整个欧洲都气氛活跃，人们四处游走着，寻找自己真正想做的事去做，越来越多的人有着自由而丰满的生命体验，自己却在"大帝"的保护下，无力接受教育，无权自由选择职业，未经许可不准迁徙往别处，一年到头累死累活也少有闲暇，更别提有参与政治的机会，他们原先的那种感激之情渐渐消散，他们和国王扯平了，谁也不欠谁。

扯平了。国王给了农民基本的生存条件，农民付出成为国王手中工具的代价，两不相欠。

所以，在公元1786年8月17日这天，阴暗，但没人悲伤；忙碌，但没有哀苦。

弗里德里希的工具不只一样，除了农业，工商业也是他的工具。在他的政治遗嘱中，他清楚明白地向继承人交代了工商业之于普鲁士王权的价值：其目的在于对内对外加强国家的权力。

在弗里德里希看来，商业不是为了满足需求与欲望，而是增强国力的直接手段。他的逻辑是彼时在英国已被认为过时的重商主义思想。

为了让外国白花花的银子能流到普鲁士来，弗里德里希鼓励开办各种类别的手工工场，专心制造当时市场上的紧俏商品。例如贵族们热爱的法国式金银制品、丝绸类产品，冒险家们必备的帆布制品，家庭主妇需要的粗印花布，各地启蒙思想家和八卦小说家们印书所需的优质纸张，以及普罗大众喜闻乐见的盐制品和糖制品等。

弗里德里希还试图控制丝绸产业的上游原料端，尝试在本国种植桑树。可惜，普鲁士那穷山恶水，不能让桑树这位来自中国的娇贵客人满意，国王只能作罢。

自然条件不允许，弗里德里希就在人的身上打主意。他大量地剪裁节假日，让手工工场里的工人们尽可能多地释放劳动能量，增加产能。在国王长时间的催逼下，普鲁士总算在欧洲市场上也有那么点儿一席之地了。

普鲁士的工商业产品，不用于解决国内居民的需求与欲望，而是用于出口创汇，为国家增加直接的收入与间接的税收，满足国王对于货币的需求与欲望。

重商主义思想指导下的君王们都梦想变成一头只进不出的饕餮神兽。弗里德里希使出三头六臂的功夫推动商业生产和出口，也同样绞尽脑汁地限制进口，普鲁士建起了巨高无比的关税壁垒。

弗里德里希曾说："我尽可能地禁止……因为只有这样，我的百姓才会自己生产无法从别处获得的东西。"

可要是您的百姓确实生产不出某种东西怎么办？而且按照您弗国王的部署，百姓生产出来的东西不是主要用来出口创汇吗？那么，您的百姓们从哪里得到他们需要的东西呢？

在弗里德里希时代，普鲁士的百姓始终在贫困线上挣扎。重商主义最终为时代所淘汰，根本原因就在于它违背了商业的本质：满足人们的需求与欲望。

可是，时代啊时代，时代是人们峰回路转之后的回望，还在路上的人们，哪里能知道自己所处的是哪个时代？弗里德里希是英明的，但这种英明，是一种属于旧时代的英明。

为了提高本国手工工场的产能，晚年的弗里德里希还打破了自己不进口外国货的政策，松口让部下们从英国的瓦特公司买进一台新颖的蒸汽机。这个竭力留住旧时代的人，却一不小心为普鲁士播下了新时代的种子。

那时的人们并不清楚弗里德里希撒下了什么样的种子，未来是看不见的，她的种子自然也是看不见的。那时的人们只看到，为了争夺货币与土地，弗里德里希时常发动商战军战，搞得国内百姓贫苦不堪，食不果腹。为了解决普鲁士人民的吃饭问题，弗里德里希在全国推广种植土豆，号召国民多吃土豆。

东方的大清王朝也这么做，那里的百姓为此对政府感恩戴德。可普鲁士的老百姓非但不感恩，还给弗里德里希起了个"土豆国王"的绰号。

不管普鲁士看上去多么强大，到弗里德里希离世的那年，普鲁士的大多数国民依旧赤贫。

德国历史学家塞巴斯提安·哈夫纳指出："腓特烈（弗里德里希的另译）遗留下来的普鲁士成为欧洲的一个异数。它是一个小型的强权社会或者半个强权社会，在地图上看起来宛如一把土耳其弯刀或者澳洲原住民的回力镖，像一条蠕虫那般狭长而弯曲，除了边境之外，几乎一无所有……它依旧缺乏坚实的权力基础，甚至不具备赖以生存的根本……普鲁士必须继续向前，否则就只能后退。"

继位的新君依然叫弗里德里希：弗里德里希·威廉二世。不明白那时的德意志人为什么这么喜欢这个名字。为了纪念先王的成就，新君在柏林修建了一座勃兰登堡门。门顶上设计了一座黄铜镀金铸造的胜利女神像，那女神张开双翅，架着四马两轮的战车，手持装饰有铁十字和普鲁士之鹰的权杖，傲视远方。

可您说，这女神都有翅膀了，还驾个马车干啥？都有蒸汽机了，还把重商主义和农业作为经济基础干啥？

胜利女神很美，很多人都想把她带回自己的家。那时，拿破仑还在巴黎读军校；若干年后，他兵临柏林城下，把女神从胜利之门上拆下来，带回了家。

时代，像个矫情的小女人，总是不告诉身边的人自己到底想要什么，却又总是要求人们先知先觉地去满足她，不然，她就撒泼，轻则喷你一脸，重则不理你，抛弃你。

被时代抛弃，后果严重。

时代，你是魔鬼中的天使，所以令我心碎的方式，是让我笑到最后一秒，才发现自己的胸口上插了一把刀子。

修建了勃兰登堡胜利之门，普鲁士新王弗里德里希·威廉二世对先王的祭奠也就到此为止。威廉二世并不像先王一般热衷于哲学与文艺，也没有先王一般叛逆的青春。

他是个无趣的人，是基督教神秘教派玫瑰十字会的会员。这个协会不允许旁人对伟大的上帝东想西想，说三道四。玫瑰十字会会员国王，将为弗里德里希时代五光十色的普鲁士罩上一层浓重的灰暗。

弗里德里希二世是人们常说的欧洲开明专制君主的典型。但是，这也只能成为历史，除非他的臣民们都心甘情愿地在他死去之前就结束生命，死在他的前面，才不会承受盛衰只在一夜间的悲哀。

法国历史学家乔治·勒费弗尔指出："这些匆促完成和极不彻底的改革依旧是脆弱的，因为官吏们只是奉命行事而已。一般百姓对改革采取冷淡的或敌对的态度，一旦创立新制度的名臣元勋去世，新制度就有搁浅的危险。"

外国人说话啰哩啰嗦，中文只用四个字表示：人亡政息。

96 骚动

丹尼尔·谢思，一个明显感觉到自己已被时代抛弃的人，在昨天晚上做了一个噩梦，梦见自己被债主们蒙着眼睛吊在刑架上，能听见恶犬在周围狂吠，能闻到潮腐物体的腥臭。梦里的他，紧绷全身的神经，不知道那条沾着盐水的皮鞭什么时候会落到自己的身上……

当年参加大陆军，和英国人作战时，他怎么也不会想到，为美利坚赢得独立之后，自己的生活会是这个样子。

美利坚独立战争结束之后，大陆军解散，上尉丹尼尔·谢思回到家乡马萨诸塞务农。

原以为赶走英国人之后，美利坚的农村生活就会如同田园牧歌一般轻快浪漫，结果不是这样。

独立后的美利坚是一团散沙，没有了英国的兼管，名义上的邦联议会也没啥能耐，十三个合众国完全成了各地的土豪政治精英胡作非为的"夜店"，他们肆无忌惮地推行各种自以为是的政策，希望尽快收回自己对独立战争的投资。

马萨诸塞是北美土豪政治精英的聚集地之一，马萨诸塞政府也是独立的急先锋，在战争中出力颇多，为此欠下的债务也颇多。曾经义正辞严地声讨英国人乱收税的革命家们，如今自己当家了，才知道柴米贵。"羊毛出在羊身上"，他们在四处筹措无望之下，也只能像曾经的英国殖民当局一样，向民众肆意摊派税收。

像丹尼尔·谢思这样的平民，每年近三分之一的收入被马萨诸塞政府拿走。捉襟见肘的人们只能拖欠税款或者借钱缴税。这时人们发现，急匆匆地从英国脱离出来的确有些操之过急，吵吵嚷嚷着各种空头理想的政治精英们没办多少实事，独立之后，英国资本撤离，偌大一个马萨诸塞居然没有一家银行！

没有银行，就只能去亲朋好友那里借钱，亲朋好友又去找他们的亲朋好友借。在普遍且沉重的税务压力下，债务网络变得如同地毯花纹一般错综复杂，又像倒金字塔般极度不稳定。只要债务网络中的任何一个节点破产，这个金字塔就会立刻倾塌，压死笼罩在它的阴影下的一切众生。

收不上来税款，只收到一堆欠条的马萨诸塞政府还是要还债，不过他们的门路要比老百姓们多，他们还可以直接印刷新的纸币来还钱，没人管得了他们。在马萨诸塞，他们想怎么样就怎么样。

纸币为什么能买东西？因为纸币代表信用，是发行纸币的机构向接受纸币者开具的证明，证明其在该机构的确储存着与纸币面值相符的金银硬通货。滥发纸币，则相当于这种信用消失，纸币也就变得不值钱了。

人们把越来越没用的纸币当作孩子们的剪纸玩具，或者贴在家里宠物的身上取乐。

马萨诸塞滥发纸币致使美元的信用大跌，债主们不再接受用美元纸币抵债，非要欠债者拿金银来兑现。

"屋漏偏逢连夜雨"，独立战争结束后的两年，马萨诸塞连续遭遇农业歉收。丹尼尔·谢思和其他农民一起，向政府请求债务延期，并要求出台法律，强行让债主们接受纸币还款。

然而，手握大量债权的财主们急欲变现，促使政府拒绝了农民们的请愿。矛盾的焦点集中在各地法院，因为没有新的法令给与放宽政策，各地法院只能按照原来的契约，判处没收到期却无力还债者的其他财产，将其变卖后抵债。

马萨诸塞的农民被逼到了墙角。丹尼尔·谢思同样如此，比起别的人，谢思的愤懑还多了层意思：作为一位曾为独立而浴血奋战过的老革命，当初退役时被政府承诺的福利待遇，至今一直没有兑现。

乾隆五十一年，公元1786年8月31日，马萨诸塞的北安普顿县法院又将开庭宣判一件有关债务纠纷的民事案件。结果不言而喻，吃亏的一定是欠债的农民。

人们愤怒了，就像当年对付英国人一样，他们拿起武器，冲到县法院门口，阻止法官进入开庭。

9月5日，同样的戏码发生在不远处的伍斯特，那里的法院也遭到了人们的封锁。风暴很快蔓延，美利坚邦联北部的六个"合众国"在1786年下半年相继发生了类似的事件。新生的美国第一次体验到了"民可覆舟"的感觉。

马萨诸塞"合众国"的"国长"詹姆斯·鲍登害怕了，调集六百民兵进驻波士顿，保卫马萨诸塞最高法院。

既然已经把武器拿起来了，那就不会随意放下。以武力威慑制止法院开庭的人们，推选丹尼尔·谢思做"带头大哥"，与马萨诸塞政府对抗。

为什么推选谢思做"带头大哥"？因为这次拎起枪站出来的人，大多是独立战争时的大陆军老兵，和谢思一样，他们的愤懑要比普通农民还多一层，他们相信丹尼尔·谢思这位曾经勇敢的老兵，能继续带领他们打出一番新天地。

三年前大陆军解散时，乔治·华盛顿就提醒过新的当权者："在苦难的长期煎熬下的人们（指退役的大陆军将士），当确信自己已经完全被忽视，受到忘恩负义及不公正的对待而心怀不满时，如果被阴谋家利用，他们会走多远，值得认真加以考虑！"

马萨诸塞的这帮当权者没有重视华盛顿将军的叮嘱。因为他们的胡作非为，大陆军老兵们重新站出来，要和自己用血肉亲手打出来的政府对着干。

一切都如华盛顿将军的警告所言，只不过幸运的是，丹尼尔·谢思并不是华盛顿将军预言中的阴谋家，他曾是一个普通的合格的军官，现在则是一位善良老实的农民。

愤怒老兵的集结迅速而坚决，政府的反应则拖沓且迟疑，谢思却并没有及时利用这个对自己有利的时间差来扩大影响力。等到公元1787年1月26日，谢思才慢吞吞地带领一千多人前去袭击政府的军火库。与已经完成召集的四千多马萨诸塞政府军交火，谢思一方被击毙四人后撤退。

谢思是个好人，却并非带领老兵们再打出一番新天地的枭雄。老兵们失望地各自散去了，谢思也无奈地逃离马萨诸塞，逃往佛蒙特。政府军轻松进剿，于公元1787年年初彻底驱散了谢思暴动的残部，暂时平息了这场骚乱。

出人意料的是，乾隆五十二年，公元1787年3月，马萨诸塞议会宣布赦免对抗政府的"匪首"谢思。

也就是说，政府最终不得不承认谢思这么做没错。那么，是谁有错？

前一年10月，也就是谢思所部的大陆军老兵与政府对峙时，美利坚邦联会议曾经请求华盛顿出山，想利用他在大陆军老兵中的影响力来平息谢思等人的愤怒。

华盛顿拒绝了。他说："阁下谈及施加影响以平息马萨诸塞目前的骚动，我不知到何处去寻求此种影响。而且，即便能寻到，我不知是否就是医治此种动乱的良方。施加影响不是治国之道。让我们或者采取一种使我们的生命、自由和财产能获得保障的治理方法，或是立即体验一下最坏的治理方法。我对此问题的看法就是这样。"

眼下十三个"合众国"各自为政，对外以邻为壑，对内肆意妄为，其实就是华盛顿眼中最坏的治理方法。既然现在已经体验到了滋味，那么是不是到了换一种方法治理的时候了？

96
骚动

589

老兵的愤怒让美利坚的政治精英们从建立古希腊式小国寡民的共和迷梦中警醒，谢思的迟疑也给了他们亡羊补牢的机会。初生的美利坚的确非常幸运。

谢思暴动开始时的乾隆五十一年，公元1786年9月，五个"合众国"的代表在马里兰的安纳波利斯开会。会上，弗吉尼亚代表詹姆斯·麦迪逊建议召开一次修改《邦联条例》的大会。弗吉尼亚议会随后同意了麦迪逊的建议，并告知邦联议会。

谢思暴动平息时的乾隆五十二年，公元1787年2月，邦联议会同意了召开讨论修改《邦联条例》大会的建议，但没有给弗吉尼亚提供开会经费，因为穷。具体的事情只好由弗吉尼亚人自己去操办。

还会有更多愤怒掀起的暴动，但不会再有善良老实的谢思了。如果这次会议不拿出一个靠谱的解决方案，只是对已经过时的《邦联条例》进行一些无谓的修补，刚刚独立的美利坚必将陷入一场更加全面的内战，各"合众国"会兵戎相见，"合众国"的各阶层居民也会互相拼个你死我活。

乾隆五十二年，公元1787年5月，除罗德岛合众国之外，其余十二个独立合众国的代表陆续抵达费城。

"他们签到的名单，仿佛就是当年革命的光荣榜。"美国历史学家加里·纳什如是说。

的确如此，您看，开国元勋之中，除了约翰·亚当斯、托马斯·杰斐逊因出使外国而未能出席外，乔治·华盛顿、詹姆斯·麦迪逊、本杰明·富兰克林、约翰·迪金森等人代表各自的家乡悉数到场。

除了那些已经为美利坚人所熟悉的老革命之外，还有一些年轻人，例如亚历山大·汉密尔顿，将凭借在这次会议上的表现，同样升格为开国元勋。

这次会议的意义对于美国而言，丝毫不亚于独立战争，甚至有过之而无不及。这次会议的结果，是真正开启了现代美利坚合众国的历史。

97

会议

乾隆五十二年，公元1787年2月22日，在北美人筹备开大会时，在巴黎，一场大会已经开幕。在国王路易十六的授意下，法国财政大臣卡隆召集贵族会议，试图向他们摊派税收，缓解政府的财政压力。

法国老百姓以为法王的政府有钱得很，实际上，由于王室挥霍浪费和不顾一切地倾力援助美国独立战争，政府没钱了。1786年，财政赤字高达近五百万法郎。王室拿不出这么多钱，只能先向拥有免税特权的贵族们伸出手。他们的手中掌握着法国超过一半的财产，却从未正常纳税。

会议上，贵族们嘴上说愿意帮助国王，却要国王满足他们的若干先决条件。他们不愿意再和波旁王室风雨同舟，他们已经明确感受到王室不可挽回的衰朽和底层日益加剧的抵触情绪，这种矛盾迟早会激化爆发，那时候，一切都将是未知数，谁会愿意给一个没有未来的项目投资呢？

波旁王室，现在就是一个没有未来的项目。

也许是为了推卸责任，也许的确是别有用心，贵族们带着险恶的坏笑给国王支了一招：召开三级会议。

三级会议，法国政治史上一个古老的记忆。中世纪时，基督教会作为第一等级，贵族作为第二等级，市民作为第三等级，在法王的召集下共商国是。三级会议不是常设的，由国王不定期召集，主要作用是让国王在征税和征兵方面达致全国一致意见。

三级会议是个潘多拉魔盒，是国王最后的赌注。如果他的威望足够，能够在三个等级中寻找到他想要的帮助，那么三级会议会给他的能力带来极强的加持；否则，一次反对他的三级会议也会成为他的枷锁，让他动弹不得。

能否得到支持，在会议召开之前对于任何一位国王而言都是未知数，答案在于国王对自身能力的判断。对于王权的存续，三级会议无异于一场豪赌，赢了通吃，输了脱光。

随着法国王权在中世纪后期得到加强，波旁王朝不需要再把自己的命运寄望于这种豪赌上。自从公元1614年路易十三召开最后一次三级会议，已经过去了一百七十三年。

但如今，这种事轮到路易十六了，他会何去何从？

98 台湾

公元1786年，乾隆五十一年七月，大清朝的台湾岛上，台湾总兵柴大纪终于对其辖境内无事生非的天地会组织忍无可忍了，开始对其进行大规模搜捕。

诸罗县（今台湾省嘉义县）的天地会成员聚集到林爽文的家中商议对策。

林爽文，时年三十岁，福建漳州人，十七岁就跟着父亲来台湾谋生。林家家业不小，为防止台湾本地高山族骚扰，并避免在不同地域迁台人群之间的斗争中落下风，林家组织了武装人员进行自卫。外加林爽文为人胆壮敢干，杀盗赌抢无一不精，不怕王法且颇具江湖豪气，手段灵活又黑白通吃，林家在台湾很是吃得开。

天地会就喜欢这样的人，老早就拉了林爽文入伙，给过他很多悦耳的名号。

拜武侠小说所赐，天地会这个民间秘密组织的知名度很高，是小说家们将侠义故事嫁接到清代来描写的理想载体。实际上，这个组织口气颇大，却长时间一事无成。在清代初期，天地会还的确为"反清复明"的政治理想奋斗过；到了后来，反清，清却越清，复明，明却不明，早就将早年间的理想抛弃了。只不过清代中期人口暴增，天地会靠吸纳部分社会失业闲散人员入会，在刑事犯罪的边缘为他们谋得生计，这才勉强生存了下来。

康熙年间，清王朝统一台湾之后，广东、福建等地居民大量迁台，天地会也随之在台湾落地生根，尤其是在林爽文这样的福建漳州裔群体之中，得到了很好的发展。

从人多地少的内地被挤压来台的人们，原以为台湾沃野千里，有垦不完的荒。结果来了一看，傻眼了：来这里的人太多了，就算真的有沃野千里也不够用，何况台湾还和东南沿海一样多山少土，山上的老林子里还有悍勇刁悍的"生番"，也就是高山族人守着。

没办法，来都来了，还能回去不成？大多数来台的人选择了留下，就算是用牙齿啃，也要在这里啃出一条生路来。这么想的人多了，就只能靠武力解决问题了。

迁台的人们以本乡籍贯为联系，组成了对内和平、对外斗争的团体。其中势力最大且相互之间仇怨最深的是潮汕人、泉州人、漳州人，这几方为争夺土地而发生的武装械斗，规模不亚于一场小战争。

天地会选择站在漳州人一边，靠着像林爽文这样的漳州土豪在台湾发展。可不管你是哪里的人，只要在中国的土地上，就得听从大清朝的管教；不听招呼，就会招来干涉。

台湾总兵柴大纪的这次清剿行动进行得很顺利，很快就有不少天地会的头目落网，眼下清兵已经包围了彰化县一个叫大里杙的村子，逼迫村民交出躲在村里的林爽文，不然就要放火烧村。

这种事，清兵是干得出来的。村子里有人动摇了，如果林爽文自己不赶快拿个主意，那么很快就会有人背叛他，寻机把他拿下交给清兵。

干脆……反了他娘的！老子也玩了小半辈子了，干脆这次玩个大的，率领漳州人占了这个岛，把那些什么满洲人、泉州人、潮州人统统赶出去，老子自己做这个岛的王！我天地会在台湾也有万把来人，漳州人就更多了。台湾岛上一府三县一厅的绿营兵加起来也不过一千多号人，打完他们就可以收工，隔着海峡，他乾隆帝能把我怎么着？等赶走了满洲人、泉州人、潮州人，这个岛对我们漳州人来说，就真是沃野千里了。

好！就这么着！林爽文心一横，叫来几个亲信弟兄商量对策。

公元1786年，乾隆五十一年十一月二十七日，大里杙村民向清兵喊话，说他们已经捉拿了林爽文及其同伙，请求将其押送到军营中来。清兵同意。

夜间，被安置在军营牢狱中的"林爽文及其同伙"打开牢门，盗取了清军武器，与埋伏在军营外的林爽文及其同伙里应外合，将清军击溃，将彰化知县击毙于乱军之中。

次日，林爽文率众攻陷彰化县城。十二月一日，又攻克淡水厅治所竹堑（今台湾省新竹市）。十二月三日，林爽文自封盟主，改元"顺天"，定都彰化县衙，贴出安民告示说："本盟主为众兄弟所推，今统雄兵猛士，诛杀贪官，以安百姓。贪官已死，百姓各自为业。惟藏留官府者，死无赦！"

了解林爽文的人，对他说的这些话都嗤之以鼻。人人都有资格杀贪官，唯独你林爽文没这个资格，你本来跟他们是一伙的，原先要不是他们护着你林爽文，就凭你犯的那些事，还能活到三十岁？你现在反倒喊起杀贪官来了。

不过，对于那些不认识林爽文的大多数人来说，杀贪官这件事还是很有诱惑力的。反正参与的人这么多，就算以后会秋后算账，也不一定能找出我来，而且还能顺手杀掉几个泉州人或者潮州人。

那就跟着林爽文去杀吧！

这几天，林爽文还抽空回去洗了个澡，换了身衣服，像模像样地在彰化县衙门里办了个类似"登基大典"的仪式。《台湾通史》记载："爽文以玄缎为冠，盘两金龙，结黄缨，自顶垂背，衣衮服，高坐堂上，众呼万岁！"

虽然是天地会成员，可在这"登基大典"上，林爽文似乎并没有想起天地会"反清复明"的政治纲领。

十二月六日，林爽文所部攻陷诸罗县。十二月十三日，凤山县失守。清王朝在台湾的据点一府三县一厅，短短一个月不到的时间，就被打得只剩下了位于如今台南市的台湾府城。

清王朝将全台划分为一府（台南的台湾府）、三县（彰化县、诸罗县、凤山县）、一厅（淡水厅）。

如果林爽文这次攻下了台湾府，这种影响力将使清军陷入空前的危机。幸好，屡战屡败的清军总算在府城上稳住了阵脚，林爽文围攻逾月，也没能攻下台湾府。

风向似乎有变，这下子，林爽文，或者说漳州人的仇家们不再沉默，开始站出来向漳州人寻仇，阻止他们独霸台湾的企图。台中地区的潮汕移民组织起来帮助清军作战，收复了淡水厅。泉州人林凑也率领本乡移民做了同样的事情，帮助清军攻占彰化之后，林凑还大肆屠杀当地的漳州移民。

腹背受敌的林爽文只好放弃攻击台湾府，退守老巢大里杙山中，与清军和潮州、泉州武装打游击。公元1787年，乾隆五十二年正月二十一日，诸罗县城也被清军收复。唯有凤山一地还在双方的反复争夺中。

林爽文事件的影响逐渐扩大，过年之后已经惊动高层。乾隆帝勒令闽浙总督常青立即渡海前往台湾督战。

常青这个倒霉蛋，一到台湾就遇上林爽文突然灵蛇吐信，再次聚集了号称十万的人马前来攻击台湾府城。常青一番苦战之后将其逼退，这些人转而围攻诸罗，双方在此展开了一场旷日持久的攻防大战。林爽文长时间无法攻克，清军也长时间无法解围。

台湾海峡的阻隔让清军的后勤补给十分困难，饿着肚子随同清军在台湾作战的史学家赵翼曾有诗云："孤军力支重围中，草根树皮枯肠充。翩飞鸟雀不敢下，恐背罗取为朝饔。"

连经过诸罗战场的飞鸟都不敢在此停留，害怕被变成饿鬼的清军士兵们捉住吃了。

旷日持久，一个让乾隆帝心惊胆战的词。五十年的经验让乾隆帝心知肚明，自己的军队实际上担当不起任何旷日持久的战争，他必须一次性投入足够的人力物力财力，尽快解决战斗。

不然，就像金川、缅甸……

公元1787年，乾隆五十二年十一月，皇帝调集川湘黔粤各地大军数万，在新锐青年大将福康安的率领下渡海来台，迅速解了诸罗之围。

诸罗城里的人向福康安讲述这大半年的战斗经历。原来诸罗能在林爽文的长时间围困下坚守，靠的不是清军的战斗力高强，而是靠漳州人的仇家泉州人和潮州人的鼎力相助。

乾隆帝听说原来台湾还有这么多老百姓在帮着自己，心情大好，兴奋地将诸罗县改名为"嘉义县"，嘉奖诸罗军民之义。

其实那些泉州人也好，潮州人也罢，并没有那么高的忠义道德修养。不过是因为林爽文想独霸台湾，他们这时候帮着政府，其实只是帮助自己在岛上赢得生存地位。

一定要用"义"字来作为嘉奖，这个"义"字似乎变得有些廉价。或者说，"义"其实本来就是个廉价的概念。

大军压境之下，林爽文这帮乌合之众无力抵抗。一个多月后，公元1788年，乾隆五十三年正月初四，林爽文被福康安活捉，押送北京处死。历时一年有余的台湾之乱终结。

这事有什么好说的？

这并不是一次农民起义，从整个事件的经过和林爽文的个人经历来看，林爽文实际上无义可起，这不过是漳州移民群体与官府和其他移民群体之间的矛盾激化后发生的大规模暴动，矛盾的实质是争夺土地。

台湾，在清代中期曾经作为内地的人口泄洪区，努力地分担着大陆的人口压力，缓解了东南沿海地区尖锐的人地矛盾。而现在，台湾也变得人多地少，发生了这样的争地暴动。这说明，中国的人口渐趋饱和，中国土地的承载力再次逼近极限。

98 台湾

　　人多地少，这个索去了史上无数中原王朝性命的催命符，又开始发作了。

　　这段时间，迫于人口压力，相继有浙江、福建、广东地区的官员旁敲侧击地打探皇帝开放对外贸易的态度是否松动，好让百姓能多出一条谋生之道。乾隆帝却对此置之不理，最后用一首歪诗做了答复："间年外域有人来，宁可求全关不开。人事天时诚极盛，盈虚默念俱增哉。"

99 争吵

乾隆五十二年，公元1787年5月的北美，乔治·里德，一位五十出头的律师，从家乡特拉华出发，紧赶慢赶地于25日抵达费城。

他和另外四人受特拉华合众国议会委派，代表特拉华出席费城的一场会议。会议邀请十三个独立合众国派代表参加，主题是修改现行于北美十三个合众国的《邦联条例》。

里德在签到的花名册上签下名字，顺便看了看名册上的其他姓名。他看到了代表弗吉尼亚的乔治·华盛顿、詹姆斯·麦迪逊、乔治·梅森，看到了代表东道主宾夕法尼亚的罗伯特·莫里斯……

个个如雷贯耳，里德不禁自惭形秽。他没有多大的名气，个子矮小，身材瘦弱，说话中气不足。他和他所代表的特拉华一样，是参会者里最不起眼的一个。

特拉华，一块弹丸之地。早年间，荷兰、瑞典殖民者被日渐成为北美主流的英国人排挤到此定居，特拉华随之与弗吉尼亚分离，成为一块单独的殖民地。宾夕法尼亚、新泽西、马里兰三个较大的合众国牙缝间的那5070平方公里是她的领土，面积只比最小的罗德岛多了一丢丢，在十三个合众国里排倒数第二。可是，人家罗德岛的女人比特拉华的女人争气，为其家乡繁衍出了七万人口，而特拉华的人口只有六万，在十三个独立的合众国中排倒数第一。

当年，特拉华之所以同意与其他十二个殖民地一道签署《独立宣言》，并在独立后以单独合众国的身份加入美利坚邦联，是因为《邦联条例》确定十三个合众国不分大小，一律平等，都在邦联议会中拥有一个席位，拥有一张选票。特拉华这样的小不点儿有了安全感，才有胆量跟弗吉尼亚、马萨诸塞、宾夕法尼亚、纽约这些大块头站到同一个舞台上。

独立后的这些年，特拉华政府还算小心翼翼，暂时没有像马萨诸塞那样胡来，激起谢思起义那样的骚动。但《邦联条例》软弱无能，邦联议会一事无成，各地政府胡作非为，各地百姓无辜受累，这些情况，特拉华也感同身受。这次既然有人提议修改《邦联条例》，那么改一改也好。所以，特拉华议会派乔治·里德来了。

但是……里德从兜里翻出临走时议会交给他的授权书，上面写明了里德的权限，尤其是如果会议上发生了一些事，他必须全力阻止。

其实，不用授权书明说，里德也准备好了那样做。在这个群雄毕集的场合，里德准备好了要全力捍卫家乡的尊严。

远处，乔治·华盛顿将军出现在里德的视线中。里德虽然并不认识他，此前也没有见过他，但里德知道，那人一定是乔治·华盛顿，因为他那一身惹眼的戎装，因为他那在盛名之下依然透露出内向羞怯的眼神。

里德听说过许多关于乔治·华盛顿的传说，此刻，他想起来的是最令人难以置信的一个。据说独立战争胜利后，大陆军尚未解散时，华盛顿麾下的一位上校刘易斯·尼古拉致信华盛顿，说大陆军全军都愿意拥立华盛顿做美国的国王，用武力夺取邦联议会的权力，建立华盛顿国王专制下的独裁军政府。华盛顿竟然一改往常的温文尔雅，措辞严厉地回复刘易斯·尼古拉道："对此，我及其憎恶并严加斥责。使我困惑不解的是，究竟我有哪些举措足以鼓励你向我提出这种要求。"

不论出于真情还是假意，华盛顿都拒绝成为黄袍加身的赵匡胤。在当时的条件下，他完全有能力这么做，但他毕竟没这么做。这至少说明他是一个爱惜自己名誉的人，有这样的人在，相信这次会议能有一个好的结果吧。里德默默安慰自己。

5月25日，有七个合众国的代表到会，达到了会议规定的半数以上，会议正式开始。东道主宾夕法尼亚代表、美利坚邦联财政总监、当时的北美首富、中国皇后号商船的投资人罗伯特·莫里斯致欢迎词，提议由原大陆军总司令乔治·华盛顿将军担任本次会议主席。

和所有人一样，里德毫不迟疑地投票赞成。这是这次会议上唯一一项没有遭遇任何阻碍就全票通过的议题。

华盛顿谦逊地接受了大会的任命，坐上主席的位置。这时，里德才感到有些不安：大会主席是个代表荣誉的清贵职务，一般不怎么参与大会讨论。他如果不吱声，谁来为我们特拉华仗义执言？把他选为一言不发的大会主席，是不是弗吉尼亚、马萨诸塞、宾夕法尼亚这些野心狼们的阴谋？

闹腾的莫里斯继续主持，会议进入了各合众国代表宣读各自的议会授权书的程序。趁着还没轮到自己，里德急切地在参会人群中寻找另一位有可能帮助自己的人：本杰明·富兰克林。这位八十一岁高龄的北美圣贤，一定会在必要的时候帮助我们弱小的特拉华。

找了半天没找着，问问邻座的参会人员。原来富兰克林先生由于身体原因，暂时还不能到会。

阴谋，绝对的阴谋！里德心中断定这场会议是弗吉尼亚、马萨诸塞、宾夕法尼亚这些野心狼们为了瓜分其他小合众国而安排的鸿门宴。

里德瞥了一眼康涅狄格、新泽西、新罕布什尔、南卡罗来纳这些小合众国的代表们，瞥见了他们脸上挂着和自己脸上一样的惊恐。

对了，罗德岛！罗德岛的代表呢？里德又问了问身边的人。那人说罗德岛拒绝参会，没有派代表来。

惨了！特拉华成了最弱小的一个。

幸好，我还有法宝。里德拿出文件夹里的授权书，焦急地等待轮到自己宣读。

其他各个合众国的授权书内容冗长而雷同，让人昏昏欲睡。轮到里德发言时，他那沙哑的嗓音惊醒了全场迷糊的听众，大家都打起精神，聆听这个最不起眼的代表带来的最小的合众国的意见。

像一群狐狸在听一只兔子演讲。

特拉华议会的授权书把丑话说在了前头，明文禁止代表参与改动现行《邦联条例》中关于各合众国地位平等、在邦联议会中表决权一国一票的规定。

特拉华的授权书提醒了与会的所有人，这场会议能不能在喜悦的气氛中胜利结束，还不一定呢。

"呃……现在我们来起草会议规则。大家先选出规则起草委员会，怎么样？"南卡罗来纳（也是一个较小的合众国）的代表查尔斯·平克尼（被称作"小平克尼"）见主持人莫里斯听了特拉华的警告后愣了半响没出声，干脆接过话头，说出会议的下一项议程。

选完这个委员会，第一天的会议就散了。

过了一个周末，5月28日，星期一，会议重启。一位老人的到场得到了包括大会主席华盛顿将军在内的所有与会代表起立致敬，乔治·里德也非常激动。这位老人的到来像是曙光划破黑夜，让里德感到周遭不再一片黑暗。这位老人的智慧如同一面照妖镜，里德相信，不论那些野心狼们如何打扮自己的企图，都能被他的目光洞穿。因此，有他在，那些人就不会太放肆吧。

他就是本杰明·富兰克林。

还有一个年轻的胖代表匆匆赶来，在里德身边落座。他叫冈宁·贝德福德，同样是特拉华代表。

土地面积比特拉华还小，排倒数第一的罗德岛的议会，写给这次会议的一封信也到了。信里说了一堆不着边际的客套话，为自己没派代表参会找借口。最后，罗德岛的信里说："这封信的主要目的，是避免参加会议的姊妹邦对罗德岛的商业利益形成不利印象。"

丢人现眼！里德嘲笑罗德岛。难道不来开会就能阻止大合众国欺负小合众国吗？难道写了这封信来矫情一番，就不会影响自己那点儿小生意了吗？十足的精神胜利法。

5月29日，里德又盼来一位重量级帮手：约翰·迪金森作为特拉华代表到场。与另外四位名不见经传的特拉华代表不同，约翰·迪金森的名声虽不能和华盛顿、富兰克林媲美，也至少和莫里斯、麦迪逊这些人在同一个级别。约翰·迪金森的到来，让特拉华这个小不点儿瞬间拥有了一个大嗓门。

约翰·迪金森，北美革命的早期精神领袖，因为多次发表文章深刻揭露英国统治者的恶行而名声大噪，独立战争前对英王最后通牒的《橄榄枝请愿书》也出自他的手笔。他是个革命派，这一点与其他代表相同。不同的是，他的革命主张是温和的，他曾经极力反对进行独立战争，与英国撕破脸，他主张用和平手段达到目的。

约翰·迪金森落座后，主席团清点人数，参会人员已经达到可以进行正式议程的标准。这时，弗吉尼亚代表、该合众国的行政首脑爱德蒙·伦道夫傲然起立，走上前台，正式揭开大会的主题。

弗吉尼亚，英文名为Virginia，意为处女之地，建立于公元1607年，明朝万历三十五年，乃是北美第一个英属殖民地，如今是北美人口最多的合众国。在北美发展的历史全过程中，弗吉尼亚的地位举足轻重，从北美独立战争开始，十三个参战的殖民地就习惯于大事由弗吉尼亚牵头主持。这次的会议也是弗吉尼亚率先提出，由弗吉尼亚具体操办，宣布会议的第一个议题，当然也该由弗老大的代表来做。

同为弗吉尼亚代表的詹姆斯·麦迪逊津津有味地记录下了伦道夫迈上发言席后的一举一动：

"他首先表示了对《邦联条例》的主要作者们的高度尊重，承认在宪法和邦联制还处于襁褓中时，他们做了爱国者所能做的一切工作。当时，向各邦分摊款项的情况尚无人知晓，邦与邦之间的商业纷争尚未兴

603

起，马萨诸塞的起义尚未发生，偿还外债的事还不紧迫，纸币引起的混乱尚未能预料，对外条约尚未被违反……"

听到这段话，约翰·迪金森心里五味杂陈。他就是正在受到指责的《邦联条例》的主要起草人，这次会议的主题就是要修改汇聚着他的古希腊式共和理想的《邦联条例》。

爱德蒙·伦道夫列举了《邦联条例》体制的诸多弊端：无法率众抵御外部入侵；无法制止联盟内部的相互倾轧和暴乱；无法为各成员国发红包，提供整体福利……

总之，一个国家应有的职能，邦联体制一样都做不到。

说完这一摊，他开始讲述他的解决方案：一整套体系严整的方案，从头到尾彻底另建了一个新的联盟体制，与《邦联条例》几乎没有半点牵连，史称弗吉尼亚方案。

约翰·迪金森心中一惊：弗吉尼亚果然有备而来，伦道夫先声夺人，大家的思路就只能跟着他走了，弗吉尼亚方案对会议结果的影响极有可能是决定性的。迪金森望了一眼那边的弗吉尼亚代表们，看到詹姆斯·麦迪逊摇头摆尾、得意洋洋的样子，想到这家伙才华出众、智慧超群，弗吉尼亚方案很可能是他的手笔。

的确，弗吉尼亚方案主要是麦迪逊写出来的。那么，这方案具体说了些什么呢？

说要建立全国议会，这个议会应该像英国一样，由两院组成。至于议席的分配方法，伦道夫建议第一院根据各合众国的人口分配，第二院由各合众国提名，再由第一院选举。

别的有关建立行政、司法体系的建议暂且不说，单这一点，特拉华代表就不能接受。如果弗吉尼亚方案轻松通过，那么不论两院议席如何分配，人少地小的特拉华都不可能拥有与其他合众国平等的投票权。如果议会按照人口分配席位，特拉华只能得到九十九分之一的份额，而弗吉尼亚和马萨诸塞相加能得到三分之一份额。

伦道夫念完他那冗长的弗吉尼亚方案后，还语重心长地劝告大家："切勿失去当前奠定联邦和平、和谐、幸福、公民权利的大好时机，坐失良机而无所作为。"

以弗老大的江湖地位，伦道夫心想大家听完方案后的反应该是大声呼喊"头领大哥说得对呀"，然后就杀鸡放血，喝酒盟誓，大会胜利结束。

结果，除了弗吉尼亚、马萨诸塞、宾夕法尼亚这些大型合众国的几个代表给了伦道夫一些稀稀拉拉的掌声外，没别的动静。

看着伦道夫那副道貌岸然的样子——至少在迪金森的眼中，那副样子确实是道貌岸然的——特拉华的代表们莫名其妙地想起了《圣经》，想起那里面的人类始祖：偷吃禁果的夏娃。夏娃嘴馋的原因明明是看到果子"好作食物，也悦人的眼目，且是可喜爱的"，是出于欲望冲动，却偏偏要加上个"能使人有智慧"的高尚旗号。可是，通读《圣经》，迪金森也没看出夏娃到底哪里有智慧，吃禁果之前没有，吃之后也没有，觉得那果子好吃好看，才是真的。

人啊，干什么龌龊事都要扯出一面漂亮的旗。虚伪，是人类甩不脱的原罪与本性。可是，弗吉尼亚不仅虚伪，而且强势，特拉华能把它怎么样？

第二天的会议开始讨论弗吉尼亚方案。伦道夫简化了弗吉尼亚方案的第一部分，作为讨论内容拿到会上，希望大家当天就对其进行表决。

伦道夫将其分为三条：第一，各合众国仅采用联邦方式结成一个联盟，无法实现邦联条款提出的目的。第二，单独享有主权的合众国通过条约结盟，是不够的。所以，第三，应该建立由最高立法、行政和司法部门组成的全国政府。

伦道夫！你的第三条里的"最高"和"全国"是什么意思？

南卡罗来纳代表查尔斯·平克尼集聚所有人的质疑，提炼出一句话来质问伦道夫："是否要废除各合众国各自的政府？"

从殖民时代开始，各殖民地就相互独立，各自都有相互隔断且平等的治理机构；独立后也是这样。废除各合众国政府，可是一件冒天下之大不韪的事。

伦道夫心中郁闷，反问道："我哪句话里有这个意思？"

平克尼进逼："你整段话都是这个意思！"

"我没这个意思！"

"那你是什么意思？"

"我……我，我没意思，我这个……我这个方案只是个一般性的意见，我只是抛砖引玉，希望引出更好更具体的主张，没别的意思。"伦道夫坐下了，表示退却。

平克尼也坐下，给迪金森递去了一个眼神。迪金森悄悄地竖起大拇指给他点了个赞。接下来，同为南卡罗来纳代表，也姓平克尼的查尔斯·科茨沃斯·平克尼（被称作"老平克尼"，与小平克尼并无亲戚关系）开炮了："邦联的协议、各邦的授权书，是否允许我们避开现行的《邦联条例》，另立不同的体制？"

这一炮比小平克尼的威力更大，直接质问会议主题的合法性！这也的确是个问题，通知大家来开会的事由是修改《邦联条例》，伦道夫的这个方案看起来倒像是要废除《邦联条例》。

说是要修补，怎么成了拆迁？

眼看小合众国的吵闹声占了上风，大合众国坐不住了，纷纷发言支持伦道夫。最后，康涅狄格代表罗杰·谢尔曼当了和事佬，发言说《邦联条例》确实该改，该大改，但是不能强加于人。

伦道夫的提议因此才勉强获得通过。会议的主题明确为：建立一个由最高立法、司法、行政机构组成的全国政府。

按照西方的政治思维，先从立法部门建起。第一个问题是议会议员席位的分配。既然伦道夫的方案里有个现成的建议，那么大家就先讨论他的：按照各合众国的人口分配席位。

会场又炸锅了！有人说这样不公平，应该按照对全国政府的财政贡献来分配；有人说应该按照各合众国的面积分配。吵来吵去，大家只达成了一个共识：反正不能按照现行的一国一席的方法来，一定要改。

里德生气了。不管是比钱，还是比人、比土地，我们特拉华总是要吃大亏的。你们是铁了心要欺负我们特拉华是吧？里德再次发言，要求推迟讨论关于立法机构的问题，并提醒大会，如果非要更改一国一席的平等方法，特拉华代表就回家，不玩了。

会场又安静了。很多人抱怨特拉华代表浑身长刺，油盐不进，但也没办法，不能让特拉华开了中途退会这个先例，不然以后其他代表也说着说着就走了，这会还怎么开？大家向特拉华让步，同意把这个问题推迟到第二天讨论。

推迟就推迟，看你特拉华能怎么样。

第二天，会议继续讨论弗吉尼亚方案。全国议会由两院组成，第一院的议员由各邦民众选举产生的建议得到通过。特拉华代表也不得不投了赞成票，他们已经认识到，邦联议会原来的一国一票的一院制模式必然会被修改，特拉华不如放弃这个阵地，让这个议题顺利通过，给大家做个顺水人情，然后，在转入下一个阵地时，再进行阻击。

弗吉尼亚方案接下来的内容是，第二院的议员人选由各邦议会提名，由第一院选举产生。也就是说，第二院会继承与扩展在第一院的选举中胜利者的优势；在第一院的选举中失败者的劣势，也会在第二院扩大加深。

迪金森与里德等特拉华代表憋足了劲要在这一条上发难。没想到，这一条蕴含的阴险唤起了许多人的警惕，根本不用特拉华人多说。在表决时，除了弗吉尼亚和马萨诸塞两个自大的合众国的代表和稀里糊涂或别有用心的南卡罗来纳代表表示赞成外，其余九个合众国的代表全部反对。

伦道夫的弗吉尼亚方案终于有一处被否决掉了，这座小合众国代表心目中的黑暗城堡终于被打开了一个缺口。

先例既开，来日方长。特拉华的代表们相互玩了个give me five（击掌），嘿嘿，弗吉尼亚的野心家们，放马过来吧！

100
联邦

　　乾隆五十二年，公元1787年6月1日，费城会议开始讨论弗吉尼亚方案中有关行政权力的部分。

　　约翰·迪金森对这个议题兴趣不大，新国家的第一位全国行政官毫无疑问不会是特拉华人，所以没什么可期待的，毫无疑问会是好人乔治·华盛顿，所以也没什么可担心的。对于特拉华来说，最要紧的依然是把议会的事说清楚，议会才是唯一能为特拉华在未来的国家里争取话语权的地方。因此，他找了个合适的机会杀出来，用新瓶装旧酒的招数，试图把会议主题从全国行政官的设计拉回到特拉华最关心的议会安排上来。

　　迪金森说应该在行政官的相关规定里加上一句："若多数邦议会要求，全国议会得罢免行政官。"以此来保证各邦议会对全国行政官的制约。迪金森还借机强调，这个国家若要幸福，就要求把可观的权力保留在各邦政府手中。

　　又扯回议会了，詹姆斯·麦迪逊听见这话烦得很，反驳说："如果像迪金森说的那样做，各邦议会为了反对某位行政官，故意结成多数来干扰行政官的正常工作，怎么办？行政官为了防止出现这样的事情，故意讨好各邦议会，玩弄手段拉帮结派，又怎么办？"

　　迪金森回应道："只符合有些人理想的行政官与共和精神背道而

驰，强有力的行政官只能存在于君主国。我们既然不要君主制，就该另寻方法。那就要有一个新的稳定根基：构想中的新合众国应该保持原来的划分，依然分为各自独立的小合众国，各合众国拥有能够与全国政府相制衡的足够权力。"

他强调，这是设想中的新国家长治久安的基石！

什么基石，这只是你们特拉华不被吞并的基石，与我们何干？其他代表都悄悄地对迪金森的建议嗤之以鼻。关于由多数邦议会罢免全国行政官的建议，除特拉华代表外，其余代表全部反对。

这倒也在迪金森的预料之中，只要把大家的注意力拉回议会建设就行，这个建议通不通过倒无所谓。

果然，迪金森的话搅得大家对后面的讨论意兴阑珊，草草把弗吉尼亚方案中有关行政和司法的内容过了一遍。6月6日，南卡罗来纳的小平克尼提议再议全国议会的选举方式，得到大家赞成。

麦迪逊垂头丧气，这等于他那已经被艰辛地讨论了这么多天的弗吉尼亚方案又要回到原点，一切煎熬都要再来一遍。

小平克尼提议全国议会第一院采取间接选举方法，由各邦议会推选议员，不应如弗吉尼亚方案所言，由民众直接选举。小平克尼的理由是在选举议员这样的事情上，人民的判断力要差些。

这理由纯属鬼话。首先，由民众直接选举这种做法，本来就与选民的判断力关系不大。对于政客而言，选民不过是用来与对手比大小的抽象数字，政客们并不需要关心某个具体选民的判断力如何。这一点大家都懂的。小平克尼建议由各邦议会推选全国议会议员，其实只是想要通过对全国议会产生影响，来保持各邦议会存在的必要。

康涅狄格代表罗杰·谢尔曼心领神会，把小平克尼的话继续挑明："如果想要废止各邦政府，就应该由人民选举；如果想要各邦政府继续下去，就必须维系全国政府与各邦政府之间的和谐，让各邦政府选举全国政府。人民选举各邦议会，就足以保障他们对全国政府的参与……把

100 联邦

总体政府的立法权和行政权都限定在一个范围内。"

詹姆斯·麦迪逊表态说："两院议会，至少应该有一个由人民直接选举。谢尔曼先生说的那些事当然重要，也很必要，但是不应该因此阻止设想中的全国政府的权力延伸到它应该触及的地方。"

别忘了，我们来这里开会的目的，就是抛弃现行的松松垮垮的《邦联条例》带给我们的麻烦。

麦迪逊特别提醒小平克尼、迪金森等人，不要动不动就摆出一副"我弱我有理"的架势，纠集多数的同情来要挟少数："一旦多数人在某个地方由一种共同情绪联合起来，有机会得逞，少数人的权利就会失去保障。"

嘻，你们弗吉尼亚还以少数人自居了？嘿嘿，这就是民主的力量。

迪金森接着麦迪逊的话头说下去："既然你说两院议会的其中一院要由人民选举，那好，那另一院就必须由各邦议会推选。这样就可以有一个强大的全国政府，也能够保留各邦的合适地位。"

一番喧哗过后，6月7日，会议通过决议：全国议会第一院为众议院，由人民直接选举产生；第二院为参议院，由各合众国选举产生。

弗吉尼亚方案的每句话对于小邦代表来说都有可能是鬼门关。紧接着的下一句话是："全国议会有权否定他们认为违背联邦条款和对外条约的各邦议会立法。"

这话该怎么看待？

"既然是全国议会，似乎当然应该有这种权力。"约翰·迪金森心想，"且如果明确说明这项权力属于全国议会的参议院，那么届时我们特拉华就也能分享这项权力，这也许不是坏事。

"当然，如果这项权力最后落不到参议院的头上，或者特拉华在参议院中地位不足，那么这项权力对于特拉华不仅没有意义，反而会有危害。"

迪金森反复掂量时，詹姆斯·麦迪逊正在慷慨陈词，劝说所有人认可这句话，且建议把全国议会的否决权升级到可以针对所有情况。听着麦迪逊激情澎湃的演说，迪金森一时也分不清麦迪逊到底是真的苦口婆心呢，还是别有用心，抑或兼而有之。

轮到迪金森发言了，他还是没想好该怎么说，就说了些模棱两可的话勉强应付。没想到，特拉华代表团里从来没发过言的冈宁·贝德福德对迪金森的迟疑非常不满，突然站出来，代替迪金森代表特拉华表达意见。

他反对全国议会拥有这样的权力，而且他从根本上质疑弗吉尼亚方案的一切，他不认为赢得了参议院的一丁点地盘，就足以让特拉华放弃对大邦野心的高度警觉。

贝德福德怒气冲冲地指出，这种否定权会给各个合众国带来极大的危险，尤其是自己那卑微的母邦。别人只要愿意，想把特拉华怎么样，就能怎么样……宾夕法尼亚和弗吉尼亚通过它们的代表，似乎希望提出一种体制，它们在这种体制中有巨大的、妖怪般的影响力。

这差不多就是指名道姓的指责了。弗吉尼亚代表詹姆斯·麦迪逊夹枪带棒地恐吓贝德福德："如果联邦瓦解，会给小邦带来怎样的后果?!"

要么进屋接受这种妖怪般的体制，要么独自一人去外面淋雨，特拉华有没有别的选择？美利坚有没有别的选择？

6月15日，发言不多的新泽西代表威廉·佩特森突然拿出一份新的宪法讨论方案，说这个方案是他们新泽西和特拉华、纽约、康涅狄格这几个中小合众国的代表团一起合计出来的。

这个方案与弗吉尼亚方案截然相反，作为中小合众国的主张，它的主旨是在保障各邦独立自主的基础上，建立一个不具备强制力的全国政府。

这天散会后，迪金森特意绕过人群，挤到麦迪逊面前，充满挑衅意味地说："你现在看到逼人太甚的后果了吗？"

接下来两天的会议情形，完全是前几天会议的浓缩重演，只不过大邦小邦互换角色，小邦总投赞成票，大邦总投反对票。除了多累积了一些火药味之外，会议毫无建树。

⑩
联邦

6月18日，年轻的纽约代表亚历山大·汉密尔顿突然射出一道霹雳，极大地撼动了会议的僵局：这家伙居然自己一个人拟了一份完整的方案，提交大会审议。他在会上一个人进行了长达五小时的演讲，整整一天的会，都是汉密尔顿的独角戏。

汉密尔顿的长篇大论不是含糊不清的絮叨，他的演讲条理清晰、逻辑严密。选取其部分原话，就可以概括其大意：

"……我们对我们的国家负有义务，在此危急存亡之际，我们应该尽我们的能力，促进这个国家的幸福。……为了我们国家的幸福，我们应该制定一些怎样的条款？……只有把全部主权集中到一个总体政府……总体权力不论采取何种形式，要想维持下去，必须吞并各邦权力。否则，它就会被各邦瓜分。把必要的权力授予像邦联议会这样的机构，违背建立好政府的所有原则。在同一疆域内，不可并存两个主权……"

这是建立高度集权式中央政府的宣言，各合众国的独立地位在汉密尔顿的设想中全部被取消，降格为中央政府的下属机构，中央政府独享遍行全国的立法、行政、司法权，地方政府不准抱怨嚷闹，只有俯首听命的份儿。

汉密尔顿的演说令会议全场愕然。麦迪逊——汉密尔顿那时候的好基友，差点儿蹦起来为他鼓掌！自己的弗吉尼亚方案压根没有吞并各邦权力的话，都被骂成了妖怪，这小子敢说，还说得更加露骨。

更露骨的还在后面呢。五个小时的演说结束后，汉密尔顿朗读了他起草的十一条建国方案。在他的方案中，全国行政官无任期限制，"行为良好继续任职"，就是说只要不犯错误，可以一直当全国行政官当到死，有权否定一切尚未通过的立法，执行一切已经通过的立法，有权指挥战争，有权缔结一切条约，独享任命外交、财政和军事主官的权力，有权提名所有其他官员。另外，各邦所有法律，如果与宪法或联邦法律抵触，立即无条件作废。

这样的全国行政官跟皇帝也差不多了，至少跟欧洲大陆上的皇帝差不多。

念完了，汉密尔顿抬头看了看大家的反应。果然如他所料，麦迪逊等大邦的代表为他的发言欢欣鼓舞，迪金森等小邦的代表则垂头丧气，无言以对。

汉密尔顿鬼马地吐了下舌头，收起锋芒跟大家一起散会了。

鲁迅先生曾经说过"开窗户理论"："中国人的性情是总喜欢调和、折中的。譬如你说，这屋子太暗，须在这里开一个窗，大家一定不允许的。但如果你主张拆掉屋顶，他们就会来调和，愿意开窗了。没有更激烈的主张，他们总连平和的改革也不肯行。"

美国人其实也是这副德行。会议陷入僵局，就是因为弗吉尼亚方案和新泽西方案如哼哈二将般一左一右地对峙着，没有一个更激烈的主张来供代表们调和。好吧，既然没有，我就来补上，弄出一个比弗吉尼亚方案更左的方案来。

这样，弗吉尼亚方案是不是就看起来和蔼可亲多了，新泽西的同胞们？

6月19日，詹姆斯·麦迪逊又补上了一刀："你们新泽西不是说旧的邦联制度很好，提出的方案是想修补旧制度吗？这说明你们新泽西很热爱现在的邦联议会咯？但是，恰恰是你们新泽西，以立法的方式拒绝了邦联议会摊派费用的决议！"

这就是你们爱的方式吗？

麦迪逊再次拷问包括新泽西、特拉华等刺头在内的所有小合众国的代表："如果顽固地坚持一个通不过的方案（指佩特森提出的新泽西方案），又不允许通过其他方案，结果将会如何？！"

会议表决，通过了重新讨论弗吉尼亚方案的决议，新泽西、纽约、特拉华三个合众国的反对无效。

至此，与会代表终于明白，汉密尔顿的那种绝对单一制的建国方案自然不现实，佩特森对现行的松散制度修补之后的方案也是不可能的，弗吉尼亚方案体现了在建立统一政府的同时保留各邦权力的建国思维，已是势所必然。

美利坚的探索即将为世界政治贡献出一种新的国家结构——联邦制：由诸多独立自主的小国联合起来，建立一个对所有成员都有约束力、执行力的超越性政府，组成一个大国。

6月20日，康涅狄格代表奥利弗·艾尔斯沃斯提出的将方案中"全国政府"改为"合众国政府"的建议获得全票通过，联邦制的建国理念由此确立。

当然，理念确立不代表一切就一帆风顺了，顽固的人依旧顽固，挣扎的人依旧挣扎。麦迪逊们为了落实联邦理念，还得每天说得口干舌燥。况且，对于全国议会议员席位分配的再次讨论，大邦小邦的争斗还没有结束，新的问题又冒头了。

6月29日的会议上，舌头都磨起泡的麦迪逊仍在恳求小合众国的先生们接受联邦原则。汉密尔顿看他那样子实在可怜，又起身发言，果断地揭开另一个开会以来大家都默契地避而不谈的敏感话题：真正值得考虑的利益区别，是蓄奴的邦与不蓄奴的邦之间的利益冲突！

向来联合一致的两个大邦弗吉尼亚和马萨诸塞的代表们，闻言警惕地对视了一眼，才发觉彼此的不同：一个是蓄养黑奴的南方邦，一个是高喊自由的北方邦。

马萨诸塞代表向特拉华代表望过去，在这个问题上，他们会是盟友；弗吉尼亚人则望向南卡罗来纳，这一大一小两个合众国也将为了保卫奴隶制度而结盟。那么，我们是否应该给他们做一些让步呢……

汉密尔顿又成功地把水搅浑了。

经过一个周末及独立日的一天假期，再混过有节后综合征的一天，7月6日，会议恢复节奏。马萨诸塞代表艾尔布里奇·格里一改往日的傲慢寡言，学着麦迪逊的样子，绵里藏针地积极劝告大家接受联邦制："我们既不是同一个国家，又不是不同的国家。如果达不成折中，后果会如何……如果我们自己不能达成某种协议，某些国家的剑与火多半会来代替我们的工作！"

那好吧，那么大家就端正态度好好谈吧，还是从议会议席的分配谈起，既然众议院议席要以各合众国的人口比例为基准，那么，我们可以这样……

南卡罗来纳代表小平克尼想出了一个鬼点子，在7月7日的会议上，他提出计算人口时把黑人也算进去，就算不能与白人等同，也至少该按照比例，如一个黑人相当于五分之三个白人，算进各邦的总人口里去。

远处的特拉华代表迪金森、里德等人狠狠地白了小平克尼一眼：这家伙真是个叛徒，一有机会，他就想钻进大邦们的队伍，背叛小邦的坚守。即便没有机会，也要制造机会背叛；没有好的机会，就制造不要脸的机会背叛。

算了吧，特拉华，你们只是没有背叛的能力，一丁点都没有。不然，背叛这种事，你们才不会比南卡罗来纳做得慢呢。况且，南卡罗来纳作为黑人比例最高的邦，看到这种烂牌变好牌的机会，怎么不能合理地利用规则去争取呢？

小平克尼也远远地白了迪金森一眼。

围绕黑人计入总人口数的问题，会议连续争论了好几天。这期间，各合众国之间的联合关系发生了变化，够不够大不再是唯一的入伙条件，蓄不蓄奴成了新的投名状。特拉华、新泽西与他们原来反感的马萨诸塞、宾夕法尼亚站成一队，弗吉尼亚与南卡罗来纳等议席分配中的对手列成一排。

7月12日，会议表决，同意蓄奴州按照五分之三的比例，将黑人算进总人口，进入众议院的议席分配计算，条件是给蓄奴州多摊派同等份额的税收。

也别责怪政客们利用黑人谋利，白人不也是政客们手上的牌吗？没人关心人民的具体需求，只不过把他们凑成抽象的数字去兑换权力。相比黑人，白人民众在这场交易中的优越性在于他们的兑换率是一比一的，而黑人只有一比五分之三的兑换率。

会议没有谈及废除奴隶制，这种触及利益的问题比触及灵魂的问题还要难解得多。万一为了掰扯这事而把整个会议扯垮了，那可不值得，所以干脆现在就不解了，留到以后再说吧。

经过黑奴问题这么一搅和，会议的攻守同盟不再单纯牢固，大家发现彼此之间的联系与冲突是如此多样与复杂。

7月16日，会议通过一项重大妥协方案：全国议会中的众议院按照人口分配议席，弗吉尼亚等大合众国将在众议院占据优势；参议院则按照平等原则，在包括没有派代表参会的罗德岛在内的十三个合众国里平均分配议席，特拉华等小合众国将在参议院保留稳固的话语权。

没人对这样的妥协结果完全满意，迪金森不满意，麦迪逊更不可能满意，伦道夫甚至宣布不在会议决议上签字，因为现在的结果和最初的弗吉尼亚方案相比已面目全非。

但不妥协，就什么都谈不成，谈不成就得打，若是真的打起来了，谁能保证一定会赢呢？

承载着所有代表累积的不悦和残存的希望，费城制宪会议终于绕过了最艰险的暗礁，蹒跚而又坚定地向着一个全新的国家前进。

乾隆五十二年，公元1787年9月17日，制宪会议完成了它的历史使命，三十九位与会代表在会议通过的宪法草案上签名，有三位代表拒绝签名，其中包括最早提出弗吉尼亚方案的爱德蒙·伦道夫。

没有任何一个人对宪法草案完全满意，通过复杂的妥协，他们各有所得，然而也各有所失。乔治·华盛顿第一个在草案上签名，他当时的想法是："我本希望宪法能更完美些，但我由衷地相信这是目前我们能够制定的最好的。"

散会之后，本杰明·富兰克林走出阴暗狭小的会议室，遇到一位老妇人问他："富兰克林先生，你们为我们建立了一个共和国，还是君主国？"

富兰克林回答："一个共和国……"沉默良久，他又意味深长地添上一句，"……如果你们可以保护她的话。"

如果能拥有你们的保护，她会是一个共和国，一个如你所愿的共和国。如若不然，富兰克林也不敢多想。

这次会议的结果离他的期待差得很远，离所有人的理想都差得很远，每个人的主张都不得不做出妥协，每个人的期待都在与他人的期待的冲突中打了折扣。

当然，无限制的妥协也会让这次会议成为一摊烂泥。易中天教授在研究这段历史时指出，有四条原则，这次会议的代表们毫不妥协地坚持到底了。这四条原则是：第一，制宪会议不能一事无成；第二，国家不能分裂，必须联合统一；第三，联合统一不能通过战争，只能通过谈判；第四，虽然为了国家的统一，必须建立一个"全国最高政府"，但决不能因此而侵犯和剥夺公民的基本权利。

那一天，美利坚合众国宪法草案通过，各邦代表三十九人在草案上签字表示同意，伦道夫、格里、梅森三人拒绝签字。然后，各邦代表将草案带回各邦议会，等待议会批准通过之后正式实施。

出人意料的是，特拉华第一个批准了宪法草案，成为美利坚合众国旗下一州，人称"美国第一州"。

可富兰克林的那句话是什么意思？这个新生的共和国——美利坚合众国，似乎还需要民众的保护，可民众、没钱没权的民众，能拿什么保护她呢？

不论如何，这个当时世界上最年轻的国家，在那个有国家就必有君王的时代，勇敢地成了世界上第一个拥有完整制度的民主国家。

⑩联邦

101
接力

乾隆五十三年，公元1788年年初某日，法国巴黎，在美利坚合众国驻法国大使馆内，驻法大使托马斯·杰斐逊正在迎接他的客人：年轻的法军将领、拉法耶特侯爵吉尔伯特·德·莫蒂勒。

"嘿！老兄，听说你们国家的宪法通过了？写的什么内容？华盛顿是不是做了你们的国王？"三十出头的拉法耶特看上去和杰斐逊的关系并不陌生，一上来就直截了当地问他自己最关心的事情。

"老战友，您的消息真快，我也是前天才收到的报告，这两天一直在认真阅读宪法草案的原文。对了，这部宪法还没有完全通过呢，草案得交给每个合众国的议会，由他们独自讨论是否批准，眼下还只有特拉华、宾夕法尼亚、新泽西、佐治亚和康涅狄格五个合众国的议会通过，还差八个。"杰斐逊回答的口气略显失望。

"哟，怎么这几个小合众国这么积极，您的家乡弗吉尼亚呢？还有马萨诸塞这些大合众国，怎么反而落后了？"拉法耶特似乎对北美的政治局势相当了解，因此对于杰斐逊说的情况，觉得有些奇怪。

"喏，这是宪法原文，您看看吧……"杰斐逊递给拉法耶特一份文件。

"'我们联邦人民，为建立一个更加完美的联盟、树立正义、保障内部安宁、建立共同防御、促进普遍福利、保证我们自己和子孙后代的自由和幸福，特此为美利坚联邦设立和奠定这部宪法……'嗯，写得不错，文笔还行。"拉法耶特念着杰斐逊递给他的文件，"'第一条，第一款，本宪法所授予的所有立法权，属于联邦议会，由参议院和众议院组成……第三款，联邦参议院由每邦二名参议员组成。'嗯？这么说在参议院里，你们偌大的弗吉尼亚的席位，居然和区区特拉华的席位一样多？"

"是的，可能这就是特拉华率先通过宪法，而弗吉尼亚却还未通过的原因吧。"杰斐逊解释，他对此也耿耿于怀。

"好吧，我明白了，这个宪法是相互妥协让步的产物，我再看看……'第二条，第一款，一、行政权属于美利坚联邦的总统，总统任期四年。'呃，你们不要华盛顿做国王啊？"

"我们几时说过要华盛顿将军做国王？"

"当年我在北美帮你们打仗的时候，我感觉大陆军将士们似乎都是这个意思呢。"拉法耶特曾经带领法国军队横跨大西洋援助美国独立战争，参加过很多大战役，与华盛顿等美国建国者私交甚好，十分了解美国当年的局势，回国后被誉为"两个世界的英雄"。

"所以，我们在战争结束后就立马解散了大陆军。虽然华盛顿将军确实是个好人，我们也必须留一手。"杰斐逊说。

"你们这搞的叫什么事呢？当年你们搞出邦联体制时，我就说过那玩意儿不行，哪有一个国家没有国王的？没有国王，怎么治国？我觉得你们现在面临的所有问题，只要弄个国王出来就能全部解决。我还以为你们这次制宪就是要弄个国王呢，结果还是没有。那么，你们设立的这个总统，我估计只是名字不一样，其实还跟国王一个意思，国家哪能没有国王。而且，这个总统肯定还是只能华盛顿将军来做。"拉法耶特觉得美利坚新创立的联邦体制匪夷所思。

"侯爵，您好好看看我们的宪法，如果总统跟国王一个意思，那哪有只有四年任期的国王呢？您再好好看看第二条第二款。"说起宪法有关总统的部分，杰斐逊一扫刚刚的失望，显得自豪起来。

"'第二条，第二款，二、总统咨询参议院并取得出席议员三分之二的同意，有权缔结条约；总统有权提名大使、其他公使、领事、最高法院法官和宪法未作规定、将由联邦议会立法设立的所有其他联邦官员，但经参议院同意，方可任命……'这么麻烦？人事权都不在总统手上，那他不等于跛脚吗？你们这么信不过华盛顿将军？"拉法耶特有点为华盛顿鸣不平。

"您看看您刚刚念过的宪法第一句，我们制定这个宪法不是为了眼前这点苟且，更重要的是要为我们的子孙后代留下一片诗和远方。华盛顿将军是个好人，这没错，但那也只是品尝最高权力之前的华盛顿，谁知道他做了总统之后会怎样？更重要的是，谁知道华盛顿将军之后的总统会是什么东西？不得不防啊。"

"你们北美人都什么德行，干吗动不动就把人都想成那样啊。不过想想也有道理，人心都是无底洞，防官如防贼也不错，看看我们法国现在，哎……我看其他有关总统的条款，其实总统的权力也还是挺大的，够了。"拉法耶特说。

"正是因为权力大，所以必须有个明确的界限。其实我觉得现在这些限制还不够明确，以后一定会有人钻宪法的空子。我如果有机会，会把这些界限定得更清楚明白一些，把总统这头潜在的野兽死死地锁起来。"杰斐逊说。

"真锁死了也不行吧，你们制定宪法不就是想成立一个能协调制约联盟各成员的联邦政府吗？要是权力真的被锁死了，联邦政府也混不下去啊。"

"我的想法是，用民众的权利去制衡政府的权力，公民权利是政府权力的边界，也是政府权力的枷锁，应该进一步在宪法里把政府不能做什么事说清楚。"

"算了吧你，"拉法耶特揶揄杰斐逊，"你没仔细看你们家的宪法吧。来来来，看看第五条：'每逢两院三分之二的议员认为必要，或三分之二的邦议会提出申请，要求对本宪法提出修正，联邦议会应立即召开制宪会议，以便提出修正案。在这两种情况下，若得到四分之三的邦议会批准，或四分之三的邦民意大会批准，所提修正案的内容和目的，即构成本宪法的有效部分。'你们美国人真够损的，这段话看上去写的是可以修改宪法，但实际上极难做到。谁不知道同一件事，两个美国人的脑子里都能生出八种不同的意见来？三分之二的议员同意才能提起修正案，四分之三的议会同意才能批准修正案，以你们美国人那副德行，基本上不现实。而且，这里说的修正案，也不是直接在宪法原文里改动，而是作为附件附加到宪法的后面。这么牢固的制度，能怎么改？我看，除非是拉起一支军队造反，不然不可能实现。"

"制度是可以利用的嘛，可以把政治主张差不多的人拉到一起，组成一个党派，让这个党派在议会里发挥作用。这样的话，不管三分之二还是四分之三，都没有问题！"杰斐逊自信地说。

"高明！"拉法耶特称赞道。

"没什么高明的，不得已而为之罢了。您不知道，在北美，汉密尔顿他们已经这么做了，他们已经拉起了帮派，叫作联邦党。"说罢，杰斐逊起身从书桌上拿起一本书，递给拉法耶特，"这是他们在美国报纸上发表的文章，都装订成书了，书名是《联邦党人文集》。书里的大部分观点我是同意的，唯一的问题在于，汉密尔顿他们讲的权力制衡只存在于不同政府部门之间，至于我关心的政府权力与公民权利的边界，这部文集语焉不详。这可不是好兆头。"

"汉密尔顿那小子现在这么能干了？"拉法耶特在战争期间认识了汉密尔顿，知道他很有些才干，但不知道他竟然如此雄才大略。拉法耶特随后翻阅了《联邦党人文集》里的几篇文章。

"我觉得……"拉法耶特一边读一边说，"汉密尔顿的观点在你们美国是否适用我还不清楚，不过我倒觉得，他这一套东西挺适合我们法国的。你看，三权分立、相互制衡什么的，这本来就是我们法国人孟德斯鸠的想法，我们法国应该很适合这样的改革。"

"华盛顿将军不是说过吗？"拉法耶特合上书卷，转述了华盛顿曾经对他说过的一句话，"'美国革命，或者说这个时代的世俗之光似乎打开了欧洲几乎所有国家的眼界，平等的自由精神似乎迅速地在各个地方生根。'我觉得华盛顿将军说得没错，我们法国也到改革的时候了。您知道吗？如今法国人都在羡慕你们美国呢。"

拉法耶特情绪激昂，干脆站了起来："法王当年派我们去支援你们，打出的旗号就是支持你们的自由事业。国内的很多人就会想啊，如果支持自由是正确的，那么法王在国内拥有一切权力岂不就是错误的？如果你们美国人为了反抗英国那么一点点税收就有充分理由发动革命，那么我们法国人发动革命的理由可要比你们的充分一百倍！"

杰斐逊倒是很冷静，他提醒拉法耶特："华盛顿将军说话很谨慎的，别忘了他那句话里的'似乎'。我们和你们不同，我们没有多少历史包袱，而你们想做一样的事情，就得为数百年的腐败制度买单，要付出的代价可不一般啊。"

"我们也可以像你们一样慢慢谈嘛！"拉法耶特平静下来，"去年法王就召开了贵族会议，一起商量国事。您看，这不是在向民主靠拢吗？我当时也参加了呢。"

"哦？"杰斐逊问，"您当时提了什么建议？"

"我没说什么，只是有人提议召开三级会议，让市民参与进来共商国是。我觉得这是好事，便同意了这个建议，还劝说了几个人一起支持这个建议。"拉法耶特说。

"呃……"杰斐逊沉吟。

"怎么啦？"拉法耶特问，"我不该这么做吗？"

"没什么。"杰斐逊搪塞道。他不想告诉拉法耶特，贵族们提议召开三级会议，让市民共商国是的目的不过是想推卸责任，就像病势沉重的人无力承受过于积极的治疗方法一样，三级会议这种政治大动作会不会反而逼得已经暗潮涌动的法国加速崩溃？

拉法耶特还在滔滔不绝地给杰斐逊讲述着他有关三级会议的畅想，说不定法国会在三级会议上改为美国一样的联邦共和国，法王路易十六成为法兰西共和国的总统……

"对于一个坏政府来说，最危险的时刻通常是它开始改革的时刻。"多年之后，法国政治学家托克维尔追忆这个微妙时刻，如是说。

乾隆五十三年，公元1788年8月8日，法王路易十六下旨，将于明年召开三级会议，这次会议的目的是：国民将永久性地自己解决自己的治理问题。

那时的路易十六真心觉得民主是个好东西，民主可以发动全国人民一起为政府还债，让自己宫廷的财源枯木逢春；民主可以让自己脱离每天文山会海的束缚，有更多的时间在凡尔赛宫徜徉。总之他觉得，民主就是把责任丢给别人。

乾隆五十三年，公元1788年，法国农田在连续第三年严重春旱中再次颗粒无收。心焦的农民等到7月，才终于等来了那年的第一场像样的降水天气，可那却是一场冰雹。灾难之神像一位急匆匆的催产婆，似乎硬要从法兰西的肚子里扯出一件血淋淋的东西才肯罢休。

那年年底，法国粮食价格疯涨，法国农民把收入的一半以上都花在购买面包上，却依然食不果腹。有些人毅然闯入城市，希望打工谋生，却发觉城市也好不了多少，哪里的生意都不好做，没人想要招收新员工。赤贫的人们如同野狗一般四处躲藏，在凄苦的寒冬中陷入绝望。

凡尔赛宫却依然莺歌燕舞。

"朱门酒肉臭，路有冻死骨"从来不是中国特有的故事，也从来不是中国才会为此付出代价。

102 革命

三级会议即将召开的消息在法国传开之后，最先积极行动起来为会议做准备的是法兰西那帮贵族。因为法王路易十六并不把三级会议当回事，而即将参会的市民、农民这些第三等级的人则不知道三级会议具体是怎么回事，只有贵族如同春江水暖时的鸭子，率先活泛起来。

他们觉得，法兰西国王路易十六是愚钝的，作为第一等级出席会议的教会阶层是愚痴的，第三等级的平头百姓是愚昧的，三级会议将是他们这些高大上的贵族们的美好舞台。他们决心利用这次机会同时压制国王、基督教会和老百姓，夺回百余年前被路易十四抢去的政治权力，重新掌控法兰西。

哇哈哈哈哈！多么美好的未来呀！这会都还没开呢，贵族们就想先拿出他们珍藏的醇酒狂饮一番了。

嘭！刚把酒瓶的木塞子启开，贵族们就想起了政府里还有个碍眼又碍事的人，不把这个人干掉，他们这酒是喝不香的。

雅克·内克尔，时任法国财政总监，这个家伙浑身上下的每个细胞都让贵族们感到厌恶。他是个外国人，来自瑞士日内瓦。他是个新教徒，而贵族和王室信的都是天主教。他出身平常人家，但靠着玩弄金融发了财，又靠着曾给政府贷款，以及老婆在沙龙混出的人缘，居然混成了本来只能由贵族出任的财政总监。

最重要的是，内克尔为法国目前的财政危机提出的解决方案居然是什么税负平等，要贵族、教士们也跟市民、农民一起交税。开什么玩笑！我们贵族还用交税？当年我们的祖宗跟着太祖爷打天下，开创波旁王朝的时候，都是提着脑袋卖命的。所以，太祖爷早就答应过我们，和波旁王室一起永享太平，打那时起，我们就没交过什么鸟税。当年太阳王路易十四那么强横，不是也没提起过这事吗？你内克尔算个什么东西，一个藏在老婆的裙子里钻进政府的暴发户，也敢来说这茬儿？

还有，在这个所有人都醉生梦死的时候，内克尔却老是做出一副事业心很强的样子，总是不老实地想方设法要把他那些该死的点子实现。

召开三级会议的诏令发布之后，内克尔比贵族们还忙活，一边建议国王增加三级会议中第三等级代表的名额，一边跑去跟各地的第三等级领袖人物眉来眼去。眼下，内克尔跟第三等级的许多有钱的商人相互颇有好感，看样子是要联合起来在三级会议上图谋不轨。

可是实际上，内克尔的心里特别憋屈。他其实根本没有和第三等级的平民百姓打成一片的想法，不然他本来就是第三等级的人，干吗非要谋个官职，向贵族靠拢呢？他也没有在三级会议上图谋不轨的念头，在他看来，三级会议的议题只是讨论财政危机，其他事情都不在他的考虑之内。

他不过是想通过为法国做出一些实际的贡献，也跻身贵族阶层而已。除了低估了贵族阶层的妒忌与排外，他并没有做错什么。

贵族们不屑于与内克尔争斗，他的能耐来自于国王的暂时支持，只要去国王那里挑拨离间，就能废了他。

乾隆五十三年，公元1788年12月12日，法兰西的亲王们联名给路易十六写了封信。在信里，他们哭诉说："国家处境危急……难道陛下决心牺牲和羞辱您忠勇可敬的贵族吗？"

联名信没有得到回应，稀里糊涂的国王可能压根就没看到这封信。而凭借老婆的长袖善舞，内克尔此刻拥有王后玛丽·安托瓦内特的支持，地位还算稳固。

乾隆五十四年，公元1789年1月24日，三级会议的代表名额确定了，内克尔暂时取胜，第一等级和第二等级代表各三百人，第三等级代表则有六百人之多。只要第三等级代表能协调一致，外加第一等级的基督教士代表也有许多出身平民，内克尔相信自己税负平等的主张能在会议上轻松通过。

然后散会，然后落实政策，然后计划完成，万事大吉。内克尔是这样想的。

无论贵族还是内克尔，都没有把第三等级认认真真地当人看，都不过是把第三等级当作一种会阻碍自己或者帮助自己的东西看待，第三等级似乎没有自主性。

真的是这样吗？

公元1789年的法国，虽然启蒙先贤大多已然辞世，但启蒙遗风尚在，稍有点儿知识的人稍有点儿意见，就要写个什么小册子，印上几万份在巴黎四处散发。这年年初，一本名为《什么是第三等级？》的小册子从众多印刷品中脱颖而出，勇夺畅销排行榜第一名。

书中的内容令第三等级跃跃欲试，令贵族心惊胆战。

"我们要向自己提出三个问题：1.什么是第三等级？答案是一切！2.迄今为止它在政治等级中有何作为？答案是没有！3.第三等级要求什么？答案是要有所作为！"

在确立了第三等级的自我意识后，该书直接攻击了腐败的贵族："这个无所事事的阶级肯定是自外于民族的。"

谁写的这种挑唆第三等级前来捣乱的东西？埃玛纽尔·埃贝·西哀士。他是来自布列塔尼的中年知识分子，出身富裕的第三等级，考取过神学学士学位，跟地位显赫的奥尔良公爵私交甚好，是个凭一己之力打通三个等级的厉害人物。三级会议召开在即，三个等级都想争取到他来为自己发言，但最终西哀士选择了站在自己出身的第三等级这边。

从1788年开始，西哀士就不断地为第三等级发声。1788年年底，他的另一本小册子《论特权》就让贵族们惊出了一身冷汗："无一例外，特权或是要取消法律，或是要赋予不受法律保护的某一事物排斥其他权利的权利。构成特权的事物把它自己排除在一般法律之外……不应赋予某人不受法律保护的某种特有权利，否则，公民的一部分自由将被剥夺。"

西哀士抓住了贵族的核心利益——拥有特权，也抓住了特权的核心含义——凌驾于法律之上。如果他发动第三等级向这个命门进攻，贵族们就麻烦咯。

贵族的麻烦还不只来自西哀士一个人，奥诺莱·加布里埃尔·米拉波，这个贵族的叛徒更加令人抓狂。米拉波这家伙本来是个贵族，乃普罗旺斯省一个侯爷的儿子，却偏偏热爱第三等级的生活方式，从小浪荡不羁，喝酒赌钱，欠债不还，公开乱搞男女关系（贵族都是私下乱搞的），没有一丁点贵族范儿。

偏偏上帝又赐给了米拉波这混小子一支生花妙笔，这家伙写起文章咒骂他所背叛的那个阶级时，能把该阶级的人气得死去活来好几回。比起西哀士的理性克制，米拉波完全口无遮拦。在1789年普罗旺斯地方议会的一次发言中，米拉波东拉西扯地赞美一个死了几千年的古代人——罗马执政官、改革家马略，最后才说出赞美他的原因：把以出身为自豪的罗马贵族斩尽杀绝！

你，米拉波，你什么意思！贵族们惊恐地瞪着他。

什么意思？你们这些贵族不长眼睛耳朵的吗？不会自己往外面看看，在外面听听吗？

乾隆五十四年，公元1789年1月，法国雷恩市，在围绕三级会议投票方式进行的争论中，市内的贵族与第三等级爆发了武装冲突。3月，普罗旺斯农民为反抗过于沉重的税赋，发动暴乱攻击地主。4月，雇佣工人暴乱，将第三等级在巴黎开办的工厂和工具付之一炬。5月，康布雷齐和毕卡第也发生了农民暴动。

贵族们，你们好好看看吧，这个国家各阶层之间的矛盾深沉而复杂，三级会议怎么可能只属于你们？

乾隆五十四年，公元1789年5月5日，波旁王朝法兰西帝国三级会议在凡尔赛隆重召开。会址之所以选择这里而不是巴黎，是因为这里有凡尔赛宫，方便国王路易十六休息时去游玩。西哀士与其他第三等级的代表一起入场。按照规定，他和大家一样穿着黑色制服，但他的翩翩风度依然无法阻遏。米拉波也一样，这个丑得很有特色的家伙，不论穿什么衣服，都盖不住他的桀骜不驯。

当然，大多数第三等级代表只是些名不见经传的小人物。例如你看，阿拉斯地区选出来的那个名叫罗伯斯庇尔的代表，长着一张略偏阴柔的大众脸，带着幼童式的羞怯，畏畏缩缩，没人能在人堆里认出他来。

擅长形式主义的法国宫廷一如既往地把会议的开幕式搞得庄严肃穆，国王路易十六亲自致开幕词，全场一千二百名代表用热烈的掌声给予了回应。

接着是财政大臣内克尔发言。这家伙的稿子文采寡淡，念稿子的技术也不高，不懂语气转换，没有抑扬顿挫，从不眼神交流，令听众昏昏欲睡。

教士和贵族都没有认真听内克尔念经，他们知道内克尔说的无非财务问题的相关事情，不会说别的。第三等级却强制自己忍受内克尔有气无力的嗓音，等待着那里蹦出几个他们期待的字眼，例如"政治体制改革""限制国王权力""废除贵族特权""全国人民自由平等"等。

直到内克尔长达三个小时的演说结束，第三等级才发现自己想多了。内克尔关心的只是财政问题，往三级会议里塞进更多的第三等级代表只不过是他的特洛伊木马计，第三等级真正想要什么，内克尔根本不关心。

"一颗迷醉于虚荣的头脑，说明其本人无能也不愿解释或说明所处的境况，直接出卖了发言者狭窄的思路和胆怯的心。"当时的人们这样评价内克尔在三级会议上的开场白。

然而，会议也没有按照内克尔的思路继续下去，想要夺取会议主动权的贵族们突然发难，宣布要重新审核全部参会者的代表资格，第三等级拒不从命。

传闻中具有翻天覆地能量的三级会议只开了这么一天，就停摆了。国王牵着他的猎犬去打猎了，贵族们也跟着去了，教士们两头相劝，争取让他们回来开会，但效果不明显，回来了也不过继续吵架。

第三等级则在西哀士、米拉波等领袖的组织下，开起了自己的小会。这六百个原本素不相识的人很快发现，他们彼此其实并不陌生，他们大都在商业圈、金融圈里混，大都挺有钱，却也都不得不夹着尾巴小心做人，因为他们出身平民阶层，受贵族压制。这群生意人，就是政治术语中常说的资产阶级。

在一百多年前召开的上一次三级会议上，还压根没有资产阶级，那时的第三等级的确只是国王用来装点自己开明民主的花瓶。内克尔和贵族也是根据那时的经验制定了自己在这次三级会议上的行动方针。

然而，旧版说明书怎么能驾驭新版操作系统？资产阶级的大量出现，使得内克尔和贵族们关于三级会议的古老操作经验统统作废，使得他们试图掌控会议的计划难以实现。三级会议陡然间成了阿甘手上的那盒巧克力，你不知道下一颗会是什么味道。

你不知道明天的三级会议会发生什么。

贵族们很不喜欢这种感觉。他们想要的明天，是对他们那光辉灿烂的昨天的无限复制，除此之外，他们一概不关心。而资产阶级却热爱这种不确定的未来，唯有不确定，他们才有机会。

第一等级里的基督教士很奇怪：高级别的教士们出身贵族，支持贵族；而中下层的教士们大多来自第三等级，甚至出身平民。因此第一等级是分裂的。教士们成为贵族们与资产阶级之间的和事佬，在三级会议

102 革命

上两相调和，可惜两边都不给其面子，贵族们死咬历史传统，资产阶级高喊自由平等，双方寸步不让。教士调解不成，就请国王路易十六来调解。国王于5月28日颁诏，命令三个等级必须跟政府大臣一起开会。贵族们依然对此爱理不理，出勤率依然不高。

整个五月，三级会议毫无成果。进入六月份之后，贵族们干脆彻底不来开会了，把整个三级会议丢给了资产阶级。他们已经笃定这个会议没有利用价值了，扔在一边不管了。

大家要记住这个教训：拉完屎一定要擦屁股！

贵族们离席之后，国王并没有立即下令停止三级会议，终止三级会议的权力。其实也难怪他，6月4号，路易十六的大儿子、法兰西的皇太子夭折了，他确实无心国事。

没有这种种偶然，怎么凑得起一出大戏？

西哀士发现机会来了。在明知贵族们已经退出大会的情况下，他以会议的名义向贵族们发出"参会邀请"，告知他们如果不来，会议将继续进行，贵族们将按缺席处理。

贵族们没搭理他。

这也正中西哀士的下怀。6月17日，第三等级代表宣布将已经名不副实的三级会议改成"国民议会"，并于当日通过第一条决议：未经国民议会同意，不得增加税收！

哎哟！走的时候把武器落下了！贵族们这才发觉自己的任性带来的致命失误，他们慌了神，赶紧请求国王出席会议，进行干预。路易十六抓住这个和贵族们讨价还价的机会，向贵族们表达了他的态度：对第三等级让步，除了有关贵族财产和特权的议题，三级会议将按人数投票，支持税负平等，第三等级可以与贵族分享政府职务；三级会议最终改组为英国式的两个议院，国王掌握行政权和立法否决权。

嗯？国王陛下，您是不打算跟我们贵族一起过日子了？您想投奔第三等级，依靠他们来统治法国？贵族们又开始跟国王扯皮，国王出席会议的具体日期因此一直没定下来。

6月20日，星期六，这天，国民议会休会，宫廷司仪官派人来到刚被第三等级选举为国民议会主席的天文学家贝利的家中，通知他下周一国王将使用国民议会开会的大厅，第三等级下周不能开会，而且现在得马上去把还要用的东西拿走，因为大厅马上就要开始大扫除了……

国王现在根本不在凡尔赛，在马尔里给他儿子办丧事，下周根本不会回来使用会议大厅，肯定是你们贵族搞的鬼！而且，巴黎这么大，我怎么能在两天内通知到六百个第三等级代表？而且，你们现在还不要我去通知人，还要我跟你们去拿东西，耽误时间！

没办法，只好先去拿东西。走到会议大厅前，大门掩着，只给贝利开了一条小缝，有一只手从里面伸出来，把一堆乱蓬蓬的文件丢给了贝利，就立马就缩了回去，大门随之关闭，贝利连那人的脸都没看着。

贝利的心被揪痛了。原来自己堂堂国民议会主席，在这些自认为高贵的人的眼中，是如此的一文不值；堂堂的国民议会，连个开会的地方都没有，能不能开会，还要看别人的脸色。

平等啊平等，没有经历过人格羞辱，哪能体会到平等的可贵。

"咋啦？贝哥？大清早没精打采的，昨晚干啥去了？"迎面走来嬉皮笑脸的米拉波。贝利把刚才发生的事情给他复述了一遍。

"欺人太甚！"米拉波火冒三丈，"没事，贝哥，不就是个开会的地方吗？我们不去大厅开会了，我们就在这里开。"米拉波随手指向旁边的一处网球场，"我们就在这里开会，而且马上开，我去通知兄弟们马上过来，能来多少来多少。"

"巴黎这么大，今天又是休息日，上哪儿找人去啊？"贝利还是没打起精神。

"你放心，上个月我在左岸咖啡馆和几个同乡组织了一个'布列塔尼俱乐部'，正式名字叫作'宪法之友社'，有几个社员神通广大。我去找他们，他们很快就能把人通知个大概齐！"

102
革命

"那好，快去！"贝利知道米拉波本事大，精神随之振奋起来。

米拉波的朋友们果然厉害，下午，网球场上就聚拢了大部分第三等级代表，还带来了一些支持、同情他们的教士和贵族，最重要的是带来了一大群咋咋呼呼的群众围观。

大家都知道了贝主席当天早上的遭遇，为此群情激奋。人群中的西哀士趁机站上高台，号召大家发誓："不制定和通过宪法，绝不解散！"为了表达决心，大家决定将国民议会改称制宪议会。

罗伯斯庇尔在人群中一起狂躁着，他特别喜欢这种热闹的场面。

躁动的人群却是统治者们最害怕的事物。

网球场上的狂热传到国王路易十六的耳朵里时，他正在马尔里与内克尔单独会谈。内克尔已经基本上说服了他，他准备接受内克尔的建议，尽快落实向第三等级让步。然而，现在得到了第三等级自行集会，将有进一步积极行动的消息，路易十六觉得自己差点儿上当了。

他狠狠地白了内克尔一眼，脸色一沉，拂袖而去。内克尔莫名其妙，不知所措，旁人这才告诉他国王刚刚得到的消息。内克尔闻言顿感五雷轰顶，瘫坐在椅子上，半天没回过神来。

这下子，国王一定会以为第三等级图谋不轨，而我就是他们在宫廷里的卧底。如果国王这么想，那帮我得罪光了的贵族一定会添油加醋，煽风点火，那么我……

我还是跑吧。内克尔强作镇定地快步回家，脱下官袍，换上便装，拖上妻儿老小，卷上细软财物，钻进马车往边境狂奔。当天晚上，国王的免职令来到了人去楼空的内克尔府邸。

内克尔离开了凡尔赛，各地军队却正急促地往凡尔赛聚拢，他们奉路易十六的诏令，前来此地准备执行维稳任务。

这是要干什么？龙骑兵的马蹄踏破了市民们紧绷已久的神经，军队带来的紧张压抑使他们无所适从，各种流言妖雾一般飞腾起来：贵族们要在凡尔赛发动政变，勾结外国入侵，血洗凡尔赛，囚禁国王，杀害第三等级代表及与之相关的一切人等。

不可能……

怎么不可能？你看！就连财政大臣内克尔都跑路了，连他都无法自保，何况我们？

怎么办？

还能怎么办？武装自卫！

哪来的武装？

虽然比不上正规军，但土枪土炮还是不难找到一些。军队的基层军官有不少是平民出身，他们再怎么卖命也混不上去，高级军衔是贵族特享，没有奔头的他们早就心不在焉了，拉几个人过来并不难。只要有几个职业军人愿意帮忙，就可以去巴黎的军火库抢劫。军队都去凡尔赛了，巴黎的诸多要点没留下几个人。

好！就这么办！

等等，国王23号会出席国民议会，要不先看看他怎么说，我们再行动吧。

好吧。

那天，国王来了，说完话就走了。他的话让贵族们弹冠相庆，让第三等级失望透顶。他公开表示支持贵族，宣布国民议会擅自改名无效，其所颁布的法律也无效。

你看吧，等等等，结果等来国王说出这么一番鬼话。听说米拉波在宫廷司仪宣布散会之后，振聋发聩地吼了一声："是民众的力量让我们来到了这里，除非被刺刀刺穿心脏，否则我们决不离开！"

听明白了吧？所以别再耽误了，兄弟们抄家伙上吧！

可是，这确实是个阴谋，但不知搞鬼的究竟是国王还是贵族。

管那么多干吗，有什么区别？即使有区别，又有什么意义？只要手上有了枪，到时候连国王也一锅烩了！对了，兄弟，听说巴士底狱藏着很多军火。

⑩
革
命

巴士底狱建于十四世纪，本是为了防御英国人入侵而修建的一座军事城堡，雄踞于巴黎东城区的制高点。外患消失之后，这里继续为法王的统治服务，成为关押政治罪犯的监狱。

"巴士底狱不仅控制整个首都，还笼罩着人们的心灵。"英国历史学家阿克顿如是说。

乾隆五十四年，公元1789年7月14日，九百余名武装起来的巴黎市民聚集到巴士底狱周围，在哗变的正规军弗朗塞瑟斯团的专业军官乌兰、爱利两位少尉的指挥下，井然有序地摆开一副不可战胜的阵势。黑云压城的气势令守卫巴士底狱的法军指挥官德·洛内瑟瑟发抖，对方看似有百万之众，而自己手下的士兵只有区区一百三十八人。

德·洛内不知所措，进退失据。他先是让开了前院，任由武装市民进入，随后又想起了自己的职责，下令士兵开枪。流血冲突开始，武装市民死伤百余，但依然没有退却的意思。

德·洛内没有胜算，他的心理防线崩溃了，想要点燃军火库，让这座填满火药的监狱跟随自己军人的荣誉一起灰飞烟灭。士兵贝卡尔德阻止了他的行动，提醒他军人尚有保护民众的责任，如果巴士底狱爆炸倒塌，将会有许多无辜的人为此送命。

德·洛内接受了贝卡尔德的劝说，并让他出去与暴民谈判。贝卡尔德很快回来了，说对方指挥官以军人的荣誉作保，保证所有投诚士兵的人身安全，不会因他们刚刚履行保卫任务时造成死伤而秋后算账。

德·洛内下令放下巴士底狱的吊桥。武装市民蜂拥而入，占领了巴士底狱，将德·洛内等人五花大绑。他们背信弃义地杀掉了四五个投诚的士兵，其中包括刚才还在考虑他们的生命而劝阻长官不要炸毁巴士底狱的贝卡尔德。

暴民们把德·洛内反绑着在人群中推来推去。他撞在了一个屠夫身上，撞疼了他，那生气的屠夫操起剔骨尖刀，往德·洛内的肚子一捅，红刀子出来，德·洛内死了。

暴民们发出狂笑！德·洛内和其他遇难士兵的头颅被暴民们挑在长枪上，在巴黎城里晃悠着示众一整天。心悸的市民们惊恐地关上了窗户，不敢多看。

罗伯斯庇尔像看到主队获胜的球迷一般欢欣鼓舞。他说："被国民卫队唤出的恐怖将席卷凡尔赛，以宣告革命的最终到来！"

是的，他说得没错。伟大，且暴虐的法国大革命，开始了。

巴士底狱的狂暴政变令美利坚驻法大使托马斯·杰斐逊陷入了沉思。法兰西，这个他曾经无比钦慕的国度如今变得面目可憎了。仅仅因为政治派别不同，多数派的人就可以在没有任何具体罪状的前提下，随意虐杀少数派的人吗？民主真的就是多数派的为所欲为吗？我们新生的美利坚合众国，在未来会不会发生同样的事？

如果会发生，我能做些什么来阻止？

两个月后，托马斯·杰斐逊离任回国。根据两年前颁布的宪法程序，华盛顿将军已经被选举为美利坚合众国第一任总统。经过他的提名和国会的通过，托马斯·杰斐逊回国后将就任国务卿。

⑩
革
命

巴士底狱的喧嚣，叫不醒正在不远处游猎的法王路易十六。那天带着收获的喜悦回到行宫，他在日记里记录了收获猎物的总数后，写下"无事"二字。

凌晨两点，利昂库尔特公爵罗舍富科闯入国王的卧室，向他报告了前一天发生在巴士底狱的事。路易十六愕然，半晌才嘟囔出一句："但这是一次严重的叛乱……"

"不，陛下。"罗舍富科回答，"这是一场革命！"

路易十六没精神去跟他争论到底是叛乱还是革命，他得做点什么，他决定天一亮就驾临制宪议会，亲自向大家宣布自己将撤走正向巴黎聚拢的军队，希望以此换回第三等级的信任。第二天一早，他就去这样做了，也这样说了。

然而，晚了。

人数本就不多的首都卫戍部队草木皆兵，已经撤出了巴黎；制宪议会控制了首都政权，贝利被选为巴黎市长，武装市民成立了国民卫队，为自由派贵族和资产阶级共同认可的"两个世界的英雄"拉法耶特被推举为国民卫队司令。

多才多艺的拉法耶特还抽空为国民卫队设计了logo（标识），他在代表巴黎的红蓝两色的中间加上了一抹代表波旁王室的白色，以此表示他心目中未来法国的体制：新旧阶级和谐共存的英式君主立宪制。

他这个logo设计得挺好，以后风云再怎么变幻，人们也不舍得换掉这个logo。她的形式再也不需要更改，只是她所承载的意义还会不断被重新解释。

国王还在试图挽回局势。7月16日，他放下尊严，召回了第三等级颇有好感的内克尔。7月17日，他再次亲临制宪议会，在乱得不成体统的会场上，在衣衫褴褛的平民的簇拥下，他向三色旗致敬，举起酒杯高喊："为共和国干杯！"

他希望以此来争取制宪议会的支持。制宪议会也以善意相报，大家这时候还不认为国王也属于革命的对象。然而，国王高估了制宪议会的能耐。制宪议会也不过能控制住巴黎的几个街区而已。7月14日之后，法国各地相继陷入山崩地裂般的混乱，从巴黎辐射出的震荡波先后席卷了第戎、帕米埃、斯特拉斯堡、波尔多、诺曼底、南锡、里昂、尼姆、特鲁瓦等地。平民在各地作乱，资产阶级，或者贵族，在各地浑水摸鱼地抢夺政权。

国王的权威失去了作用，制宪议会也控制不了各自行动的资产阶级，更管不了揭竿而起的各地平民。平民根本没有什么纲领与计划，只是制造混乱。他们最初的目的不过是自保，现在既然闹成这样了，那就有怨报怨，有仇报仇。

7月22日，波旁王朝政府的巴黎市长苏维尼被暴民逮捕，未经审判便被斩首示众。7月30日，巴黎驻军指挥官博桑瓦尔也险些遭此厄运。在平民中还有些脸面的内克尔赶来高喊刀下留人，才让博桑瓦尔捡回一条性命。

贵族与平民之间的仇怨，由数百年间无数大大小小的故事沉淀板结而成，是一种普遍性的对立情绪。这种情绪，在分属于两个阶级的具体个体间，并不需要具体的事件支撑就能自然存在。到了平民得势的时候，他们的发泄同样具有普遍性，复仇的烈焰四溅无忌，受死的某个贵族是否真的有罪，疯狂起来的平民并不认真辨识。

陷于混乱仇杀中的法国，毕竟不是资产阶级想要的法国，毕竟资产阶级与平民之间、资产阶级内部之间也并非相安无事、一团和气。

8月3日，制宪议会收到的一份报告指出：财富现在都掌握在那些抢劫团伙（各地武装起义的暴民）手中，没有一处城堡、修道院、农舍是安全的。

城堡是贵族的，修道院是基督教会的，农舍是封建地主的，对于他们的财富遭到掠夺，资产阶级倒是幸灾乐祸。他们可以马上动用国民议会这个武器，通过立法的手段确认"抢劫团伙"的成果合法；至于这些成果最终落到谁的手上，来日方长嘛。

8月4日，制宪议会通过了一项改变了法国千年历史的法案，宣布完全废除封建制度。大乱之中六神无主的贵族们此时正瘫软如泥，对此毫无抵抗。

封建制度废除了，它不论从事实上，还是从法律上，都被扔进了历史的垃圾桶，现在需要建立新的制度。

建什么制度呢？其实就连西哀士、米拉波、贝利、拉法耶特这些看似时代弄潮者的人也搞不清楚法国该建立什么制度。英国式的君主立宪？美国式的联邦共和？好像都行，都可以试试。

只有一点是当时资产阶级的共识：眼下乱哄哄的平民革命可以结束了。

可要怎么刹住这亿万已如山崩海啸般脱缰的平民呢？制宪议会的政令出不了巴黎城，手上的军队也不过拉法耶特带领的那两万多人的国民卫队，况且这个卫队无组织无纪律，拉法耶特还不一定hold（控制）得住呢。

立法，只能立法。这是制宪议会手上唯一的武器，虽然只是聊胜于无，却也不能就无所作为。

乾隆五十四年，公元1789年8月26日，制宪议会贴出一张装帧华丽的彩色文告。文告四周的每一处图案都充满了象征意义：上方正中间，是一只发射出万丈光芒的眼睛，那是普罗维登斯之眼，象征上帝全知全能；左上角有一位女性头戴王冠，身穿绘有蓝地金鸢尾花图案的长裙，拿着一截断裂的枷锁，代表法兰西；右上角有一位女天使倒持权杖，象征王权倾覆。

两位女性的中间是描绘成石碑状的正文题目：《人权和公民权宣言》。简称《人权宣言》。

鼎鼎有名，对吧？我们很少有机会一睹《人权宣言》的全貌，这里将其全文辑录如下：

序　言

组成国民会议的法兰西人民的代表们，相信对于人权的无知、忽视与轻蔑乃是公共灾祸与政府腐化的唯一原因，乃决定在一个庄严的宣言里，呈现人类自然的、不可让渡的与神圣的权利，以便这个永远呈现于社会所有成员之前的宣言，能不断地向他们提醒他们的权利与义务，以便立法权与行政权的行动，因能随时与所有政治制度的目标两相比较，从而更受尊重，以便公民们今后根据简单而无可争辩的原则所提出的各种要求，总能导向宪法的维护和导向全体的幸福。

因此，国民议会在上帝面前及其庇护之下，承认并且宣布如下的人权和公民权：

第一条　人生来就是而且始终是自由的，在权利方面一律平等。社会差别只能建立在公益基础上。

第二条　一切政治结合均旨在维护人类自然的和不受时效约束的权利。这些权利是自由、财产、安全与反抗压迫。

第三条　整个主权的本原根本上乃存在于国民。任何团体或任何个人皆不得行使国民所未明白授予的权力。

第四条　由是指能从事一切无害于他人的行为，因此，每一个人行使其自然权利，只以保证社会上其他成员能享有相同的权利为限制。此等限制只能以法律决定之。

第五条　法律仅有权禁止有害于社会的行为。凡未经法律禁止的行为即不得受到妨碍，而且任何人都不得被强制去从事法律所未要求的行为。

第六条　法律是公意的表达。每一个公民皆有权亲自或由其代表去参与法律的制订。法律对于所有的人，不论是施行保护或是惩罚都是一样的。在法律的眼里一律平等的所有公民皆能按照他们的能力平等地担任一切公共官职、职位与职务，除他们的德行和才能以外不受任何其他的差别限制。

第七条　除非在法律所确定情况下并按照法律所规定的程序，任何人均不受控告、逮捕与拘留。凡请求发布、传送、执行或使人执行任何专断的命令者，皆应受到惩罚，但任何根据法律而被传唤或逮捕的公民则应当立即服从，抗拒即属犯罪。

第八条　法律只应设立确实必要和明显必要的刑罚，而且除非根据在犯法前已经通过并且公布的法律而合法地受到处罚，任何人均不应遭受刑罚。

第九条　所有人直到被宣告有罪之前，均应被推定为无罪，而即使判定逮捕系属必要者，一切为羁押人犯身体而不必要的严酷手段，都应当受到法律的严厉制裁。

第十条　任何人不应为其意见甚至其宗教观点而遭到干涉，只要它们的表达没有扰乱法律所建立的公共秩序。

第十一条　自由交流思想与意见乃是人类最为宝贵的权利之一。因此，每一个公民都可以自由地言论、著作与出版，但应在法律规定的情况下对此项自由的滥用承担责任。

第十二条　人权和公民权的保障需要公共的武装力量。这一力量因此是为了全体的福祉而不是为了此种力量的受任人的个人利益而设立的。

第十三条　为了公共武装力量的维持和行政的开支，公共赋税是不可或缺的。赋税应在全体公民之间按其能力平等地分摊。

第十四条　所有公民都有权亲身或由其代表决定公共赋税的必要性，自由地加以批准，知悉其用途，并决定税率、税基、征收方式和期限。

第十五条　社会有权要求一切公务人员报告其行政工作。

第十六条　一切社会，凡权利无保障或分权未确立，均无丝毫宪法之可言。

第十七条　财产是不可侵犯与神圣的权利，除非合法认定的公共需要对它明白地提出要求，同时基于公正和预先补偿的条件，任何人的财产皆不可受到剥夺。

这些语句是否似曾相识？"生而自由""人人平等""主权在民""程序正义""无罪推定""言论自由""税负公平"，这些我们时常听到，平时想不起具体是什么意思，在受到威胁时又想引用来保护自己的概念，在这篇宣言里都有明确的定义。

当然，当时法国的资产阶级最在意的是最后一条，即私有财产神圣不可侵犯的概念。这里涉及一个问题：人权是什么？到底从何而来？

十八世纪的启蒙思想家们提出了一个著名的口号："天赋人权"。这是说人权是上帝给与人类的东西。科学昌明，上帝的存在受到质疑之后，人们又把人权的来源归于自然，说人权是所谓"自然法"的规定。

显然，人权并不来源于苍天自然，吃人的原始人并不讲究人权，奴役他人的帝王君主也不讲究人权。如果人权真是苍天自然所赐的，为何一直到了十八世纪，人们才勉强想起这个恩赐来？

人权是什么？在一般语境中，人权通常指通过公正的法律得到确认的人类权利。法学家张千帆先生指出，权利是指一种不受侵犯与阻碍的自由活动之能力。

自古以来，就有少数统治者享受着这种不受侵犯与阻碍的自由活动的

103
宣言

641

权利。他们为什么率先拥有这样的权利呢？因为他们宣布普天之下，莫非王土；率土之滨，莫非王臣。他们拥有一个国度里的全部财产，其他人能够拥有和支配的那点儿财产，也被说成是来自于他们的恩赐和赠与。

不论是东方的秦始皇还是西方的奥古斯都，都是这副德行。他们拥有所处时代和国度的唯一一份所有权，因此他们独享人权。

所以，人权不是来自苍天自然，而是来源于产权的确立。产权指某种财产的所有权、占有权、支配权、使用权、收益权和处置权。在历史的发展过程中，每个站起来要求旧势力与其分享人权的社会阶层，能站起来的前提都是拥有不在统治者控制范围之内的某种新产权。经济基础决定上层建筑，如果没有这样的新产权，人们不可能想到自己也可以拥有人权。

没有对某种财产的产权，任何人都不可能有自信，更不可能有能力提出与旧势力分享人权的要求！在一个社会中，只有产权意识率先普及，人权意识才有觉醒的可能。

十三世纪以来，西方世界的商业取得突破性进展，人们从商业得来的财富，游离于以土地分封为基础的封建体制之外，封建统治者无法对其完全约束。工业革命开始后，资本从商业领域向工业领域转移，创造出新的财富，并且财富量比以前所有时代创造出的财富累加起来还要多，这使得更多的人拥有了产权。为了保卫自己的产权，他们拿起人权的武器，拒绝公权力和他人的侵犯。若没有产权意识的普及，人权的意义不说完全没有，至少也会大打折扣，会沦为一种不着边际的宗教式梦呓。

总之，人权来自于产权，拥有受法律保护的产权的人越多，产权意识越普及，人权意识就越牢固。反之，拥有产权的人越少，社会处于普遍性的赤贫之中，产权意识就越淡漠，人权意识也就无从谈起了。

能够出现《人权宣言》这一人类史上的不朽文献，说明在当时废墟般的法兰西大地上，未来的种子已经成长起来。正如法国史学家乔治·勒费弗尔所言："大革命不是在一个天不佑人和灾难丛生的社会中，而是在一个蒸蒸日上的社会中出现的。"

大革命的历史使命就是为蒸蒸日上的社会扫除障碍。

8月底，法王路易十六断然否决制宪议会废除封建制度的法令以及《人权宣言》。他的让步已达极限，他觉得现在该是跟这些胡作非为的资产阶级和平民撕破脸的时候了。

可这时候，法王才发觉，他的政府和军队都已经在大乱中瓦解殆尽，脱离了波旁王朝的控制。

想要撕破脸，却已经没脸可撕。

乾隆五十四年，公元1789年11月，米拉波一帮人组织的布列塔尼俱乐部把会址固定到了巴黎郊区的雅各宾咖啡馆，他们的组织就被叫作"雅各宾俱乐部"，这帮人也慢慢地被称作"雅各宾派"。随着雅各宾派参与人员范围的扩大，单纯以地域为标准的加入门槛被抛弃了，雅各宾俱乐部渐渐成为以强硬手段要求普选权，主张废除教士和贵族特权的人们的聚集地。米拉波等创始人失去了在其中的领袖地位，罗伯斯庇尔等新秀崭露头角。

104

万寿

公元1790年，乾隆五十五年，紫禁城。

人到暮年，浮想联翩，入睡难，睡眠浅，多梦易惊，好好地睡上一夜十分难得。七十九岁的乾隆帝就是如此。

挨了半宿，眼前总算模糊起雾了……却又恍惚中见有人向自己走来。乾隆帝无奈，只好起身前去迎接那个似曾相识的家伙。

那是个青年人，大长脸上的眉眼甚是清俊，像是年轻时的自己。嗯，就是自己，等那青年人走近，乾隆帝定睛一看，心中已然确定。

乾隆帝走上前去，想和青年的自己搭话。搭句什么话呢？乾隆帝心里正想着，青年弘历已经穿过了他的身体，走向他的身后。

嗯？怎么回事？乾隆帝回首，见青年弘历正向自己身后的另一个人走去。那人也是一张清瘦的大长脸，只不过嘴上多了一撇小胡子，眼神更加坚毅……

那人是中年时的自己，乾隆帝看出来了。

只见青年弘历从袖中取出一枝梅花，恭敬地递给了中年弘历。盛开的梅花象征冬天即将平安度过，春天即将到来，人称"平安春信"。

此情此景，似曾相识……恍然间，中年弘历已然消失，青年弘历也已经换上了一身闲散道人的打扮，手持一把玉如意，身边跟着一头梅花鹿，悠然走在山间。

偶遇童子一人，那童子一手提篮，一肩扛锄，像是刚从山上采药归来。童子看到青年弘历，四目相对，笑而不语。

那童子，长脸细眉修目，不正是儿时的自己吗？……

乾隆帝醒了，太监们赶紧上前照应。乾隆帝摆手示意他们退下，不要来打扰自己，因为梦醒时分，多一点惊扰，就少一点回味。

刚刚的梦里，是郎世宁给自己画的两幅画里的场景：青年弘历穿越时空给中年弘历折来玉骨一枝，是乾隆三十年绘制的《平安春信图》。儿时弘历采药归来，偶遇青年弘历，是雍正十二年绘制的《弘历采芝图》。

再把郎世宁叫来，给朕画一幅这样的画吧。画什么呢，嗯，就画现在的自己和中年的自己对弈的样子吧，好。

"来人！"乾隆帝叫太监前来。

"奴才在！"有小太监回答。

"把郎……"话一出口，乾隆帝才想起郎世宁已仙逝多年，赶紧改口说，"……那个……黄历，对，黄历给朕拿来。"

翻看黄历，离这年的八月十三日不远了。乾隆帝满心期待，那是他的八十岁生日。八十岁啊，平民活到八十都不容易，何况是帝王这种高危职业，乾隆帝感到无比自豪。

他披着外衣，坐在床上，心中默数着中国历史上有哪些皇帝活到过八十岁。

三皇五帝，语焉不详，这些不能算，从有可靠记载的算起吧。南北朝的梁武帝萧衍，呵呵，这家伙居然还是第一个，半壁江山，身死国灭，怎么能跟朕比？武则天，这种僭越的妖孽不算数。那么第三个是……哦，宋高宗赵构，这个没种的家伙怎么能跟朕比？还有谁？元世祖忽必烈，好像也有八十岁。他还行，跟朕挺像的，继承了一片大好河山并将其发扬光大，似乎跟朕还有得一比。

不过，不过，朕还五世同堂呢，忽必烈没有吧？呵呵，朕才是古往今来第一皇帝！哦，还有皇爷爷康熙。嗯，朕和皇爷爷并列第一。但是比寿数，朕还是第一。

真好！这下乾隆帝睡得着了。

第二天的朝会上，乾隆帝专门问和珅："安南国王来京朝贺的事情，定下来了吗？"

那年一开始，大清朝就布告中外，今年本朝的头等大事就是皇帝的八十大寿，国内满汉臣民、蒙藏回诸部汗王活佛伯克、西南苗瑶壮彝各部酋长，以及朝鲜、安南、琉球、暹罗、南掌等属国都不得怠慢。

被点名来京拜寿的属国中，安南（今越南）被乾隆帝要求不得派使节来应付场面，必须由他们的国王阮光平亲自率团前来。

为什么一定要安南国王前来？因为阮光平刚刚在一个极其尴尬的事件中得到了清王朝的承认，所以必须前来表个忠心。四年前，公元1786年，乾隆五十一年，安南发生了改朝换代的大事件：阮光平推翻了统治安南三百多年的黎氏王朝。黎氏王室向清王朝求助。

考虑到黎氏王朝是经过清王朝正式承认的藩属，为维持天朝国际秩序，乾隆帝决定管管这摊闲事。于是在公元1788年，乾隆五十三年十月，由两广总督孙士毅指挥带队，以万余兵力攻入安南。十一月二十日，攻占安南首都黎城（今越南河内），强行复辟黎氏王朝。

正当乾隆帝自以为完成了一次"兴灭继绝"的仗义行动时，尴尬的事情开始了。原来黎氏王朝的灭亡纯属咎由自取，其早已人心丧尽，清王朝的行动在安南得不到任何支持。阮光平在放弃黎城之后很快聚集力量，于公元1789年，乾隆五十四年正月初三反攻黎城；清军伤亡过半，于正月初七退回清朝境内。

乾隆帝给孙士毅的嘉奖都还没落实，败报就到了，尴尬的皇帝只好撤回赏赐，另派福康安前往西南前线指挥。

这怎么好呢？朕刚刚不是认为你是逆贼，要收拾你嘛，现在怎么好跟你做朋友呢？可打不过人家，又有什么办法呢？

安南给予中国的教训有很多。它在唐朝之前曾经是中国的一部分，所以唐朝之后的历代君王只要和安南起了冲突，都会不自觉地想要将其收回，宋朝、元朝、明朝都这么尝试过，但都被这块硬骨头硌了牙。

其中，明朝的教训与这次最为接近。那是永乐年间，黎氏起兵反了当时的安南陈氏王朝，陈氏求救于明朝。永乐帝和现在的乾隆帝一样讲义气，出兵帮助陈氏复辟，结果也是一样的尴尬：陈氏气数已尽，谁都救不回来，黎氏又一直在旁边跟明朝捣乱，杀尽了陈氏后裔。永乐帝雷霆一怒，干脆踏平了安南，恢复了唐代以前叫作"交趾"的行政区域。

此后的二十多年间，交趾没有一刻消停，最终让筋疲力竭的明王朝失去了耐心，放弃交趾，正式承认安南黎氏王朝。

如今的这出戏码跟三百多年前如出一辙，乾隆帝要不要去吃和三百多年前一样的亏？当然不要。可不要就得跟"逆贼"做朋友，这怎么好意思？

还是老套路，得想方设法地让对方先提出来，给自己搭个台阶，自己再半推半就地下来。于是，乾隆帝指示福康安跟阮光平议和，前提是由阮光平首先正式提出。

阮光平没有那么多面子上的事情要考虑，既然清王朝有这个意思，那就和了吧。和平顺利达成，清王朝正式承认阮氏王朝接替黎氏在天朝国际秩序中的地位，作为藩属国承担黎氏王朝原先之于清王朝的义务，清王朝不再支持黎氏复辟，仍然滞留在中国的黎氏王室被作为战犯严加看管。

另有一个条件是，阮光平必须亲自前来北京参加乾隆帝的八十大寿庆典，并接受清王朝的册封。

阮光平答应了，派了一个和自己长得很像的人过来了。大家都没有说穿这事，安南人没有，中国人也没有，乾隆帝也许知道真相，但也没有说穿。公元1790年，乾隆五十五年七月十一日，这个和阮光平长得像的人来到了紫禁城。乾隆帝格外开恩，在"阮光平"三跪九叩之后，准许他按照满族礼仪，向自己行抱见礼。

"阮光平"跪着踱到乾隆帝身前，抱住他的腰，乾隆帝摸摸他的头。多么温馨祥和的场面，很符合八十大寿的情景需求，乾隆帝感到非常满意。

八月十三日，大清国的八旬万寿节正式开始了。那场面没啥好多说的，反正就是老皇帝最喜欢的那种花团锦簇、人山人海罢了。老人家怡然自得，未饮自醉。

老年之所以令人生畏，是因为临近死亡。死亡是一堵无形透明、无比刚毅的墙，它向上无限高，向下无限深，向左向右无限宽广，人力不可逾越，人智不可预知，也就是我们常说的那句话："说不得哪天就死了，一点办法都没有。"

死期将至是生命最深沉的恐惧，恐惧是一种痛苦，对于一个老人而言，眼前的热闹和过往的骄傲，则是最好的镇痛剂。一个有权势的老人，决不允许任何人破坏他眼前的热闹和过往的骄傲。

内阁学士尹壮图偏偏不懂这个道理。

这段时间，乾隆帝正在跟和珅商议，让他出面牵头搞个议罪银制度，也就是官员们可以花钱赎罪的制度。尹壮图觉得这不好，于是在十一月十九日，八旬万寿余庆未了的时候，上书皇帝，请求停止讨论这个无耻的制度。

这是和珅牵头做的事情，有意见找他去啊！你找朕干什么？这不是摆明了告诉天下人，这种无耻的制度是朕搞的吗？

乾隆帝不情不愿地停止了议罪银制度的设计。但这口气他咽不下去，翻开尹壮图的上书，他要细细地从里面找茬。

"各督抚声名狼藉，吏治废弛。臣经过地方，体察官吏贤否，商民半皆蹙额兴叹，各省风气，大抵皆然。"

什么屁话，朕治理的天下有这么黑暗吗？尹壮图，你这是故意抹黑朕的盛世！

你说"各省风气，大抵皆然"，好嘛，你给我具体点个名出来，朕倒要看看，是哪个省有你说的那么黑暗？尹壮图，你去给朕查，查出来是朕的不是，查不出来朕让你尹壮图吃不了兜着走！

十一月二十一日，乾隆帝命令尹壮图与户部侍郎庆成一起，前往山西盘查该省钱粮府库。带上户部侍郎，表面的理由是查出问题可以就地办理；实际上，庆成是和珅的爪牙。

临行前，和珅召见庆成，告诉他该如何如何……

尹壮图的第一站选择了山西大同。大同知府明保是和珅的亲舅舅，庆成早就把风声告诉了他，还发文给户部设在大同的铜厂、锡厂，让他们把自己的银子搬到大同府库里去，把原本空荡荡的府库填得盆满钵满。

咦？明保干得不错嘛，尹壮图惊讶。到处听闻他贪赃枉法，没想到府库里的银两竟然分文不差！有点本事……

在大同一无所获，尹壮图南下，又沿途查了朔州、忻州和太原。跟大同一样，虽然这些地方的官员贪污腐败已是妇孺皆知，却查不出一丁点证据。

没办法，可能是贫穷限制了我的想象力，可能人家有钱人就是有在贪赃枉法的同时不耽误正事的高明手段。在太原府，尹壮图只好向皇帝报告认输："仓库整齐，并无亏缺，业已倾心贴服，可否恳恩即今回京待罪？"

你想去就去，想回来就回来？乾隆帝不依不饶，回复道："一省查无亏缺，恐不足以服其心，尚当前赴山东及直隶正定、保定等处！"你尹壮图只查一个省就过瘾了？那不行，继续查，去山东查，去直隶查！朕让你查个够！

大圣，您收了神通吧……尹壮图哪里还敢再查，赶紧上书请求皇帝赐罪。

好，那就赐个罪吧。公元1791年，乾隆五十六年正月初十日，乾隆帝将尹壮图定性为"无君无亲，人伦丧尽"，将其革职拿问。大臣们纷纷请求皇帝赐尹壮图死罪，其中有些疯狗是真想落井下石，弄死尹壮图，有些人是事不关己，随口一说，有些人则是明白皇帝的心思，大臣们一致说要弄死尹壮图，乾隆帝反而不会依从，反倒能救下尹壮图一命。

果然，乾隆帝见状，又松口说尹壮图罪不至死，饶了他一命，贬为内阁侍读。

这下大家明白了吧，乾隆王朝的丰功伟绩容不得任何否定和抹黑，即便你说的是真的！

可是，国内的臣民摸不得老虎屁股，国外的，你管得了吗？

这是一道小学数学应用题：已知信号沿动物神经传播的速度为每秒一百米，则一个身高180厘米的人，脚尖被蚊子咬了一口，需要多长时间，他的大脑能够感知到这个信息？一头身长30米的蓝鲸，尾巴尖被鲨鱼咬了一口，需要多长时间可以感知到？

一个幅员一千二百万平方公里的国家，西南边陲又被敌人给捅了一刀，老迈的皇帝，也就是这个国家日益迟钝的大脑，需要多久才能感知到？

公元1791年，乾隆五十六年六月，廓尔喀，今属尼泊尔一部，入侵西藏。两个月后，乾隆帝得到消息，想起来这已经是廓尔喀第二次侵藏了（第一次发生在三年前）。

肯定是巴忠上次没把事办好，乾隆帝愤怒。巴忠是乾隆帝上次派去西藏处理廓尔喀事宜的大臣，眼见自己事情没办妥，廓尔喀又来了，便急不可耐地请缨，想再去西藏跑一趟。

不要你了，朕另外找人！乾隆帝拒绝了巴忠的请求。

八月二十二日，乾隆帝正忙着物色人选呢，从宫外传来一条消息：巴忠跳河自尽了！

嗯？这是怎么个意思？乾隆帝愕然。去不了西藏就要自杀？他就这么热爱西藏？那肯定不会。难道巴忠真的是在西藏做了什么见不得人的事情，想去继续掩盖，去不成就畏罪自杀？难道廓尔喀上次入侵，有什么故事是朕不知道的？

105 总统

乾隆五十六年，公元1791年9月6日，美国，匹兹堡。

罗伯特·约翰逊被五花大绑，剃了个光头，身上涂满沥青，粘上脏兮兮的鸡毛，十来个农民正押着他在大街上游行示众。

羞辱、愤怒、恐惧，这些可怕的情绪折磨得可怜的约翰逊浑身发颤。他是个税务官，奉命来匹兹堡收取威士忌酒税。

有人说，这个税是美国联邦政府叫他来收的，羞辱他干吗呢？有本事去纽约（当时美国的临时首都）羞辱华盛顿去啊！

哼，要不是因为纽约太远，老子们还真的会像收拾约翰逊一样去收拾华盛顿呢！这个该死的东西，当了总统就开始不像话了，居然跟以前的英国人一样胡乱收起税来了！他忘了独立战争是为什么爆发了吧！

公民们，你们看看！我们的《匹兹堡公报》上写了，威士忌酒税是对"人民利益的荼毒"，是"英国法律制度的复辟，是对自由、财产和民众道德的践踏"，是"对劳苦贫穷阶层的残害"！

华盛顿已经不是当年的那个华盛顿了，他想成为英国国王那样的独裁君主，所以公民们，拿起武器，反对他，保护自己吧！

听闻匹兹堡民间的这些声音，华盛顿极其委屈，欲哭无泪。我几时想要独裁了？我其实根本不想当这个鬼总统。我一个恋家的宅男，大老远地离乡背井地跑来纽约上班，我容易吗我？

　　华盛顿瘫坐在办公桌后的椅子上，用力闭上眼睛，像往常感觉累的时候一样，努力地去回忆家乡弗农山庄的模样。他时常这样安抚自己烦乱的心绪。

　　可这次不行，心里的另一段回忆总是在弗农山庄的模样即将完成拼凑之时，一定要跳出来捣乱，将其冲散。

　　……甲板上铺满了鲜花，新当选的美利坚合众国第一任总统华盛顿端坐在船舱里，驾临临时首都纽约。水手鸣响十一响礼炮，港口欢迎新总统的人群绵延长达半英里。华盛顿走出船舱，踏上专门为他铺设的红地毯。人群中响起经过认真排练的整齐的歌声："上帝保佑伟大的华盛顿，我们高贵的子民，长治国家……"

　　华盛顿哑然失笑，这不是由英国国歌《上帝佑我国王》改编的吗？

　　那是两年前，也就是乾隆五十四年，公元1789年4月华盛顿就任总统时的情景。那场面太矫情，华盛顿到现在想起来仍然觉得很不好意思。

　　4月30日，华盛顿在其住处附近参加了专门为他安排的仪式——总统就职典礼。他将在典礼上发布就职演说，这是这场典礼的重头戏。华盛顿对此感到局促不安，他是个军人，耍嘴皮子从来不是他所擅长的，况且，他那满嘴尺寸并不合适的假牙迫使他不能说太多的话，不然要是假牙松动掉了下来，那就尴尬了。

　　不过那天，他还是坚持着破纪录地说了十来分钟。随后，他登上马车前往联邦大厅。他的马车使用六匹购自比利时的清一色乳白重型挽马，气派非凡。当选为副总统的约翰·亚当斯恭候在联邦大厅门口，看到他的样子，华盛顿忍俊不禁。

　　按照英式礼仪，这个矮胖子的腰间别着一柄佩剑。那剑太长，亚当斯不得不每走两步就拨弄一下剑鞘的位置，不然就会被绊倒。联邦大厅二楼的阳台上，纽约州首席大法官罗伯特·利文斯顿正等待着华盛顿，他将带领华盛顿宣读就职誓言。

　　宣誓完毕，利文斯顿转向阳台下观礼的人群，高呼："美利坚合众国总统乔治·华盛顿万岁！！！"

人群回应："天佑华盛顿！总统万岁！"

华盛顿的心里跟吃了一粒苍蝇似的，搞成这样干吗，搞得跟那些欧洲独裁君主似的，有什么好？

次日的《合众国公报》上刊文："民众给予就职典礼的殷殷之情绝非出于纪念，而是基于感恩……他坦荡无瑕，巍然屹立，以有限的生命创造了无尽的幸福，以凡人之躯捍卫了神圣的信仰！"

哎呀，我的妈！华盛顿打了个寒颤，摸了摸手臂上腾起的鸡皮疙瘩，把那份报纸丢到一边。好了，少废话，开始我的工作吧。

"华总统，您好呀！您吃了吗？"有人来拜访华盛顿了。

"您就是华盛顿啊？我奶奶很仰慕您。"又有人来了。

"华盛顿，是你呀？就长成这个样子啊。"不断地有人来。

总统官邸是对外开放的，谁都可以进，谁进来都能见见华盛顿，见完了要是撞上吃饭的时间，华盛顿还得管饭。美利坚合众国第一任总统最初的那段时日，每天就是这么过的，从早到晚。

我根本无法工作，那些前来拜访的先生们完全不考虑我的作息，从我起床吃早饭——有时甚至连早饭也来不及吃，直到晚餐时分，人流不断。

6月，华盛顿总统的夫人玛莎终于来到总统官邸。有了女主人，官邸总算有了点儿样子。玛莎从弗农山庄带来的精致食材让访客们能吃到一些像样的东西了，点心也有了，访客们不用等到饭点才有吃的了。

不过，这事经过一传十，十传百，就走了样。远方的人们盛传华盛顿一家在总统官邸的生活穷奢极欲，堪比大西洋彼岸的法王路易十六。

"用不了几年，我们即使奉上全部身家也不足以让富丽堂皇的美国宫廷完美收官。共和制原则的纯净似乎正在遭受污染……新一轮的革命正在酝酿。"一家报纸如是说。

从此以后，华盛顿再也不看报纸了。二十年前，报纸上像这样的犀利话语，激起华盛顿热血澎湃；二十年后，当这样的犀利指向自己时，华盛顿好像一下子明白了好多事。

在北美这十三块土地上，当官就跟做贼似的，不管你是英国派来的，还是美国人自己选的，反正就是怎么做都不对头。

既然如此，那我就看开了，自己做自己的事去吧，开始工作！

可是，美利坚合众国的总统该做些什么工作呢？

"和夫人一起乘坐马车消遣，往返路途达十四英里。"

"下午沿巴特里散步。"

"与夫人和孙儿们消遣。"

"上午到圣保罗教堂，下午书写个人书信。"

这是华盛顿总统生涯最初几个月的日记里时常出现的行动。堂堂一个大总统，整天就做些退休老头做的事，差不多都可以去跳广场舞了。

副总统约翰·亚当斯也有同样的郁闷。他感慨说："我们的国家处心积虑，为我设置了如此无足轻重的职位，形同虚设。"

你知足吧，亚当斯，你这副总统好歹还兼任着参议院议长，时不时地要主持一把参议院开会，在议员投的赞成票与反对票数目持平时，根据宪法赋予的权力，你还可以投下决定性的一票，这多好啊。虽然这种情况也是猴年马月才有一回。

而我华盛顿呢？宪法把联邦行政权赋予了我，可是现在除了财政、外交、战争三个部，行政机构的其他部门还没有建立，要建立得先由国会提出议案，通过之后总统才有权提名各部部长，并且也得经过国会的同意。已经建立的那三个部是直接对国会负责的，总统管不着。

好在财政部长亚历山大·汉密尔顿、外交部长约翰·杰伊、战争部长亨利·诺克斯跟华盛顿的个人关系都还不错，凡事还愿意跟他商量一下，不然，华盛顿真的可以每天去跳广场舞了。

众议员詹姆斯·麦迪逊也是华盛顿的盟友，他提醒了华盛顿一句："我们的所作所为皆会成为先例。"华盛顿茅塞顿开。先例，先例是个好东西啊，不论美国多么标新立异，她所继承的毕竟是英国的政治传统。在英国，政治先例的作用几乎等同于法律。

法律把我像犯人一样看着，那我就确立一些先例来为自己这个总统职务争取一点生存空间。

这几天，战争部长诺克斯和外交部长杰伊一起草拟了一份与南部印第安人之间的外交协议。华盛顿看了觉得还行，按照程序，他得亲自拿着这份协议去参议院征询同意。

"总统驾到！"参议院门卫通报！

正在主席台上主持会议的副总统、参议院议长约翰·亚当斯尴尬了：论在行政机构的职务，华盛顿是正，他是副，他应该恭迎正总统；但现在是在参议院，咱们既然讲究三权分立，立法与行政地位平等，参议院议长和总统也该是平等的，那么，他还是应该欢迎华盛顿，但却用不着"恭迎"。

正当亚当斯窘迫不知所措之时，华盛顿已经阔步来到他的面前，微微低头，像个交作业的小学生一样双手递上了那份外交协议。亚当斯脸涨得通红，很不好意思地接过协议。

亚当斯悄悄瞥见华盛顿的脸色也不好看。

接着，按照程序，亚当斯开始向参议员们宣读外交协议全文。读完之后他问了一声："请问各位同意与否？"

参议员们愣着。他们压根儿就没认真听那份协议的具体内容，或者说不知道该怎样认真听，对于和南部印第安人的外交，参议员们大多是外行，根本不知道该怎样表达意见。

随后是一通完全不着边际的讨论。

一个参议员起身说："参议院对此项职责仍感生疏。"

华盛顿怒了，终于怒了："如此这般，我此行徒劳无功！我要求战争部长陪同，只为向参议院提供详尽的信息，但是此事却遭受这般拖延，致使我无法解决问题！"

这位军人对曾经的邦联时代的议会议而不决带来的苦果最有感触，既然要他来做总统，他就一定要改变当年的那种疲沓，而要想有所改变，就得有权力，即使宪法处处设防，他也必须想方设法地把足够的权力搞到手。

华盛顿拂袖而去。几天后，他宣布解释宪法：参议院在外交条约的缔结过程中的作用只是与总统协商，最后拍板的权力必须在总统手上；总统此后不再单独参加参议院会议，只出席参众两院联席会议，以避免上次出现的尴尬情况，参议院因此也没有单独质询总统的机会。

这成为先例，以后的美国，类似事件遵照办理。华盛顿从此得到了第一份实质性的权力：外交决策权。

乾隆五十五年，公元1790年7月，美国联邦各行政部门终于开始组建。国会为了新成立的部门向谁负责而吵得不可开交。最后，华盛顿眼见风头不对，干脆觍着脸以辞职相威胁，几乎是哭闹着让国会把行政部门交给总统负责。

众议院的投票结果支持华盛顿，参议院却赞成与反对票数相等。

猴年马月终于到了，票数相等的情况终于出现了，约翰·亚当斯雄赳赳气昂昂地站出来，投下了一锤定音的赞成票。国会通过决议，行政权从此由参议院全部转交给了总统。

宪法第二条第一款"行政权授予美利坚合众国总统"修改为"所有的行政权全部授予美利坚合众国总统"。

这下子华盛顿总算摆脱了跳广场舞的命运，开始忙活起来，物色人选，任命官员，组建他的内阁。新的挑战也随之而来，因为行政部门有大量职务空缺在等待华盛顿的提名，不管关系是八竿子打得着还是打不着，华盛顿的"亲朋好友"们都不期而至了。

就连主持了华盛顿宣誓就职仪式的纽约州首席大法官罗伯特·利文斯顿也放弃了法律的尊严，来走华盛顿的后门。

华盛顿婉拒他说："先生，你我情谊甚笃，我想我无须多言。从我受命任职之时起，个人的喜好早已抛至身后，取而代之的是公共利益。因此，在进行人事任命时，公共利益便是我唯一的标准……"

华盛顿的侄儿是个不错的律师，有人说他很适合做弗吉尼亚的地方检察官，侄儿也觉得自己很合适，明里暗里扭扭捏捏地跟叔父说道这事。华盛顿告诉他："或许你完全胜任此职，但是比之于德高望重的前辈律师们，倘若你获得我的提名，恐怕无法令人信服。"

一位在独立战争中失去了丈夫的妇女向华盛顿——其丈夫的老领导写信，请求为她的儿子安排一份工作："恳请阁下以父辈之尊，给与他帮助。"

想起曾经的同生共死，华盛顿很是动容，但依然坚定地回复说："您的信感人至深，战争给您的家庭带来的创伤令我感同身受，我愿意竭尽个人全力以解除您的痛苦。但是，职责所在，不容我感情用事。"

华盛顿的这一系列作为，成了此后人类历史上每个民主国家的开国领袖的宣传范本。不过，在所有类似的故事中，华盛顿的可信度相对更高。因为，美国作为世界上第一个民主制国家，这样的故事是其原创的。

不能不说，与华盛顿的邂逅是美利坚的幸运。为了有所作为，华盛顿强行争取了权力；而当总统权力即将超过公民权力的底线时，华盛顿自行悬崖勒马了。

他拒绝了所有毛遂自荐的关系户，把政府职位交给了大家公认应该坐那个位置的人。这也为日后的美国开创了先例。

当然，在被华盛顿拒绝的人中，有一些开始站到他的对立面，跟他唱对台戏。华盛顿开始拥有第一批反对派。

不过，那没什么关系，现在的华盛顿有了权力，他要开始有所作为了。他首先要解决的问题是自独立战争以来，美国所欠下的一大屁股烂账。

此时，他信任的帮手是亚历山大·汉密尔顿。比起只知道把"公民

105 总统

权利""民主自由"之类的话挂在嘴边的人，汉密尔顿做事讲究实际，更加靠谱。

华盛顿不是不要公民权利、民主自由，而是这些事有很多人去关心，华盛顿不必去凑热闹。就在汉密尔顿筹划解决财务危机的同时，另外一帮人正在筹划修改宪法，增加更加明确的保护公民权利的具体条文。从法国回来后担任国务卿的托马斯·杰斐逊正牵头忙活这事。目睹了法国的混乱血腥之后，杰斐逊感到这件事情刻不容缓。

有人解决燃眉之急，也有人打造万世之基，华盛顿感到这样的状态很不错，很像他心目中的新生国家初日巡天般的欣欣向荣。

汉密尔顿率先拿出了成果，他建议联邦政府全面接管各州从独立战争开始直到宪法颁布之前的十多年的债务，并对其重新整合。

具体怎么做呢？

从独立战争开始到现在，各地政府签发了无数债券，也就是欠条。这些欠条最初的持有者在长时间收债无望的情况下，将其打折卖给了他人。就这样几经转手，欠条的价值大打折扣，已经到了一折起、五折封顶的可怜地步，其持有者也大多是社会底层人群。

汉密尔顿提议为了维护国家信誉，以债券原本的票面价值将其回购，而回购所需的钱由十三个州均摊。

南部各州对汉密尔顿的这个建议十分不满。独立战争在北方打得多，南方打得少，南方各州的战争欠款本就不多，也差不多早已还清了，现在来均摊，南方各州认为实际上是要他们替北方还债。

凭什么？！汉密尔顿因此遭到了南方人的群起攻击，其中包括本来是他盟友的詹姆斯·麦迪逊，他是南方弗吉尼亚人。汉密尔顿不依不饶，带领北方议员在国会里跟南方人处处作对。

刚刚缝合起来的国家会不会再次迸裂？许多人对此表示担心。副总统亚当斯说："国家恐陷入四分五裂和内战的深渊，我虽心急如焚，而弗吉尼亚州和马萨诸塞州的老友们却对此不以为意。"

最后，发挥作用的还是美国的建国法宝——相互妥协。汉密尔顿发动北方议员投票，同意将美国未来的固定首都定在南方的弗吉尼亚附近；麦迪逊则发动南方议员同意汉密尔顿的财政提案。

乾隆五十五年，公元1790年7月和8月，美国先后通过两项法案，分别是在弗吉尼亚州的波托马克河沿岸建设新首都，以及各州平摊负担、回购债券。

麦迪逊等人以为汉密尔顿能见好就收，不想这家伙还趁机蹬鼻子上脸了，他很快又提出了新的计划：国会授权财政部设立"偿债基金"，以自负盈亏的方式赚钱还债；接着是对国内一些大众热门消费品征税，其中包括对威士忌酒征税。

那年年底，汉密尔顿还提议创建一所国有银行，来管理政府资金。

过分了！汉密尔顿这分明是想篡夺宪法赋予国会的财政权，掌控国家的经济命脉，然后想干什么？你说呢？

托马斯·杰斐逊、詹姆斯·麦迪逊站出来反对汉密尔顿的提案，向华盛顿控诉汉密尔顿计划背后可能存在的野心——任由汉密尔顿这样搞下去，甚至有可能威胁到总统的地位：财政部的影响力已经超乎寻常，迟早会蚕食全部的行政权，未来的总统将失去对该部的领导力。

华盛顿却并不吱声。

该死！这俩人是一伙的！杰斐逊无可奈何，只能退到一边去。于是，乾隆五十六年，公元1791年，威士忌酒税实施了，作为国有银行的美国第一银行也成立了。

杰斐逊、麦迪逊和汉密尔顿之间的梁子也就此结下了。

9月，匹兹堡抗税事件爆发，美国各方蠢蠢欲动：汉密尔顿害怕自己的计划被抗税事件搅黄，急欲为华盛顿总统争取包括征兵宣战在内的更多权力。而想要这个权力，就只能跟杰斐逊他们再做一次交易咯。

杰斐逊、麦迪逊一口气拿出了十条宪法修正案，要汉密尔顿带着他那帮议员投票赞成。汉密尔顿一看那十条内容，气得眉毛跳得老高，但

105
总统

659

也没办法，再不赶紧定下这笔生意，匹兹堡那边的事闹大了怎么办？

乾隆五十六年，公元1791年11月，在对西部印第安人的问题上，国会默许华盛顿总统有权征兵宣战，这将为有可能出现的政府镇压民变提供先例。

12月15日，杰斐逊和麦迪逊的十条宪法修正案也获得通过，它们附加在正文之后，具有与宪法正文同等的效力。这十条修正案被称为美国的《权利法案》，其影响力远比汉密尔顿张罗的具体事务大得多。现将原文辑录，供读者阅读：

第一条　国会不得制定关于下列事项的法律：确立国教或禁止信教自由；剥夺言论自由或出版自由；剥夺人民和平集会和向政府请愿伸冤的权利。

第二条　纪律严明的民兵是保障自由州的安全所必需的，因此人民持有和携带武器的权利不得侵犯。

第三条　在和平时期，未经房主同意，士兵不得在民房驻扎；除依法律规定的方式，战时也不允许如此。

第四条　人民的人身、住宅、文件和财产不受无理搜查和扣押的权利，不得侵犯。除依照合理根据，以宣誓或代誓宣言保证，并具体说明搜查地点和扣押的人或物，不得发出搜查和扣押状。

第五条　无论何人，除非根据大陪审团的报告或起诉，不得受判处死罪或其他不名誉罪行之审判，惟发生在陆、海军中或发生在战时或出现公共危险时服现役的民兵中的案件，不在此限。任何人不得因同一罪行而两次遭受生命或身体的危害；不得在任何刑事案件中被迫自证其罪；不经正当法律程序，不得被剥夺生命、自由或财产。不给予公平赔偿，私有财产不得充作公用。

第六条　在一切刑事诉讼中，被告享有下列权利：由犯罪行为发生地的州和地区的公正陪审团予以迅速而公开的审判，该地区应事先已由法律确定；得知被控告的性质和理由；同原告证人对质；以强制程序取得对其有利的证人；取得律师帮助为其辩护。

第七条　在普通法的诉讼中，其争执价值超过二十美元，由陪审团审判的权利应受到保护。由陪审团裁决的事实，合众国的任何法院除非按照普通法规则，不得重新审查。

第八条　不得要求过多的保释金，不得处以过重的罚金，不得施加残酷和非常的惩罚。

第九条　本宪法对某些权利的列举，不得被解释为否定或忽视由人民保留的其他权利。

第十条　本宪法未授予合众国，也未禁止各州行使的权力，保留给各州行使，或保留给人民行使之。

杰斐逊这下子放心了，这十条修正案把宪法当中许多语焉不详的公民权利和政府办事的正确程序说清楚了。这下也不用去费心猜度华盛顿、汉密尔顿他们是不是有往独裁发展的倾向了，没有最好，我们多虑了，有也无所谓，宪法修正案管着呢。

耐心把这十条读完，您就会知道这个法案有多么重要，本书无需多言。

美国，美国，您说这个国家到底有什么可美的？人口虽众，奇葩怪咖却不少；地盘虽大，穷山恶水却居多。如果说美国之美有十分，本书作者认为至少有八分在于她的宪法及修正案。

杰斐逊和麦迪逊以为华盛顿会在宪法修正案通过之后大发雷霆，结果却相反，华盛顿喜滋滋地乐观其成，还亲自手写了十四份修正案，十三份发给各州保存，一份在国会留底。

杰斐逊对麦迪逊说："看样子华盛顿没有独裁的想法，我们这么做是不是过分了？"

麦迪逊说："管他有没有这样的想法呢，人心本就是无底洞，防着点总是好的。况且，美国又不是只会有华盛顿一个总统，以后的人想干啥，谁能保证？修正案既然已经通过了，那么我们就暂时帮着汉密尔顿他们摆平匹兹堡的乱局吧。您知道吗？现在骚动起来的不只是匹兹堡了，想搞事情的也不只是国内了。北部佛蒙特、缅因这些地方正在和英属加拿大眉来眼去，有不少人想要脱离联邦，转会加拿大了；南部西班牙所属的佛罗里达总督也在勾引密西西比州流域的那几个地方，说是如果他们投靠西班牙，就可以共享密西西比河的航道。"

"嗯……"杰斐逊闻言，沉吟了半晌说，"眼下还是跟汉密尔顿他们同舟共济，先渡过这个难关再说吧。"

麦迪逊听杰斐逊这么说，松了口气，心想："你不是说要趁这个时候弄死汉密尔顿吗？幸好改主意了。看来你还算个识大体的人，以后就跟你混了。"

　　乾隆帝的爱将福康安的面前也摆着一处难关。公元1791年，乾隆五十六年八月，福康安受命率军入藏，驱逐入侵的廓尔喀人。

　　公元1792年，乾隆五十六年十一月二十六日，福康安抵达西宁。次年二月十七日，抵达前线日喀则。与西藏官员及僧俗交流之后，福康安掌握了廓尔喀事件的大致情况。

　　廓尔喀是西藏近邻，在今尼泊尔加德满都附近建国，与西藏有着密切的经济关系。西藏缺铜，货币用银，廓尔喀人铸银的技术高于西藏，西藏人就大量雇用廓尔喀匠人，让他们把银子带回尼泊尔之后加铜加铅，铸成银币之后运回，费用是在双方议定之后，廓尔喀人自行从银子里抽取。

　　后来，廓尔喀为了赚钱，宣称以后都要铸造纯银钱币，不再加铜加铅，要求西藏拿出更多的银子来兑换新币。廓尔喀单方面改变贸易传统的做法引起西藏的不满，双方从此贸易摩擦不断。矛盾累积下来，战争的爆发就只需要一个偶然的借口了。

　　公元1780年，乾隆四十五年，西藏六世班禅进京为乾隆帝七十诞辰贺寿。乾隆帝为笼络西藏，赏赐给他无数金银。后来，六世班禅不幸在京逝世，这些财宝带回西藏后被他的弟弟仲巴呼图克图独吞，没有跟其他寺庙分享。

六世班禅的另一个弟弟，噶玛噶举派红帽系活佛沙玛尔巴眼红了，勾结廓尔喀人于公元1788年，乾隆五十三年入侵西藏，连续攻占聂拉木等西藏边防重镇，兵临日喀则城下。

西藏分为前后两部，前藏以拉萨为核心，奉达赖喇嘛为首，后藏以日喀则为中心，奉班禅额尔德尼为教主。历代班禅遵纪守法，是清王朝控制西藏的重要砝码。日喀则濒危，乾隆帝自然不能不管。

既然国家有驻藏大臣，这件事情就交给他们办吧，朕在后面帮帮场子就行。一开始，乾隆帝没把这事看得太要紧，从四川调集了几千人马和几十万钱粮去西藏，就觉得足够了。

他低估了廓尔喀，或者说他压根就没有认真了解过廓尔喀人的战斗力。这个山地民族平均身高不过一米六，佩戴着形状夸张、如今俗称为"狗腿刀"的戈戈里弯刀，终生在喜马拉雅山南麓四处飞腾，他们有着南亚民族极其罕见的坚定意志和严明纪律，英勇善战几乎是与生俱来的本能。

听说过现在英国的廓尔喀兵吗？侵略西藏之前，廓尔喀刚刚让从南边印度来犯的英国人吃了瘪，迫使他们的扩张脚步停在了不丹。

这帮骁勇有如阿修罗般的乱战狂徒张牙舞爪地来犯，可把西藏各界吓个半死，驻藏大臣束手无策，毫无主张。乾隆帝烦了，另派前任驻藏大臣、现理藩院侍郎巴忠前往西藏总理相关事务。

西藏与北京相距遥远，乾隆帝的调度很需要一些时间才能到位。巴忠到达西藏之前，乾隆帝还得忍受驻藏官员无能所带来的恶果。

公元1788年，乾隆五十三年七月底，驻藏大臣奏报西藏一些高层僧俗权贵私自与廓尔喀讲和，已经同意了廓尔喀提出的拿钱赎地的要求，只不过具体数目还在讨价还价。

十二月，巴忠抵达前线，西藏却已经跟入侵者差不多谈妥了。巴忠没有办法，只好一边跟廓尔喀接着谈，一边跟驻藏大臣一起编造谎言糊弄乾隆帝。

最后谈出来的结果是西藏每年给廓尔喀约合9600两白银的赔款，交换廓尔喀退土撤兵。巴忠上奏乾隆帝的却是廓尔喀主动恭顺地服软求和，无条件撤军。反正这种事在乾隆朝已经形成了固定套路，巴忠所编造故事的逻辑与细节都很符合乾隆帝的口味。

例如奏报里有一句说廓尔喀头人"环跪营门，悔罪乞恩"，引得乾隆帝大呼过瘾。巴忠这家伙没能生在二十一世纪做编剧，想来真是可惜。

赔款的事情，巴忠只字不提，反正赔款是由西藏出，和清政府没关系，能瞒得过去。办完这些，巴忠高高兴兴地回京领赏去了。

结果呢，西藏地方政府言而无信，拖欠了对廓尔喀人的赔款。所以，人家第二次入侵是要债来了。这次来得更猛，攻占了班禅驻锡的扎什伦布寺，还放肆羞辱了历代班禅灵塔。

当廓尔喀人来到扎什伦布寺时，当时主管后藏事务，也就是独吞了哥哥六世班禅得来的赏赐的仲巴呼图克图居然六神无主地跳神打卦，得到的神谕是"不可与贼接仗"。他于是丢下哥哥的灵塔，带着年少的七世班禅跑了。

公元1791年，乾隆五十六年十一月，乾隆帝从达赖喇嘛的来信中，终于了解到了廓尔喀事件的原委，也明白了巴忠自杀的原因……

从瞻对，到金川，从缅甸，到安南……几乎乾隆帝的每一次用兵都有着来自队友的欺瞒，使得乾隆帝的每一次战绩回忆起来都不是那么完美。这次用兵，乾隆帝暗下决心，一定要求个真真正正的完胜。不然，离自己誓言退位的六十年期限已近，纵使能瞒过天下人，这样的战绩又怎能让自己安心？

乾隆帝从广东调来了自己最宠爱的大将福康安率万余大军入藏，调孙士毅为四川总督，坐镇后方督办钱粮，准备军费五百万两，征集两淮两浙商人捐献二百五十万两，命令西藏各级僧俗官员出钱出粮出军备，得到牦牛一万五千头、火药两千四百斤、大炮三十门。

福康安果然不负期望，于公元1792年，乾隆五十七年开春回暖之后，集中兵力向西，挨个拔除廓尔喀据点；五月上旬攻克中尼边境重镇济咙，进入尼泊尔境内。

多少次噩梦都是从进入敌方境内开始啊，瞻对、金川、缅甸、安南……这次呢？

这次，大清王朝躲过了这样的命运。七月四日，福康安六战六捷，兵临加德满都城下，廓尔喀乞降。这次是真的乞降了。

这次大胜，不是因为乾隆帝哪里做对了，哪里做得更好了，而是因为廓尔喀自身实力不足。廓尔喀人虽然善战，也只是混战中的尼泊尔诸侯里的一个，它的整个地盘都是边疆，没有回旋余地。廓尔喀周围的邻居也乐于看到清王朝收拾它，没有帮它的意思。廓尔喀无奈之下还曾向统治印度的英国东印度公司求援，但对方并没有理会。

考虑到冬季即将来临，喜马拉雅山各处垭口将会冰封，届时前线大军的退路将被切断，乾隆帝不像打前几次战争那样野心过大，眼见廓尔喀真的求和，也就见好就收。八月二十二日，清王朝同意了廓尔喀的请降，廓尔喀退回尼泊尔，退回从扎什伦布寺抢劫的财宝，退回西藏地方政府缴纳的赔款。

战争就此结束。但乾隆帝向来不是一个头痛医头、脚痛医脚的庸人，他善于在事后反思，用创设制度的方式做好善后。这个习惯保持得很好，虽然现在他的脑子想不动了，他也会让别人帮他琢磨出一个制度来。

这次，创设西藏善后制度的任务落到了福康安的头上。他看出了这次廓尔喀入侵背后的几个关键问题：

其一，西藏为什么一定要使用尼泊尔铸造的银币，傻乎乎地把经济命脉交给别人，任由别人讹诈？福康安建议以后西藏银币由朝廷铸造，就算成本高些，总也可以避免再跟外人惹是生非。

其二，此次祸事的直接原因在于六世班禅的两个活佛弟弟争夺哥哥遗产，最终，独吞遗产的仲巴呼图克图被押解进京，勾结外人的沙玛尔巴在战争中殒命，他的噶玛噶举红帽系活佛的传承也被乾隆帝下令终止。

什么叫活佛？什么是转世？我们简单聊聊。

佛教传入西藏之后，因教义的不同与所依附政治势力的不同，分为各种教派，各种教派各自声称自己的教主或高僧为某佛菩萨的示现化身，这种化身，汉语将其称为"活佛"。活佛的传承方式本来各有不同，有师徒相承的，也有世袭制的。

蒙古征服西藏后，力图全面控制西藏各大教派。其中噶玛噶举派教主噶玛拔希与忽必烈不和，他年事已高，担心身后自己的教派被忽必烈控制，决定用一种决绝的办法，阻断蒙元的企图。

因为他的弟子们都已经倾向蒙元政府，因此他放弃将教主之位传给弟子的惯例，宣布自己的灵魂将转世到某个符合条件的婴儿身上，待其长大成人之后继续以自己的名义统治该教派。

明末清初时，以宗教革新为旗号的格鲁派发展起来，就采用了这种传承方式。伴随着格鲁派在全藏取得统治地位，活佛转世制度也得到了最大限度的推广。

经过多年实践，西藏的世俗权贵们开始干涉转世制度，控制转世灵童。于是，许多活佛"转世"到了权贵之家。

长此以往，中央政府在藏主权受到侵蚀，格鲁派——这根清王朝在西藏统治的支柱迟早会被西藏地方权贵蛀空。

不过，权贵的贪婪最终使得问题暴露出来，给了清王朝及时补救的机会。

怎么办？令转世灵童制度摆脱权贵控制，回归公正的渠道是解决问题的关键。所以，福康安必须从这方面做文章。

他发明了一个叫作"金瓶掣签"的规则，附加在原来的转世系统中。活佛圆寂之后，还是由西藏地方政府按照宗教仪轨自己去找转世灵童，由于灵童标准的模糊性，灵童一般不止一个，那么最后选谁呢？福康安建议大家跟中央政府一起玩一个抽签游戏，把同时符合条件的几个灵童的名字写在象牙签上，放在一个金瓶子里，由代表皇帝的驻藏大臣抽出一个来，那个人就是正确的转世灵童。

这个游戏好！乾隆帝觉得，"金瓶掣签"中的中央政府并不做出什么具体的决定，不介入具体事务，但却拥有着最终决定权，这样既尊重了藏传佛教的原有传统，也确立了中央政府的至高地位。这很好！

乾隆帝批准了福康安的这个创意，将金瓶掣签制度写入《钦定藏内善后章程》，作为国家正式制度颁行，规定蒙藏区域内藏传佛教的所有高级别活佛，包括达赖喇嘛、班禅额尔德尼以及呼图克图级别的大活佛转世，都要经过金瓶掣签。即使条件不具备，想要免予金瓶掣签，也必须事先经过中央政府的批准。

公元1792年，乾隆五十七年九月初十，特地为灵童转世抽签打造的金瓶制作完成。乾隆帝派遣御前侍卫将其送往拉萨，被一同送去的，还有一个巨大的木制牌位，上面用汉满藏蒙四种文字书写着同一句话：当今皇帝万岁万万岁！乾隆帝要求金瓶在不用的时候，就供奉在这个牌位前面，逢年过节时，达赖喇嘛要亲自带人去给这个牌位和金瓶上香磕头。

就这样，西藏的事情算是了结了。

十月初三，心满意足的乾隆帝扳起手指，挨个数起了自己继位以来的历次结局光荣的战争。实在太丢人的不算，如乾隆十三年的瞻对战役；规模小的也不算，如历次镇压民变。剩下符合标准的有准噶尔、回部、金川、缅甸、安南、台湾的六次战役，加上这次降伏廓尔喀，一共七次。

乾隆帝觉得"七"这个数字不怎么完美，想凑足"十"这个数字来标榜自己十全十美的武功，于是将准噶尔战争分为两次，一次算成收拾准噶尔汗达瓦齐，一次算成追剿叛乱的阿睦尔撒纳。金川战争本就该按照两次来算。这样就有九次。

还差一个。

犯了强迫症的乾隆帝干脆把这次廓尔喀战争也算成两次，前一次巴忠去处理的算独立的一次，这样就凑足了十个数。乾隆帝自豪地宣传自己达成了"十全武功"的光辉成就。

他高高兴兴地写了一篇文章叫作《御制十全记》，以汉满藏蒙四种文字刻碑建亭，流传后世。

他的这十次大规模战争，本书在不同章节都有讲述，有些的确值得铭记，例如平定准噶尔、回部，奠定了今日中国之版图，但有些其实就挺尴尬的，例如金川、缅甸之战，例如第一次廓尔喀战争。

乾隆帝才不管那么多呢，人到老年，自有一套完整的糊弄自己的套路，至少那些糟心的事情可以不去想嘛，这样依然可以怡然自得。十月初三之后，他给自己起了个绰号，叫"十全老人"。

差不多半个月后，即公元1792年，乾隆五十七年十月二十日，两广总督郭世勋奏报"十全老人"，说接到英吉利国东印度公司报告，该国国王乔治三世派遣正式使节马戛尔尼勋爵率团来华进贡，已从英吉利国启程，希望可以拜见皇上。他们说带来的贡品量多体大，希望可以绕过广州，直航天津登岸，问"十全老人"是否同意。

来就来吧，还带这么多东西……既然东西带得多，说明人家孝顺，那就直接来天津吧！"十全老人"愉快地决定了。

107 革命

乾隆五十七年，公元1792年7月30日，法国首都巴黎近郊，因大革命的持续，这里的一切都混乱不堪，包括政治局势、民众心理以及市容市貌。曾经美好的法国，如今像一堆碎成渣后又被脏鞋子踩了无数次而瘫软在泥浆里的纸片，人见人烦。

这天早上，从一队人马里传出的整齐嘹亮的歌声闯进了巴黎人的耳畔，暮然惊醒了他们昏迷已久的心灵：

"前进！祖国的儿郎！醒来！光荣之日已经到来！与我们为敌的暴君，扯起了血腥的旗。可曾听见，战士们奋战的嘶喊？敌人已经杵在我们面前，想要杀害我们的妻儿！"

"武装！法兰西公民！列队！排好你们的队列！进军，进军！万众一心！用敌人肮脏的血液，浇活我们龟裂的田野！"

"你听这歌，真好听。叫什么名字？"有人这样问。

"不清楚，反正唱歌的那些人是从马赛来的义勇军，我想这首歌应该叫《马赛曲》吧。"有人这样答。

"你听这歌，歌词好长，后面越唱越露骨了，什么'国王和那些卖国贼，都怀着什么鬼胎？试问这些该死的镣铐，究竟应该给谁戴？'"

"嗯，是啊，该给谁戴上呢？这歌写得好！贴近现实，深入人心。"

等等，上次聊到法国大革命时，不是说他们已经颁布了一部光鲜亮丽的《人权宣言》了吗？此后的革命难道不该是光明坦途，越走越好，越走越顺了吗？怎么搞成像《马赛曲》里说的，敌人，国内的国外的敌人，都张牙舞爪地杵到我们面前，要杀害我们的妻儿了？

还是得从《人权宣言》颁布之后的那段日子说起。乾隆五十四年，公元1789年8月底，法王路易十六断然否决制宪议会有关废除封建制的法案以及《人权宣言》。

老百姓生气了，真的生气了！虽然他们里的大多数人其实搞不清楚废除封建制法案的深远意义和《人权宣言》的具体内容，但是资产阶级对老百姓解释道：国王就是铁了心不给老百姓活路。

生活中的一切似乎都在证明资产阶级的煽动是真的。巴士底狱事件之后，有权势的人遣散他们的仆人，变现他们的财产，渐次离开巴黎，离开法国。世间的财富正在像躲避瘟疫一般躲避法国，留下无数失业人群无奈相望。

当季的小麦已经收割，但由于资金的撤离或隐蔽，小麦胀破了仓库也没人前来收购。磨坊时转时停，面包供应时断时续，巴黎百姓的肚皮时紧时松……

终于在10月，这条奄奄一息的供应链断了。

法国男人都去忙别的了，为面包的事操心的是家庭主妇们。10月5日一大早，巴黎哈勒区和圣安东尼区的十二位家庭主妇们站出来了。她们在参加过攻打巴士底狱的"勇士"斯坦尼斯拉斯·马雅尔的带领下，冲进巴黎市政厅，向制宪议会讨要面包。

"你们这些该死的男人，说好革命了日子就好过的，怎么还是这个样子？"大妈们的吵嚷迅速引来了一大波围观群众。

从市政厅里出来接待这些悍妇的是制宪议会议员罗伯斯庇尔。

"您说得是，您放心，我们会去调查面包问题。"罗伯斯庇尔应和着妇女们的愤怒，还不失时机地继续为这把怒火添点柴，"另外，据我所知，今年小麦的收成还不错，可为什么却让大家饿了肚子，此事另有

⑩⑦
革命

671

隐情呢……"

"小伙子，你什么意思？你说清楚！"妇女们追问道。

这年月的法国，每个人都习惯于这种"另有隐情"的阴谋论思维。什么事只要往阴谋论的方向一扯，且不管它的逻辑是完善的还是瞎扯的，总能得到一大帮人认可。

没办法，谁叫你王室和贵族人品太差，太没公信力了呢。现在，凡事只要是你们提供的说法，大家一概不信。那不信阴谋论，信什么呢？

"你们知道吗？据说有人给巴黎周边的磨坊主都打了招呼，给他们塞了钱，还威胁了他们，不准接受巴黎所有平价面包店的订单！"

十二妇女闻言大怒："谁干的？！太缺德了！"

罗伯斯庇尔神神叨叨地指了指西南方。那是凡尔赛的方向，法王路易十六此刻正在那里的宫殿里。

十二妇女中有一个会了意，转过头来问给她们带路的马雅尔："小马，召集国民卫队，带我们去凡尔赛宫，敢不敢？"

罗伯斯庇尔一听，顿感头皮发麻，他以为不过是随手往骆驼背上扔了一根小稻草，却没承想，要压死这头已经严重超载的骆驼，差的只是他这根小稻草。

国民卫队去凡尔赛宫，这是要翻天啊！罗伯斯庇尔这才认真严肃地考量了一下当下的情况：民选的巴黎市长贝利和国民卫队总司令拉法耶特这天都恰好不在市政厅，这帮妇女就恰好来了，气势汹汹地来了。自己不过随便一说，反正大家揶揄国王也习惯了，本来没人当回事，这帮妇女却有个杆子就要往上爬，说出要闯凡尔赛宫这种翻天的事来，却还一副胸有成竹的样子。

这什么情况？罗伯斯庇尔有些蒙圈。

一抹眼光从人群中向他射来，那里面有一种见惯阴谋后的安然，似乎在向罗伯斯庇尔示意：淡定，小伙子，淡定。

罗伯斯庇尔定睛一看，那束目光来自十二妇女中的一个，那妇女绝不可能是个普通的家庭主妇！罗伯斯庇尔明白了，整个事件有一双看不见的手在背后推波助澜。

是谁呢？

可惜，直到今天，我们也无法获知到底是谁。法国史学家乔治·勒费弗尔在谈到公元1789年10月5日发生的事件时说："这可能不是件偶然的事，但对其筹备经过，我们至今一无所知。"

当天正午十分，国民卫队集结完毕，总司令拉法耶特也终于出现。不过，他看上去像是被召集而来的，一副没睡醒的样子，仓皇不知所措。

巴黎市政府发布了命令：让国民卫队去凡尔赛，把国王带回来。在市长贝利不在场的情况下，发布命令、接受命令的对象本来也是与市政府并没有隶属关系的国民卫队。

凡尔赛是国王和贵族的老巢，巴黎则是资产阶级的城堡，把国王从他的老巢带到资产阶级的城堡里来，是什么意思？有什么作用？想明白了这一点，这件事具体是谁操作的，似乎也就不那么重要了。

反正肯定是资产阶级队伍里，有人想要挟天子以令诸侯了。制宪议会主席穆尼埃跟随十二妇女和国民卫队，以及一大波（据说有六万）准备跟着来帮忙、帮腔、帮闲的围观群众一起在傍晚抵达凡尔赛宫。路易十六正在外打猎，穆尼埃大大咧咧地命令王室仆从前去召请国王提前回宫。

路易十六听话地回来了，似乎没有意识到往常只有国王召见他人，没有相反程序这个问题。他回到了凡尔赛宫，接见了穆尼埃，也接见了十二妇女。穆尼埃请求他考虑收回否决制宪议会法案的决定，十二妇女请求他解决巴黎百姓的粮食危机。他搪塞了前者，说自己还要考虑考虑；答应了后者，准备将储存在凡尔赛宫的面粉全部运往巴黎。

路易十六喜欢轻缓的生活节奏，他害怕那种大事临头需要当机立断的感觉，那种感觉令他觉得窒息。无论大事小情，他都要稍微往后拖一拖，不喜欢被逼得太急。

他觉得穆尼埃的要求代表了制宪议会的意思，那么反正穆尼埃最早也只能明天回巴黎，那我好好想想，今天晚上想好了，明天早上通知他也不迟。

那天晚上，他想好了，要收回对废除封建制度议案和《人权宣言》的否决，决定再次向第三等级让步，希望能换得他们的支持。他决定第二天早上通知穆尼埃他的决定。

午夜，门外的骚动惊醒了国王。"克伦威尔来了！"路易十六听到门外有人喊。

克伦威尔？那个早已作古的十七世纪的英国人？那个扛着民主的旗帜，杀死国王查理一世后自封护国公，实行独裁统治的军阀？

"克伦威尔不会独自前来的！"从门外传来一个熟悉的声音，显然是那个被称为"克伦威尔"的人在做自我辩护。

"陛下，国民卫队总司令拉法耶特侯爵求见！"正式的通报传来。

他来干什么？路易十六向来不喜欢这个在贵族与资产阶级之间脚踩两只船的家伙。他就是现在法国的克伦威尔？路易十六不明白。

拉法耶特道貌岸然地说话了："陛下，臣来到这里是为了告诉您国民卫队以及群众们的要求，他们并不打算伤害您，条件是您应该遵从议会的政令，不然他们会逼您退位。他们还推举臣做临时摄政，不然，他们就会要了臣的性命。您知道，臣是被逼的……"

"好，行，没问题，都没问题。行了吧？告诉他们散了吧。"

"另外，他们请您立即回驾首都巴黎！"拉法耶特又说。

国王盯了拉法耶特一眼，像一个懵懂的孩子终于明白了很多事。

10月6日清晨，路易十六刚想召见穆尼埃，通知他昨晚的决定，却接连接到宫门守卫的报告：国民卫队连同跟着他们从巴黎过来的群众，开始齐步涌进王宫大院，与路易十六的禁卫军发生推搡，进而开始肢体冲突，最后不知是哪一方先开枪了！

事闹大了！双方互有死伤。人数占优的群众一方冲垮了近卫军的防卫，冲进宫中搜寻国王。

路易十六惊惧万状。这时，王后牵着他们的孩子慌慌张张地跑进了他的房间，连衣服都还没有穿好。路易十六知道发生了大事，不然他那高贵的妻子绝不会如此狼狈。王后说她的寝宫已经失守，衣衫褴褛的群众撞开了她的房门，占领了她的卧室！

凡尔赛宫内的路径非常复杂，王后寝宫更是隐秘，没有带路党，这些穷老百姓怎么可能这么快就找到这里来？

路易十六还在困惑之时，门外纷乱的声音已经邻近，群众已经涌到了他的寝宫之下。好像有人指挥似的，他们在寝宫的庭院里停下了。

这一定是拉法耶特搞的鬼！

我搞的？我还在睡觉呢，我怎么搞？拉法耶特昨夜在与国王会晤之后以为自己已经掌控了局势，所以睡得很香，现在听闻群众突然闯宫的消息，他胡乱裹起衣裳，赶往国王寝宫。在他的命令下，属下好不容易才把国王的卫兵和闹事者分开，但寝宫之外的事态发展他就完全顾不上了。

拉法耶特进入寝宫见驾，哭丧着脸对国王说："陛下，与其死于暴乱之中，我更愿意死于您的脚下。"

看着拉法耶特一副要死要活的可怜样子，路易十六确信他不是克伦威尔。他昨天不过是想狐假虎威，借势上位而已；今天他发现，这股势力根本不属于他，这不是他能借得了的势。

那到底这场事是谁搞的呢？和罗伯斯庇尔、路易十六一样，拉法耶特的脑子里也出现了这个问题，他也无法解答。

想做弄潮儿的人们今天都被潮给弄了……

拉法耶特请国王驾临阳台，和群众见个面，说几句两相安抚的话。但下面的嘈杂群众根本没听清楚国王说的什么内容，也没心思去听，等国王和拉法耶特都说完了，他们齐声吼出自己的要求：国王回巴黎去！

107

革命

为什么不是"我们要面包"这种实用的要求，而是"回巴黎"这种政治意义重大，却无法解决眼下实际问题的口号？这一切看上去都不像是一次偶然突发的一般群体性事件。

种种迹象表明，大革命所呈现出的混乱状态在很大程度上出自某种力量的精心编织。

闯宫的群众一共有六万人之多，簇拥着他们的战利品——国王与王后，向巴黎进发。惊惶的路易十六喃喃自语："我不想伤害任何人的利益。"他始终是一个善良的人，但善良的人从来不是合格的君王。失望的拉法耶特走到王后玛丽·安托瓦内特身边问："殿下，您有什么想法？"王后回答："我知道我的命运，我愿意死在国王的脚下。"

王后在盘算着可以撬动的救援，首先是她的哥哥——神圣罗马帝国皇帝、奥地利公爵约瑟夫。只要能让哥哥知道自己的处境，哥哥绝对不会袖手旁观。

她是个善良的人，是个合格的王后，并非一个成熟的阴谋家。

处境尴尬的国王夫妇依然履行了自己昨天的诺言，命令将凡尔赛宫的面粉全部运往巴黎，尽快做成面包发放给市民。这一举动却成了可供闯宫群众们揶揄的段子。

"小面包师夫妻回来咯！"

"谁？哪家的面包师？"

"还能有谁？我们的国王和王后啊！"

"小面包师"夫妇被押送到了杜伊勒里宫。这座位于塞纳河右岸的宫殿，始建于公元1559年，曾经是波旁王朝的主要宫殿。自公元1682年，路易十四乔迁至当时刚刚落成的凡尔赛宫，杜伊勒里宫已被废弃百年有余。百年间积攒下的灰尘、蛛网以及木制家具霉变产生的气味，令路易十六夫妇坐卧不宁。

国王还行，好不容易打扫了一片干净地方出来，挨上两天也就随遇而安了。王后不行，怎么都不行，她忍受不了，她要站出来，为她自己、为老公、为家里的孩子们而有所作为。

王后背着颓废的丈夫，有生以来第一次认真观察起了国际局势。她非常明显地感觉到，从巴士底狱事件之后，瘫痪的法国已经不被算作列强之一。波旁王朝有如一位当街昏迷的老富翁，倒地之后立即引来一伙流氓摸索他身上的财物。

欧洲的法兰西势力瞬间消失，东欧地区首当其冲，脆弱的波兰失去了法国的庇护，立即引得俄罗斯、普鲁士、奥地利三头野狼齐聚华沙，为再次瓜分波兰吵得鸡飞狗跳。

看到法国的混乱依然没有收尾的意思，还在往纵深发展，俄国女皇叶卡捷琳娜先发话了，她严厉谴责法国制宪议会，认为第三等级的作为纯属倒行逆施，并庄严地向全欧宣告：铲除法国的无政府状态，将是一件万世不朽的勋业！

既然这份勋业不朽，那么她会不会跨越千山万水来镇压法国的动乱，就像乾隆帝帮助安南黎氏王朝一样，来一次存亡继绝的大义表演呢？

不！太远了，我们俄国管不了。叶卡捷琳娜在喊出这句极其高调光鲜的口号之后，就再无动作。她想把别人推在前面，自己却在后面磨蹭。

她把谁推在前面了呢？当然是正在和她争夺波兰的普鲁士和奥地利。这两个国家与法国的恩怨更加密切，只要他们回头去干涉法国，那么俄罗斯就有机会独吞波兰。

好的，你们放心去扮演存亡继绝的英雄、大英雄，老娘会给你们加油的。区区波兰的事情，你们放心，老娘来收拾就可以了。

奥地利的约瑟夫二世、路易十六的大舅哥、玛丽·安托瓦内特亲爱的哥哥，此刻有心无力。他的以废除农奴制为核心的改革事业已经遭遇了倾塌式的失败；奥地利伙同俄罗斯对土耳其的作战陷入泥潭；在谈判桌上与俄罗斯、普鲁士争抢波兰也不占上风；法国大革命波及奥属尼德兰（比利时），当地以脱离奥地利为目的的暴动频发。在国内，约瑟夫则陷入众叛亲离的窘境，一病不起，奥地利也就群龙无首，做不出任何决断。

乾隆五十五年，公元1790年2月20日，约瑟夫二世死了。继位的是他的弟弟利奥波德二世。虽然他是路易十六的二舅哥，但二舅哥和大舅哥是不一样的，利奥波德二世对法国事务完全没有兴趣。他很清楚，只有混乱且衰弱的法国才能对奥地利完全没有威胁；如果波旁王朝恢复元气并强大起来，即使他们的国王是自己的妹夫，他们的王后是自己的妹妹，那又能怎样呢？该动刀子的时候不还是得动刀子？

因此，妹妹好不容易从巴黎塞给他的求救小纸条，二舅哥利奥波德都懒得去拆开。

远方的瑞典国王古斯塔夫三世也把法国的事情看得很淡。他说："国王和王后可能身处险境，但这种危险却并没有危及所有国王的头。"说完这话，他就趁着强邻俄罗斯把注意力都放在波兰身上的机会，对其发动突袭，一度兵临圣彼得堡城下。

倒是普鲁士看到法国、奥地利同时陷入困境，开始蠢蠢欲动了。普鲁士国王想趁机拿下他垂涎已久的奥属尼德兰（比利时），于是，普鲁士军队开进荷兰，只要时机一到，他们就能以帮助奥地利镇压比利时革命为由，去把这锅生米先煮成熟饭，再等奥地利开价来赎。开价到位的话就算了，如若开价不到位，比利时我们就留下了。

英国？怎么可能少了英国？英国最爱趁火打劫，也最爱打劫法国，这种场合怎么可能少了英国的份？不过，人家英国讲究个绅士风度，要参与这件事，得有个适合的切入点。

虽然路易十六的密使给英国首相小威廉·皮特传来了口信，说愿意割让一些殖民地给英国，以换取英国保持中立，不要来当搅屎棍，可是小威廉·皮特却对法国的乞求不屑一顾。他告诉法国人，因为英国和普鲁士之间有盟约，所以，一旦法军跟普军交火，英国一定不会坐视不管。

而且，普鲁士人现在已经压过去了，擦枪走火的几率很大，英国一定不会没有机会。

上呀，普鲁士，你们快上呀！小皮特、叶卡捷琳娜等热心"观众"在后面不断地给普鲁士加油鼓劲，催促普鲁士人赶快动手。开始的时候，普鲁士人还只是觉得有点不好意思，后来渐渐品出了点儿别的意思。你们，你们突然这么热情，是什么意思？

普鲁士国王弗里德里希·威廉二世警觉起来，难道他们是想我们普鲁士第一个冲上去为他们火中取栗？这可不行！

但是，但是，奥属尼德兰确实是块好地方啊，这么好的机会不下手，对不起先王啊。这怎么办呢？

就这样，虽然法兰西王室的求救书信在欧洲各国王室之间飞来飞去，法兰西王后玛丽·安托瓦内特望穿秋水，萧索的杜伊勒里宫中，梅花谢了桃花开，但整整一个乾隆五十五年，公元1790年，欧洲的各位国王，没有任何一个人真的来拉波旁王朝一把。

普鲁士的东想西想最终让他们想要的一切化成了水，公元1790年11月，已经平息内乱的奥地利大军开进奥属尼德兰，摆平了那里的一切。普鲁士搁在荷兰的军队也就没有继续待在那里的理由了。

弗里德里希·威廉二世尴尬地愣着。到手的鸭子飞了，可是已经举起来的刀叉又不好意思就这么放回来啊，普鲁士人赴宴，从来没有饿着肚子回来的传统。

得找点事做！

是啊，得找点事做！与此同时，杜伊勒里宫里的路易十六夫妇深刻地感到不能再这样坐以待毙了。

从凡尔赛逼宫事件发生后至今，控制制宪议会的是资产阶级中的保皇派，他们被称为"斐扬派"，主张建立英国式的君主立宪制度。他们的首领拉法耶特在这段时间非常得势。

拉法耶特之心，路易十六皆知啊，这个虚与委蛇的家伙最后的理想是成为法国的华盛顿。他要是当了华盛顿，那这法国还有我波旁王室什么事呢？

妻子的求援一无所获且丢尽王室尊严，她已经黔驴技穷。现在该看丈夫路易十六出招了。这一年，国王几乎接受了制宪议会提出的所有要求，近乎谄媚地换取议会的信任，逐渐让他们放松了对自己的看管。

乾隆五十六年，公元1791年6月21日，巴黎东边香槟－阿登大区境内的圣梅内乌德驿站。站长德鲁埃带领他的几个属下在黄昏时分拦下一辆古怪的大马车。这马车形状奇异，硕大无朋，德鲁埃目测里面至少可以塞下八个人，于是他掀开了车棚，里面果然有许多人惊恐地看着他。

"超载了！下车！"德鲁埃喝令。车上的人只好依次下车，无一例外地逃避着他的逼视。

最后下车的两个人，德鲁埃看着很眼熟，好像在哪儿见过。在哪儿呢？

对了！去年在凡尔赛，跟着大伙儿逼宫的时候，他远远地见过这两个人，女的是王后，男的是国王！他们怎么跑到这里来了？不是正被软禁在杜伊勒里宫吗？

"您……是国王陛下？"德鲁埃壮着胆子问。被询问的男子眼神迷离，支支吾吾。

"那么，您是王后殿下咯？"德鲁埃又问那个女子。那女子瑟瑟发抖，无助地望向她的夫婿。

"好了。"德鲁埃看着这两人的神态，已经明白自己的记忆与猜测都是正确的，于是回头转向他的属下，小声命令他们前往巴黎，将这个情况告诉制宪议会，接着他又转过身来问国王，"陛下，您这是要去哪里？"

"这个……本王去瓦伦。"紧张过度的路易十六忘记了撒谎。

"那么，前面的路还长，国王您尽快启程吧。"德鲁埃说。

路易十六一行仓皇地上车赶路。一路上，烦躁的王后不停地抱怨国王："你刚刚慌什么？你是国王，你忘了？"

"哦……本王这辈子也没跟平民说过话，确实不知道该怎么对待他们。"

"撒谎也忘了？为什么要告诉他我们的目的地？"

"本王刚刚脑子里一片空白，再说应该，应该也没什么问题吧。再说，再说从昨晚我们逃离杜伊勒里宫开始，一路上也下过几次车，本王看旁边百姓们的神态，他们应该也知道我们的身份了，但不也还没事吗？"

"你还好意思说！不到最后我们跟布耶伊将军会合，进驻卢森堡要塞，等来各地勤王之师和普奥援军收复巴黎，你怎么能说没事？况且，本来上个月就应该执行的计划，你一拖再拖，拖到现在，出发了还老是要停车大小便，这耽误了多少工夫？我们跟布耶伊将军约好了在瓦伦会合的时间，时间到了，不管我们到没到，布耶伊将军的接应人员都会撤离！你看看，现在都什么时候了？"

"本王错了……本王下次不会了。"

看着路易十六那副脓包样子，玛丽什么都不想再说了。

她担心的事情发生了，到达瓦伦之后，他们果然迟到了，布耶伊将军的接应人员按照事先的约定——只要时间到了人没到，就意味着国王逃脱失败——而立即撤离。

路易十六一行蒙在了小城瓦伦，束手无策。

6月22日凌晨三时，一队全副武装的国民卫队队员赶来，奉总司令拉法耶特将军钧令，敦请国王回驾巴黎。

国王勾结内外敌人镇压革命的企图随之公之于众。

那么，革命最可怕的敌人不就是他路易十六吗？！巴黎群众再次愤怒了。拉法耶特的斐扬派所控制的制宪议会为了稳定政局，顺利实现建立英国式君主立宪制的目的，竭力扭曲事实，把国王出逃说成是被坏人劫持，为国王开脱，因此也被巴黎群众看作了敌人。

7月15日，雅各宾俱乐部头目雅克·布里索和罗伯斯庇尔等人带领巴黎群众向制宪议会递交请愿书，要求制宪议会废黜路易十六，另立新君。同时，将请愿书公布于巴黎市内征集市民签名，以壮声势。

拉法耶特动怒了。这家伙还没有登上权力巅峰，却已经有了当权者的毛病，例如神经过敏地害怕民众自发聚集。7月17日，拉法耶特出动国民卫队，闯入征集签名的主要地点——塞纳河南岸的马尔斯广场。国民卫队在执行驱散的过程中，打死打伤群众数人。

国民卫队打国民咯！拉法耶特暴露咯！"把拉法耶特吊死在路灯杆子上！"巴黎公民怒吼道。

随后，拉法耶特又在巴黎进行了大规模清查反对派的行动，尤其针对带头闹事的雅各宾俱乐部。

拉法耶特的张牙舞爪使雅各宾俱乐部内部出现了分歧：雅克·布里索带着一帮主张妥协的多数派放弃了雅各宾咖啡馆，跑去福扬修道院另建俱乐部。因为这帮人里有几个头面人物来自吉伦特省，后世将这帮人称为吉伦特派。罗伯斯庇尔和留下的少数派则坚守原地，脱胎换骨之后，成为新的雅各宾派。

巴黎震荡的波及范围迅速越出法国边境，扭扭捏捏了一年多的普鲁士国王弗里德里希·威廉二世发出怒吼："这是多么可怕的先例！"他终于决定放弃对奥属尼德兰的觊觎，转而与奥地利联合，准备以帮助路易十六的名义打进法国去浑水摸鱼。

8月27日，普奥两国君主发表联合宣言，呼吁各国国王与他们一起同心协力，杀进法国去干掉该国那些犯上作乱的刁民，向全欧洲的老百姓们展示一下国王们的力量。两国君主宣布，如果法国刁民还不收手，他们将在来年春天杀过去。

普奥两国的施压似乎立竿见影，制宪议会加快了与路易十六沟通的进程。9月14日，以路易十六接受制宪议会的宪法，和拉法耶特辞去国民卫队总司令职务，转任王室军队巴黎卫戍司令为交换条件，制宪议会同意路易十六重新履任国王职务。

9月30日，制宪议会宣布自己的使命完成并解散，法国人民开始重新选举新的议会。10月1日，新的立法议会选举开始，拉法耶特的斐扬派依然占据多数席位，吉伦特派也不错，四百席的议会他们拿下了一百四十多个位置。

看样子，法国会成为一个君主立宪制国家，况且有英国作为先例，君主立宪并不是什么离经叛道的大逆之事。至少君主还在，在旁边虎视眈眈的普鲁士和奥地利也就没了干涉法国的口实，只好按兵不动。

翻过年来，乾隆五十七年，公元1792年3月1日，刚刚继位两年的奥地利国王利奥波德二世去世，他的儿子弗朗茨二世继位，普奥同盟再生变数。

3月16日，弗朗茨二世收到了来自法国王后，也就是他姑姑的密信：法国议会已经决定向普鲁士和奥地利宣战，法军已经打进了奥属尼德兰（比利时）。

啊?! 弗朗茨二世的下巴都掉到地上了，我们还没出手打他们呢，他们怎么就先动手来打我们了？这是怎么搞的？

因为在法国新的立法议会中占据多数席位的以拉法耶特为首的斐扬派认为：战争有利可图，战争可以给我们很多借口加强现有的权力，必要时，调集军队镇压反对派也很方便。

只拥有少数席位，实力却依然不可小觑的以雅克·布里索为首的吉伦特派则认为：战争有利可图，战争可以给我们很多借口限制拉法耶特的权力，必要时，我们就调集军队把拉法耶特给绑起来。

想要浑水摸鱼的不光是外国人，法国人自己也想这么做。只有罗伯斯庇尔看透了这两帮人的阴谋，发表反战演说，却也无济于事。立法议会以压倒性的多数票同意了对外宣战的提案。

法国先下手为强把普鲁士和奥地利搞得尴尬了。4月13日，奥地利决定将原先用于恫吓法国的军队分散前往守卫比利时各地，只留下一万余人的机动部队，等盟友普鲁士有了反应再做决断。

普鲁士大骂奥地利不讲义气，你就拿一万多人来帮我打法国？开什么玩笑？你不先动手，我也不动手！4月18日，普鲁士宣布，除非奥地利军队确定了向法国进军的日期，且必须是驻比利时的五万军队全线出击

（别想拿那一万把人去边境晃荡一下子就来忽悠），不然普鲁士军队不会采取任何行动。

没办法，奥地利只好告诉普鲁士：我们7月份开拔。

好吧，你7月，我就5月。我可以先去，但你必须跟上！

好的，我们会跟上。

在遥远的东方，看着普奥两军主力密集地向西开拔的俄国女皇叶卡捷琳娜乐开了花，她刚刚摆脱瑞典的纠缠，将古斯塔夫三世的军队赶出俄国，现在普奥两国又关心法国去了，这下子，波兰彻底是她一个人的独食了。

不过，没等普鲁士人5月出发去法国，法国军队已经于4月29日来到比利时西南部地区，主动挑战驻扎在当地的奥地利军。

革命中的法军与革命中的法国一样混乱不堪，奥军三下五除二就把法军全打趴下了，再稍微追击了一下，仗就打到了法国境内。拉法耶特乱了方寸，束手无策。

可这对于记者出身、擅长宣传造势的布里索和他的吉伦特派来说却是天赐良机。吉伦特派开动印刷机，告诉全国人民国运已到危急时刻，号召各地人们组织义勇军前来巴黎集合，共同对抗内外敌人。亢奋的群众们立即积极响应，扛着来源各异的长枪短炮往巴黎赶来。

南方兵团也高唱着激荡人心的《马赛曲》赶来，和其他义勇军一样，他们被吉伦特派、雅各宾派这些主张废除君主制的政治派别收入麾下，在保家卫国的同时，也成了吉伦特派、雅各宾派的武装力量。

布里索等人的胆子因此肥起来了，吉伦特派联合老战友雅各宾派旧事重提，再次要求议会废黜国王。他们这次不再说什么另立新君的事了，就是要废除君主制，另外，他们还要弹劾拉法耶特。

把华盛顿当偶像这么多年了，拉法耶特丝毫没有学到偶像在局势决定性时刻的坚定与绝决，这注定了他不过是个烦腻了贵族生活，想要到江湖上来过把瘾的轻率青年。当江湖上的腥风血雨真的吹打到他脸上时，他也还没发觉自己的热情不过是一场叶公好龙。

他丝毫没有察觉到各地义勇军进入都城后巴黎城里的风起云涌，如果他稍有些政治敏感性，能够利用自己手上的国民卫队和王室尚存的一些兵权先下手为强的话，历史的结局会大为改变。

拉法耶特如此，路易十六同样如此。如果有巴拉斯或波拿巴这样果断有力的人物掌舵，路易十六本可以作为胜利者迎接普鲁士军队的到来。

然而，愚钝的头脑删除了他们有更好命运的可能。

8月10日，法军与普奥联军尚在北方激战时，接替拉法耶特出任国民卫队总司令的芒达被召唤到巴黎市政厅。他被缴枪，被宣判，被处死，五分钟内一气呵成。

执行芒达死刑的是乔治·雅克·丹东，雅各宾俱乐部的重要成员。

来自马赛的义勇军再次高唱着他们那首激荡人心的曲子向杜伊勒里宫开进。吉伦特和雅各宾联盟的议员们用从芒达尸体上摸来的印信将杜伊勒里宫的看守，同时也是保卫国王的国民卫队调离。

一位二十三岁的小个子炮兵少尉因为他的队伍没有任务而无所事事。这天，他在杜伊勒里宫附近的骑术比赛场闲逛，目睹了马赛义勇军向杜伊勒里宫挺进的那一幕。

多年后，他对发生的一切依然感到不可思议。国民卫队被无故调离，国王再傻也应该知道这意味着什么；即使没有了国民卫队，王室依然可以立刻调动驻扎在附近的其他军队（包括他自己所在的部队）前来接班，只要国王这么做了，自己也不至于在这个尖峰时刻在外闲逛，王室也不至于就此束手无策。

他叫拿破仑·波拿巴。从那天起，他看到了这趟浑水里有太多的鱼，如果自己就待在这里等待法王的召唤，那实在是太浪费生命了。于是他给长官丢下一张请假条，请了个霸王假，溜出巴黎回到家乡科西嘉岛，想去实现他从小的理想：带领家乡脱离法国独立。

一个军官就这么溜号了也没人管，从这也能看出军队纪律涣散到了什么程度。王室军队纪律涣散的原因固然复杂，但国王忽略了对军队的控制无疑是其中的重要一点。

也许，路易十六有一种自信，他觉得自己虽然无能，但还算是个好人，他那善良的臣民们怎么也不会对他下狠手的，所以他一直不觉得有拿起武器保护自己的必要。

多年后，路易十六的弟弟、后来在短暂复辟的波旁王朝中称王的查理十世在回忆起那段历史时说，他的兄长之所以命运悲惨，就是因为他屡次在危急关头没有断然跨上他的战马。

8月10日傍晚，马赛义勇军包围杜伊勒里宫时，路易十六的身边只有一千一百名来自瑞士的雇佣兵，他们对国王的忠诚不过是一纸契约。

然而，在所有华丽的誓言都背弃国王之后，守护波旁王朝最后尊严的却恰恰是这些被认为最没道义的雇佣军。因为在他们的雇佣契约中有明文规定：在合同期限内誓死捍卫国王。

马赛义勇军与瑞士雇佣军展开激战，最终瑞士人寡不敌众，大部阵亡，路易十六看不下去了，走出宫殿，命令瑞士人停火，把自己交给了义勇军。统治法国两百零三年的波旁王朝就此告终。

波旁王朝结束了，法兰西还要继续前进。

吉伦特派就此掌握法国政权，当天宣布国王被"停职"；次日，又宣布封闭法国国内所有的基督教修道院。8月14日，议会宣布各地可以将流亡贵族留下的地产分为小块出售。9月20日，通过了将法国诸如结婚之类的民事登记事务权力从基督教会手上收回，交给各地政府管理的决定。

法国社会革命进入快车道，首鼠两端的君主立宪选项被排除，失势的拉法耶特于8月19日离开巴黎，从此再无翻身之日。

9月20日，法国前线部队在瓦尔密击败普鲁士军队，终于暂时遏制住了外敌干涉的步伐。两天后，即9月22日，趁势进击的吉伦特派操纵在其掌控下的立法议会宣布废除君主制，正式在法国建立共和制度，史称法兰西第一共和国。

火雨

吉伦特派，怎么形容呢？

这帮人，总的来说和已经失势的拉法耶特一样叶公好龙，像是一群充满妄想且演技拙劣的舞台剧演员，多年来苦苦期待聚光灯降临到自己头上，可那一刻真的到来时，却手足无措。他们每一次竭尽全力的认真表演，在观众看来都是莫名其妙的肢体抽搐。

他们没有像样的政治纲领，没有稳定的组织架构，甚至连个名字都没有，就连"吉伦特派"这个名字也是后来的人给起的，因为这帮人里，来自吉伦特省的人最多。

他们分不清走向哪边算是前进，走向哪边算是倒退，搞不清哪拨人是敌，哪拨人是友，不知道哪种事是恩，哪种事是怨。他们每个人都有一套自己的标准，整个吉伦特派却没有标准。

乾隆五十七年，公元1792年10月4日，雅各宾派领袖之一乔治·雅克·丹东善意地提醒吉伦特派抓住国王已经废黜，国外干涉也被制止的好时机，宣布国家已经脱离危险，以此缓和三年来无一日不紧绷的局势，抓紧实现国内外和平。

有和平，才能有包括吉伦特派在内的法国人民想要的一切。

不过，一团浆糊的吉伦特派却并不从善意的角度来理解丹东的建议，他们嫉妒丹东因在8月10日的起义中发挥了重要作用而人气飙升。

更重要的是，全国各军火商大多是吉伦特派的支持者，要是真的实现了国内外和平，那么他们为全面战争而备的货往哪里销呢？

吉伦特派得为战友们着想，于是他们非但没有宣布和平，反而四处招惹敌人。他们企图向莱茵河扩张，高调地挑唆德意志各邦国民众也和自己一样搞革命，然后加入法国。这些动作使得本已在瓦尔密战役后失去干涉法国兴致的普奥两国又回过头来，准备敲打法国。

英国首相小威廉·皮特趁机穿针引线，发挥英国固有的搅屎棍特长，联络普鲁士、奥地利、俄罗斯、西班牙、葡萄牙、撒丁王国、那不勒斯以及德意志各邦国，反正就是所有叫得上名字的欧洲国家，组建以法国为对手的同盟，史称第一次反法同盟。

另一位雅各宾领袖罗伯斯庇尔的脾气就没有丹东那么好了，他在议会上以激烈的言辞要求吉伦特派马上出台限制国内市场粮食价格的法令，禁止利用饥荒带来的粮食好行情而囤积居奇，大发国难财。

吉伦特派抬出自由贸易的伟大理想，拒绝了罗伯斯庇尔的要求。实际上跟军火商一样，大粮商也是吉伦特派的盟友，吉伦特派也得为他们着想。

因此，吉伦特派实际上是控制了大宗商品生产销售渠道的大资产阶级的保护伞。不过，是一把四处漏雨、自身难保且不知好歹的破伞。

从9月开始，吉伦特派对丹东和罗伯斯庇尔等人展开围攻，把一大堆从街头巷尾捕风捉影得来的丑闻全部倾倒到他们身上，丹东成了盗窃王宫珠宝的可耻扒手，罗伯斯庇尔成了屠戮一切反对派的可怕杀手。

丹东对这种无端羞辱感到愤怒，罗伯斯庇尔呢，装作愤怒，其实心里觉得还不错，至少在这件事上，吉伦特派那帮傻子看得还挺准，虽然我老罗现在还没杀过人，不过等到有机会且有必要的时候，我并不忌讳成为一个屠夫。

因为在这个世界上，只有像我罗伯斯庇尔这样拥有美德的人，才有资格活下去！

为了得到这样的机会，我现在先得把吉伦特派拉下马！

　　怎么拉？别看吉伦特派做事毫无章法，处处自相矛盾，有一条他们倒是很坚持，那就是坚持要宽大处理如今已经成为阶下囚的原国王路易十六及其王室成员。

　　大资产阶级——吉伦特派的盟友，之所以能控制各种大宗商品的生产销售，是因为他们大多出身旧贵族。他们利用在政府中所居的职位为自己的生意提供各种不公正的便利，靠着这点本事发了家；革命后，这些旧体制下的既得利益者摇身一变成为"大资产阶级"，找到吉伦特派作为他们新的宿主，继续他们过往的美好生活。

　　他们当然希望宽大处理国王一家，国王是法国旧贵族的总代表，只要他得到赦免，那么对于旧贵族的仇怨或许就会随着时间的拖延而不了了之，换上平民马甲的旧贵族就能在新时代借尸还魂，继续胡作非为。

　　保护好大资产阶级是吉伦特派的责任，保护好吉伦特派是大资产阶级的责任，这就是他们之间的同盟关系。被废黜的国王好好活着，是他们同盟和谐的保证。

　　丹东看透了这一层。他说："一旦把国王交付审判，怎么再能救他？国王出庭受审，他就必死无疑。"罗伯斯庇尔不光看透了这一层，还打算捅破这一层，因为弄死路易十六就能顺势弄垮吉伦特派。

　　12月2日，罗伯斯庇尔在议会上慷慨陈词："假如国王无罪，推翻国王的人便有罪……你们应该向路易十六跪下，恳求他的饶恕！"

　　假如国王无罪，那么这三年来除了波旁王室之外几乎全民参与的这场大革命，算个什么事呢？岂不真的是一场无聊无耻的犯上作乱？对于罗伯斯庇尔的诘问，全体法国人包括吉伦特派在内都不能不答。

　　可是一旦开口作答，答案却有且只有一个：国王必须有罪，必须去死！

　　这是罗伯斯庇尔想要的答案，只要大家肯定了这一点，那么一切都无法阻止了。

当然得肯定啊，谁不得为自己做过的事情正名呢？群情激奋之下，吉伦特派靠边儿站了。

罗伯斯庇尔雄辩的反问让人们不得不开始接受他的革命逻辑：杀人是革命不可缺少的一部分。不杀人，革命就无从谈起，而且还得从国王开始杀起。

12月11日，路易十六出庭受审。这是一场牛头不对马嘴的审判，从头到尾都是如此。针对国民议会的所有问题，前国王的回答一直是："我在那个时候拥有国王的身份，我所做的是我认为正确的事。"

既然要尊重程序正义，通过法律审判先定罪，再处死国王，而不是直接将其斩首示众，那么，前国王的辩白是有力的。法不溯以往是西方法律的基本原则，法律只关注未来，不理会过去，你不能拿着一条新法律去追问过往。

审判持续了几天，一无所获。吉伦特派眼见有机可乘，赶紧利用自己在议会中的多数地位提出议案，将国王的生死交给全国人民，具体的操作方式是各地议会一起投票。在各地地方议会中，吉伦特派此刻也占据着多数席位，因此他们认为自己胜券在握。

一个普通的胖子总会没来由地认为自己力气很大，时常忘记自己只是虚胖的事实。本书作者是这样，吉伦特派那帮人看样子也是这样。

吉伦特派不过是一群乌合之众，面对这样重大的议题，内部分歧严重。法国历史学家乔治·勒费弗尔饶有兴趣地指出，在全国各地有关这个议题的屡次投票中，每次投票，吉伦特派都发生一次分裂。

最后，12月28日，罗伯斯庇尔在议会的演讲宣告了吉伦特派计划的最终失败。他说："呼吁全国投票这一阴谋无疑是要让国民公会蒙羞，甚至希望导致它最终解散……（吉伦特派的计划是想）摧毁人民的努力，召唤人民所打败的敌人！"

议会因罗伯斯庇尔言语铿锵而情绪高昂，多数人都为罗伯斯庇尔的发言喝彩。此刻，吉伦特派的多数优势上哪去了呢？

罗伯斯庇尔享受着此刻专属于他的喝彩声，这个来自边远地区的年轻人自信爆棚，他更加坚信自己的座右铭：在这个世界上，美德一直只存在于少数人身上！

他向来把自己预设为一个拥有美德的人，因此，不论他做的是什么事，他都将其看作美德指引下的行为，从不反省。

乾隆五十七年，公元1793年1月15日，议会以424对287票的结果，否决了吉伦特派就国王生死问题举行全国投票的提议。从16日开始，全国议会闭门讨论路易十六的命运。两天后，结果出炉：365对356票，处死国王！

罗伯斯庇尔长舒了一口气，这个微弱的优势说明他这两天上蹿下跳、口干舌燥地各处游说没有白费功夫。

1月19日，罗伯斯庇尔乘势追击，再次游说议员们否决了给国王死刑以缓期的提议。国王的刑期被定在了后天，也就是21日上午。

德·马尔泽布先生，巴黎的一位律师，在议会为处死国王唱票的时候，来到坦普尔堡探视关押在此的囚犯——他的委托人，前国王路易十六。

"陛下，这种审判是不义的。这些人不是提倡三权分立吗？那么议会是立法机构，不是司法机构，他们哪来的什么审判权？另外，法律不能追溯过往，大革命之后颁布的法律管不了大革命之前的事情。最后，他们给您的罪名也很是荒唐，叛国罪，国王怎么能叛国？这是一场彻头彻尾的表演式审判，这种不义的判决不具备法律效力，您完全有理由不遵从！"

马尔泽布，这个忠于王室的律师说着说着就大哭不止，颓唐的国王面对此情此景不知该如何劝解。马尔泽布哭完接着说道："那些恶棍并不能完全掌控我们，每个正直的人都希望救您于危难，或是至少死在您的足下。"

马尔泽布在提醒路易十六，法国的保皇党势力依然潜力巨大，只要有一面旗帜，他们依然可以兴风作浪，胜负尚未可知。

"罢了……"仁慈的路易十六、软弱的国王有气无力地说，"德·马尔泽布先生，这样的过程将牵扯太多生命，甚至会引起巴黎内战。我情愿死去。因此，我恳求您命令他们不要试图解救我……法国国王是不会死的！"

马尔泽布含泪退下了。多年后，他的曾外孙来到这里，揭秘了曾祖父那代人的生命中发生过的剧变，他的观察与思考汇聚成一本名叫《旧制度与大革命》的书。他叫阿列克西·托克维尔。

1月20日，行刑前一天，路易十六和家人相聚了。前国王叮嘱儿子以后不要为自己复仇，告诉妻子自己明天还会过来看她。

1月21日凌晨五点，催命的鼓声叫醒了路易十六，有神父前来为他做了弥撒，行了圣餐礼，接着他被带往刑场。

断头台，这座魔鬼的獠牙被安放在革命广场（今协和广场）上，这是外科医生约瑟夫·吉约坦先生专门为更有效率地处决犯人而发明的一种半自动化机械。一樽四十公斤重的梯形钢刀被拉到高处固定，等犯人就位之后，行刑人启动机关，钢刀凭重力急速下坠，终结刀下的一切。

路易十六看到那东西，腿肚子哆嗦起来，他立即开始向上帝祷告。到了这个时候，有一份超越尘世的信仰还真是一件好事，它能让人相信即使是断头台也不可能终结一切，那不过是另一个时空的起点罢了。

祷告之后，路易十六的心神果然定下来了，他本来就是个随遇而安的人。这时候，他才看清革命广场上的人山人海，那些人曾经是他的臣民，现在则是法兰西共和国的公民。他忽然想对他们说些什么，但喉咙发干，说不出来。

说不出来就算了，看着公民们愤怒地盯着他的样子，他也不想说什么了。受审的日子里，路易十六一直想不通，自己处处仁慈退让，却为何人人都想要他去死。现在，看着大家的神情，路易十六明白了，这片国土上的人们把他看成了亨利四世以及路易十三、十四、十五这四位波旁王朝先君的合体，把这两百余年的怨恨都算到了他一个人身上……

呵，为什么是我？

"路易，脱下外套！"旁边的行刑人告知路易十六。

路易十六摇了摇头。

"脱下吧，没别的意思，你这立领的外套有可能挡住刀刃。虽然肯定挡不住，但死得就难看些咯。"

路易十六同意了。

"路易，手伸过来，得绑起来！"行刑人再次告知。

路易十六摇了摇头。

"也没别的意思，是怕你在大刀落下时下意识地用手去挡。虽然肯定挡不住，但死得就难看些咯。"

路易十六还是摇了摇头，他不会那样做的。这些年来，他原本有大把的机会扼住那把落到他脖子上的大刀，且成功的可能性很大，那些机会他尚且不屑一顾，又怎么可能做这样无助的挣扎。

但程序必须走完，一边的神父小声告诉路易十六，耶稣受难时，手也被绑着。路易觉得有理，才让行刑人把自己的手给绑起来了。

路易身边的所有人都以为他被下了哑药，不然为何在这个大多数人都会疯狂喊冤的时候一言不发。

这时，一个声音打破了他们的疑问："我虽将死去，但绝没有犯过任何被指控的罪行。我宽恕让我死亡的人，祈求上帝，我的鲜血抛洒之后，法国的土地上再也不要流血。"

这是路易十六最后的话。随后，刀落魂起。

罗伯斯庇尔在远处观刑。那一霎那，他感觉自己的后颈也疼了一下。"嘿，这断头台确实不错。"他自言自语道。

国王死后，吉伦特派的统治距离断头台也不远了。不过，这帮糊涂蛋对此似乎依然无所察觉，依然想着和他们的盟友们一起发国难财。处死国王刚刚四天，也就是1月25日，吉伦特派决定征召三十万新兵，来扩大对外战争的规模，也顺便倾销盟友们货架上的商品。

大规模征兵的命令引起了民间恐慌，旺代地区的百姓因拒绝被抓壮丁而奋起反抗，保皇党趁机搅局，导致该地区发生了大规模叛乱。

吉伦特派和他的盟友们把战争当儿戏。然而，战争并不是吉伦特派这种智商的人能操纵得来的游戏。3月，法军在前线遭到重大失败，大将杜穆里埃投降奥地利，普奥两国强兵压境。

玩火的人最终会把自己搞得内外交困，也把自己搞得歇斯底里。3月18日，吉伦特派操纵议会通过法令，只要经过自己单方面"验明正身"，就可以认定某人为自己的反对派，可以立即处决！

为了落实这个法令，21日，议会进一步通过法令，各种"监视委员会"建立起来，专门在社会上为吉伦特派搜寻反对派。

可是，两三年前颁布的《人权宣言》不是说了不准乱抓人、乱杀人吗？你们吉伦特派难道以为我们巴黎人把这些都忘了？

5月底，被吉伦特派激怒的巴黎市民包围了议会。6月2日，议会中的吉伦特派议员被拘留，吉伦特派就此倒台。接着议会立即重新选举。

乾隆五十八年，公元1793年6月4日，罗伯斯庇尔当选为议会主席。

紧接着，他的雅各宾派只用了六天时间就重新起草了一部宪法草案。经过法国全民公投（实际上只有四分之一的合格选民投票），雅各宾宪法获得了1801918张赞成票、11610张反对票，以绝对的支持率扶助雅各宾派登上了权力巅峰。

正当罗伯斯庇尔踌躇满志地准备在整个法兰西的土地上挥洒理想时，7月11日，夏洛蒂·科黛，一个时年二十五岁的漂亮女人来到巴黎，在王宫附近买下一把三尺春冰，揣着它前往拜访雅各宾派的重要领导人让-保尔·马拉，说有要事相告。

那马拉听说有美女来访，管她是不是有什么要事呢，一定要见。马拉高兴得很，连自己当时身患皮肤病正在做药浴，只能在浴室里失礼地会见美女这一点也顾不上，径直把美女请了进来。

美女说事关重大，马拉会意，心里美滋滋地屏退了旁人。

美女递给他一个名单，说这是卡昂市的吉伦特派人员名单。原来真的是事关重大，马拉心里有些失望，但也不能耽误正事，他赶紧拿了支笔来誊抄这份名单。

只觉心口一凉，然后剧痛袭来，然后眼前黑了，不痛了……马拉死了。这个曾经叫嚷着要不经过任何审判就砍掉数十万"坏蛋"的脑袋的激进雅各宾人被"坏蛋"捅死了，死于美女科黛如外科手术般精准的长刀穿心，死得窝窝囊囊，无声无息。

事后，科黛静坐在盛满鲜血的浴池边，直到有人前来将其抓捕。

罗伯斯庇尔丝毫不为战友马拉的惨死悲伤，这个过着清教徒生活的人鄙视马拉多时了，这人早该如此下场。只是当调查显示刺客夏洛蒂·科黛出身吉伦特派时，罗伯斯庇尔才真的激动起来：这帮该死的东西，今天杀了马拉，明天就要来杀我了！

好嘛，该死的保皇派、吉伦特派这些反革命，这个机会是你们给我的，别后悔！马拉，我厌烦了你一辈子，没想到最后你用性命给了我一个清洗人间的借口，谢了！

"我们现在要做的就是以血还血，杀害马拉的凶手、所有其他暴政的帮凶，以及所有异教徒代表都必须被送上断头台！正是他们煽动了暴乱并企图一个个杀死真正的爱国者。为了自由，为了他们的牺牲者，这些坏蛋必须付出血的代价！"

罗伯斯庇尔在马拉的葬礼上发出魔鬼般的嘶吼。

109 使团

乾隆五十八年，公元1793年7月3日，大清国东南方，浙江舟山港。

几个衣衫褴褛的老百姓瘫跪在一文一武两个官员面前，以猛烈的节奏对着他们不断磕头。

"大人，草民这辈子安分守己，从来都只在舟山附近的海面上打渔营生，没去过远处。您突然安排草民去天津那么远的地方，不是草民借故不干，是这活儿草民的确干不了啊，到头来，要是耽误了皇上的大事，谁都担待不起呀……"一个老头哭着说。

那文武两个官员听了这话，脸上才浮出一丝尴尬的神色，下意识地回头看了看他们身后那几个看上去非常奇怪的人，心中暗想：该死的刁民不听话，存心让我在外人面前丢脸呐！

都怪这几个英吉利来的红毛鬼子，闲得没事干吗非要大老远地跑来给我们皇上贺寿？八旬万寿节都过去很久了，他们这时候才来还有什么意思？来就来吧，也不懂得客随主便的规矩，不听我们的建议，沿着岸边一个港口一个港口地开到天津去，非要从舟山直航天津。你们红毛鬼子要逞能就逞能到底呀，又要麻烦我们舟山政府给他们找几个本地人做领航员。

要不是皇帝偏袒他们，专门招呼过沿途官员提供方便，这大热天的，本官才不会亲自跑来海边帮他们抓壮丁呢。

文武官员身后的那几个英国人，为首的叫作乔治·伦纳德·斯当东，他是英国访华使团副使，奉正使马戛尔尼勋爵的命令，前来舟山港请当地政府帮助寻找领航员。

身边的那个少年是他的儿子，时年十二岁的乔治·托马斯·斯当东，借着爸爸的职务之便，跟着一起来见点世面。今天，小斯当东总算见着了中国之行新世面的第一点。

"爸爸，那些中国官员在干什么？"小斯当东问他的父亲。

"不清楚，不过看样子应该是在帮我征召领航员吧。"老斯当东回答。

"这是征召？我还以为是在抓犯人呢！爸爸，您看，有个穿制服的人拿着棍子过来了，这是要打他们吗？哎，已经开打了，哎哟，打得好狠啊……政府，一个政府，怎么可以像这样随便地把老百姓从家里擒出来，叫他放着自己的事情不做，无偿地去为政府服务呢？这种事在我们英国不可能发生。如果英国政府这样做，老百姓有权反抗！"小斯当东说。

"就你懂得多。你知道吗？世上的政府有很多种，我们英国的君主立宪只是其中一种，君主受宪法的约束，国王、贵族、平民各有其权利和义务。中国的君主专制是另一种，皇权无边无际，拥有所有的权利，平民则什么都没有。现在，政府的种类越来越多了，美国独立后搞出来一种联邦制，如果我们的政府是君主立宪的话，他们的政府就是民主立宪，他们认为，即使是民主也要受到宪法制度的约束。现在法国也闹出了一种新的政府制度，我看像是民主专制，只要有人代表大多数人的意见，那么这个人的权力也能升格到独裁君主的程度……"

关于这点区别，澳大利亚历史学家约翰·赫斯特先生在他的作品《极简欧洲史》中说得很好："东方的专制暴君把领土上的一切都据为己有，如果需要什么物资，只要没收某人的物产或派兵到市集拿一堆东西回来就是。反观欧洲政府，虽然号称'绝对权力'，却从未这样做过。'并非所有的东西都归国王所有'是欧洲政府思维的基石。从私有财产权出发衍生出人权观念，是西方价值的核心。"

"爸爸，您扯远了，我现在说的是中国。"小斯当东制止了父亲即将开始的长篇大论。

"中国……有关中国的事，我还没有你知道得多呢。我知道，在路上的这几个月，你跟着我们的翻译学会了不少中国话，还会写几个中国的方块字，比我强多了。关于中国的一切，我们一起认真观察吧。嗳，你看，那边的事情好像有结果了。"

那两位舟山官员昂首挺胸地向斯当东父子走来，志得意满地把斯当东先前给他们用以雇用领航员的一把银币塞回斯当东手里，又对他们说了一番话。经过翻译，斯当东父子知道了他们说的是领航员已经找到了，而且一分钱没花，免费的！

红毛鬼，你们看看，你们好好看看，我们天朝政府的控制力怎么样？我们当官的说一，老百姓就不敢说二，你们英吉利国王要花大价钱才能在老百姓那里办到的事，我们天朝一分钱也不用花就能搞定。蛮夷们，好好学着点吧！

两位官员随后向英国人引见了两个瑟瑟发抖的中年人，他们说自己多年前去过天津，勉强认识路，这次正好能替皇上办差，他们为此感到十分光荣。说完胆怯地看了官员一眼，那神情中，怎么也看不出一丝光荣。

两个中年人借口取罗盘，回家匆匆交代了妻儿几句，在农历五月这个农忙时节，放下家里的担子，几乎无偿地去为皇帝的贵客引路。

上船之后，斯当东父子对这两个人充满了愧疚，因为他们成为领航员的痛苦方式，也因为他们作为领航员的工作方式——他们所使用的罗盘，斯当东父子只在英国的博物馆橱窗里见到过，对实际的航行根本没有多大帮助。早知如此，我们何必麻烦他们呢？

即便中国本地的领航员不给力，英国使团的四艘大船还是安然无恙地于7月25日驶抵天津港。天津道台乔人杰和通州协副将王文雄称奉乾隆皇帝旨意，在此迎接。乔王二人对待英国使团十分热情周到，连续数日为英国人带来的大量礼物与行李安排卸船登岸事宜，还不断地给英国人送来牛羊粮米。

中国官员的款待让马戛尔尼——这位比乾隆年号小一岁，曾经周游了半个地球，出使过俄国、美洲、印度的外交家这一年多来的紧张情绪有所缓和。为了这次中国访问团顺利成行，马戛尔尼跑前跑后游说国王、首相以及国会议员们，一共花了三年多时间，做出一定能让中国全面开放对外贸易并给与英国特殊对待的保证后，才诱使首相小威廉·皮特从准备对法国趁火打劫的紧张预算中，拿出了一大笔钱支持这次访问。

为了访问能够获得成功，马戛尔尼也做了很多功课。他从长期与中国人打交道的东印度公司那里获知了中国皇帝刚满八十岁的消息，也听取了他们的建议：中国人说事不喜欢开门见山，总要找个人情上的遮掩，在这遮掩下相互试探，拉近距离，等酒过三巡之后才说正事。马戛尔尼决定将此次访问的名目确定为为乾隆皇帝八十华诞贺寿，虽然等他们到达中国时，皇帝都已经八十二岁了。

不过没事，东印度公司还告诉马戛尔尼，中国人相信：好饭不怕晚。为了配得上这个名目，马戛尔尼为英国访华使团置办的礼物在英国外交史上是空前豪华的，除了海量的外交必备的豪华奢侈品之外，他带上了几乎所有欧洲人都认为好的东西。马戛尔尼还带上了最新型的天体运行仪、地球仪、被用来发现了天王星的赫歇尔望远镜、瓦特公司出品的蒸汽机模型、阿克莱特公司认证的水力纺纱机模型、韦奇伍德至尊限量版瓷器、英国国王乔治三世同款马车、各种刀剑、榴弹炮、迫击炮、卡宾枪、步枪、连发手枪，还有英国海军旗舰——载有一百一十门大口径火炮的"君王号"战舰的大比例高精度模型。

马戛尔尼通过这些礼物想告诉乾隆皇帝，和你们中国一样，我们英国也是一个出手阔绰、能文能武的大国。另外，根据东印度公司的情报，马戛尔尼还让英国使团准备了大量数额不等的零碎钱币装在纸袋子里。东印度公司告诉马戛尔尼，需要的时候不要吝啬这个纸袋子，在中国，这东西叫作"Ho-poo"。

听懂了吗？红包！

不过，船到澳门，一位长年在中国做生意的英国人告诉马戛尔尼，他带的这些礼物还是会让中国人失望的。马戛尔尼听了，慌了神，赶紧又从自己的船员中征购了一些奢侈品和高级科学仪器充数。

马戛尔尼以为中国皇帝和欧洲君王一样，会热爱珠宝和科学。

到达天津之后，所有的礼物都还没有开封，不过看着中国官民翘首以盼的样子，马戛尔尼自信满满。

这么多东西，卸船登岸打包起运的过程很是繁琐，得花掉不少时间。这些天，乔人杰道台和王文雄副将一直陪着英国使团在天津港附近游山玩水，谈天说地。

有一天，王文雄副将带着一个翻译蹑手蹑脚地登上英国船只，来到船上的医务室，找到随团医生基朗，羞羞答答地对基朗说了一堆话。那翻译是个二把刀，外加王文雄所言的似乎是难言之隐，因此翻译过来，基朗很难理解。

他只能勉强明白王文雄似乎是来求医问药的，听他说他患的病叫作"ts'ao-pi-t'eng"，这个词，翻译没有译成英语，而是直接音译过来。基朗问翻译，这两个词的英文名怎么说。翻译红着脸摇了摇头，没说出口，拿起笔给基朗写了一个词：venereal disease（性病）。

王文雄说的是"骚痞痛"。

基朗憋住了笑，把王文雄带进封闭的诊疗室看了看，然后转身拿出一个巨大的针筒，往里面灌注了药水……

王文雄瞪大眼睛，对着基朗吼了一句，他的声音因为紧张而颤抖着。基朗不解，疑惑地看着翻译。

翻译对基朗说："General Wang means：WHAT YOU WANT TO DO.（王将军问：你想做什么？）"

基朗让翻译为王文雄认真解释一下针管的作用与目的。听了半天，王文雄明白了，上前从基朗手中拿过针管，径自走了。

基朗摊开双手愣着，翻译上前解释：可能王文雄还是觉得不好意思，拿走针药自己回家悄悄操作去了。

第二天，王文雄又来了，高高兴兴地来，还带着乔人杰一起来，他与王文雄来意相同，病症也相同。他俩是一起跟随皇帝南巡时，在杭州风月场里染上了花柳病，满身疥疮斑疹，到处关节肿痛，两人苦不堪言却又难以启齿。可偏偏中医是慢郎中，而且还要依靠病人讲述诊前病状，方能对症下药。他俩不好意思说，中医也就只能当作一般的皮肤病去治，于是久治无效，苦不堪言。

王文雄从翻译的嘴里了解到英国红毛鬼能治这种病，于是大着胆子来了，反正英国人不会在这里待太久，而且也不会跟旁人说起这事，就试试吧。结果，效果还不错，于是他就把病友乔人杰也叫来了。

趁着使团在天津港逗留几天，乔王二人的病都治好了，乔人杰还想从基朗那里再要一些多余的针药，基朗拒绝了。

"这样你就不会再想去杭州了。"基朗笑着说。

8月6日，直隶总督梁肯堂奉乾隆皇帝旨意，专程从保定府来到天津迎接英国使团。梁肯堂登场时的派头令英国使团大开眼界，那一时间钟鼓齐鸣，旌旗蔽空，威武仪仗，官民屈膝，马戛尔尼惊叹："其尊严殆非吾西方帝王所能及也！"

马戛尔尼上前以英式礼仪向梁肯堂致敬，梁肯堂并不计较，和善地与马戛尔尼交谈寒暄。双方坐定之后，梁肯堂通知马戛尔尼，皇上现正在热河避暑山庄消夏，英国使团可以先到北京暂时歇息，然后尽快前往该地觐见。随后，双方商定了一些诸如在北京寻找住处和礼物运输之类的具体问题。

在梁肯堂与马戛尔尼会谈时，梁肯堂属下的一个武官又摸到英国人的医务室，去找基朗医生。基朗记得那人叫作"ta-jen"（中文名不详），来替自己的长官求药。

什么药？

"就是……"ta-jen吞吞吐吐地说，"就跟王文雄他们一样的那种……另外，求您给我两份吧……我也要。"

"从这四位老爷的例证可以肯定，至少那时，在中国性病十分常见，但其处理和治疗法付之阙如。当尿道停止出脓，外面的疼痛消失，他们一般认为自己已痊愈，他们很少继续充分使用水银以治疗肌体感染，因这种忽略，身体表面往往出现性病的肿痛、疮痂，过些时候又出现骨肿，而许多不幸的病人就这样过了几年悲惨的日子，极其痛苦地死去。"基朗医生后来在他的中国之行回忆录中写道。

8月11日，英国使团整装完毕，开始向北京进发。直隶总督府为英国人征召的三千搬运工走在前面，护送六百件给皇帝的礼物。八十五辆马车、三十九辆手推车紧随其后，运送使团的行李。运输队的最后是英国人带来的八门轻型野战炮，也是给皇帝的礼物。

拉东西的苦力走远之后，首先走来的是朝廷迎接使团的官员以及他们的随从，骑马的、坐轿的、走路的，乱中有序。随后是英国使团人员乘车前来，最后是王文雄和乔人杰两位官员带队压阵。

马戛尔尼使团终于见到了他们梦寐以求的中华大地，但是……

"自从我们踏上中华帝国的土地，直到抵达距首都不远的地方，使团的所有成员都感到自己心里的期望破灭。"使团的会计巴罗如是说，"沿途所见的中国根本不像马可波罗传说的那般富饶，也找不到耶稣会传教士书信中所说的那般文明，莱布尼茨、伏尔泰所崇尚的休养非凡的中国哲学家更是不见踪影。"

"我们所看到的一切都显得贫穷破旧……他们（中国百姓）的模样显不出什么幸福愉快……中国各阶层人的表情都十分凝重……在这种制

度下，人人都沦为奴隶。只要最小的官一点头，人人都得挨竹板，而且挨了打还得被迫亲吻打他的板子，跪下感谢暴君纠正他的过失，根本谈不到还有什么面子和尊严。政府的规章做指导，百姓的思想跟上，可以说肉体惩罚是官员赐给被罚者的恩惠，一条确立的顺从原则，足以抹杀、消除人性的一切尊严。"

一路上，马戛尔尼、巴罗、斯当东父子和他们的伙伴们听说了许多对当时的中国人来说习以为常，却让他们瞠目结舌的事：

他们没有抽水马桶，也没有正经的厕所，方便处敞开着，臭气不断从里面散发，几乎所到之处都有怪味……

我得到在北京平均每天运往死亡坑的婴儿数大约为24名，在那里还没有断气的无辜生命被毫无怜悯地埋葬……

女孩必须长久忍受痛苦与不便，用布将足趾缠到足底下，直到足趾实际生长成为足底的一部分，同时强迫将足跟前移，直到完全消失……

在许多城镇，赌博之风十分盛行，以致几乎每个角落都有人玩牌或者掷骰子。他们甚至被控告常常拿他们的老婆孩子做大赌注……

不要误解中国送礼之事，赠礼和收礼是他们的礼节，而且成为惯例，不需担心出问题。……这番话的真实意思是，通过外表庄重严肃的审判，法官戴上双重面具，哪怕收了贿赂，照样宣称本人廉洁……

皇帝的利益始终是头等重要的事，违反他的旨令，任何人的财产都是不安全的……

道德，尽管是他们的共同话题，不过是他们行为中的借口……

这个民族总的特点是自大和自卑、假正经和真浅薄、彬彬有礼和粗鄙下流的奇异结合……

他越感到欧洲人表现的优越性，就越加有意夸大他本国的壮丽河山、人口的众多及其他民族的特色。[①]

英国使团几位要人的中国行纪中充满了类似的喟叹，这些如今读来令人灰心的结论并非信口雌黄，而是基于整个英国使团对中国上下细致入微的观察。英国使团抓紧时间认真记录和剖析着中国的一切，从中国人的外表，到男女服饰衣着，从中国人的文字，到南北方言的差异，从方块字的书写规则，到满文的拼读规律，从中国军队的精神状态，到中国官员的办事流程，英国人一切都不放过，似乎是在为以后的什么事紧张地准备着。

洞悉了清王朝政府的专制本质之后，巴罗明白了中国人呈现出不良状态的原因：这类缺失似由政治制度造成，而并非人民的本性和品质。

总之，一伙英国人走这么一路，差不多就把乾隆盛世给看透了，那是中国皇帝一个人的盛世，与中国百姓几乎无关。

然而，马戛尔尼也好，斯当东父子也罢，都不过是些普通英国人而已，在任何一本英国史上，都没有关于他们洞察力非凡、有能看到别人看不到的能耐的记载。他们能看透乾隆盛世，只能说明这个盛世也太容易被看透了。

乾隆盛世不过是当时和后来的中国人共同维护的一个巨大谎言。谎言重复得太多、太久，造成的心理催眠能让撒谎的人自己都相信那是真的。

自欺欺人，自欺欺人，不先彻底自欺，无法彻底欺人。

乾隆帝自己就彻底地相信着用自己的整个漫长生命编织的这个谎言。乾隆五十八年，公元1793年9月14日，乾隆帝在承德避暑山庄接见了马戛尔尼使团。

马戛尔尼恭敬地递上英王乔治三世的亲笔国书，希望立即就本次访

---

① 引自《马戛尔尼使团使华观感》，商务印书馆2013年12月版，〔英〕乔治·马戛尼、约翰·巴罗著，何高济、何毓宁译。

问的实际目的与中国皇帝直接展开谈判磋商，乾隆帝却在接过国书后，根本没有打开阅读，而是很随意地把它递给了身后的和珅。和珅也没有拆开国书，而是把它轻轻地放在皇帝宝座旁的漂亮垫子上。

马戛尔尼自以为重如泰山的国书，就这样被轻轻地放在一旁。

随后，乾隆帝礼貌地跟马戛尔尼拉了几句家常，又分别赐给几位使团要员一人一把玉如意。文化上的差异使得马戛尔尼并不懂得玉如意的寓意和价值，他觉得："唯此种如意系一种长一英尺半之白石刻花而成，石质略类玛瑙，虽华人以为此物异常名贵，余则以为就此一物之原价而论，未必值钱。"

会晤的气氛是皇帝想要的中国式的庄严肃穆，在马戛尔尼看来却觉得是尴尬的冷场，为了活跃气氛，他向皇帝引荐了十二岁的小斯当东，这个可爱的小伙子通过几个月的认真学习，汉语已经说得相当顺溜。

果然，乾隆帝看到黄毛白脸的小斯当东拽出一口流利的汉语时，双目放光了。他似乎认为这个属于下一时代的孩子，就是中华文化已经在国外生根开花、四海蛮夷即将归化大清的象征。

乾隆帝叫小斯当东上前，高兴地解下腰带上的一个小荷包，亲手赐给了他。英国人不觉得这值得大惊小怪，他们不懂，在中国人的眼中，这可是非常了不得的恩典。

小斯当东的确属于下一个时代，四十多年后的公元1840年4月7日，小斯当东作为英国国会议员，在下议院关于是否对华宣战的讨论中发表了长篇演说。他这样说道："我很了解这个民族的专制统治阶级的性格，我确定，如果我们想获得某种结果，谈判的同时还要使用武力炫耀。"

在他演说结束后，下议院对这个议题进行了表决，结果是赞成宣战的比反对者多出九票，对华宣战的议案通过。

马戛尔尼当时并不希望跟乾隆帝动武，毕竟大清帝国声名尚在，毕竟大英帝国羽翼未丰，况且英国当时还得准备应付法国乱局随时可能带

109 使团

来的变数。马戛尔尼只想和中国人好好谈判。然而，在避暑山庄住了整整一个月，除了几次在礼节性场合得到皇帝的接见之外，并没有任何人代表中国政府或皇帝与他们摆开谈判桌，认真严肃地谈一谈。

他们不明白，在当时的中国，除非是天大的事情，不然都是在酒席上谈笑间有一句没一句地聊着聊着就定下来的，欧洲式的外交谈判在当时的中国并不存在。

但这并不表示中国人不知道英国人这次来是有正事要办的。英国国书已在马戛尔尼不知道的场合被拆阅，皇帝早已知道他们的真实来由：英国希望跟中国建立欧洲式的外交关系；希望能在北京派驻使节；希望能在广州之外增加浙江舟山和直隶天津两地作为通商口岸；希望能仿澳门之例，在舟山指定一个小岛，供英国商人存放货物；希望英国商人能得到一些别国没有的贸易优惠条件。

9月23日，大清朝臣前来马戛尔尼住处宣读皇帝对英国使团请求的决议："敕谕英咭利国王知悉，咨尔国王远在重洋，倾心向化，特遣使恭赍表章，航海来廷，叩祝万寿，并备进方物，用将忱悃。朕披阅表文，词意肫恳，具见尔国王恭顺之诚，深为嘉许。"

这是说你们英吉利国国王，大老远地来给朕祝寿，朕很受用，很好。然后，乾隆帝一一详细列举理由，口气强硬地拒绝了英国所有的谈判请求。最后，他骄傲地总结："天朝抚有四海，惟励精图治，办理政务，奇珍异宝，并不贵重。尔国王此次赍进各物，念其诚心远献，特谕该管衙门收纳。其实天朝德威远被，万国来王，种种贵重之物，梯航毕集，无所不有。尔之正使等所亲见。然从不贵奇巧，并无更需尔国制办物件。"

你们来这一趟也看见了，我大清无所不有，并不需要跟你们互通啥有无。

英国使团悻悻地回到北京，准备打点行装回英国。这时，紫禁城里钦天监中帮助中国编订历法的葡萄牙传教士柯维亚，中文名叫汤士选的，前来拜访马戛尔尼。他说因为法国革命，中法之间的交往中断，原先每年都会寄给他们的巴黎《天文年历》现在没有了，没有这个东西，他们就没法帮助中国修订历法，中国人自己没有准确的天文观测，推算历法的方法很不靠谱，每年都会有较大误差，累积下来就只能用不规律的闰月来填补，皇帝会为此怪罪他们。

所以，柯维亚请求英国人帮助，如果带着些欧洲最新的历法，请分给他们。马戛尔尼给了柯维亚一份英国刊印的航海历法，和一份未来几年计算的补充文件，能供柯维亚用到1800年。

"这些够了吗？恐怕还不够精确吧？"马戛尔尼问。

"够了，够了，谢谢您，这些东西糊弄中国人，完全够了。"

马戛尔尼暗笑乾隆帝，你不是说你的国家无所不有吗？无所不有的结果就是连个准确的历法都弄不出来？

因为要回广州补给，马戛尔尼的船队先期南下。乾隆帝开恩让英国使团顺运河到江南后，从陆路去广东与船队会合。这样，他们又顺便把中国东部内陆地区看了个遍。

在京杭大运河上，英国使团目睹了一起不堪事件。会计巴罗把这件事记录了下来："一群聚集在运河岸上的人中，有些人登上一艘旧船的高船尾，不幸，船尾不堪负重破裂了，这些人随沉船落入水里。此时正值使臣的船驶过。尽管当地有许多舟船行驶，却没有人去救在水里挣扎的人。人们甚至像不知道发生了意外，漂浮在沉船木块上的孩童的呼救声也未引起注意。有个家伙看来忙着用篙钩去取一个溺水者的帽子。我们无效地拼命叫我们船上的水手停船，放艇去救人。确实，我们当时前进的速度是一个钟头七英里，这一点因此成为不停船的借口。我不怀疑这些不幸的人必定遭到灭顶之灾。"

看到这种事件，英国使团关于当时中国人生存状态的拼图就可以算是凑齐了，无非是上层虚伪，下层冷漠。这几乎就成了英国使团眼中乾隆盛世下中国人的真实模样。

但乾隆帝依然认为由他所缔造的时代是一个盛世，一个无所不有的盛世。无须责怪他，在那个既定的历史条件下，他已经做得相当不错了；也不必歌颂他，在已经发生了翻天覆地变化的今天，说清楚了他的生平之后，他已经没什么值得我们学习的了。

两年后的公元1795年，乾隆六十年，君临天下整整一个甲子的弘历，以八十五岁高龄退位，传位于第十五子爱新觉罗·颙琰，年号嘉庆。又四年后，时间终止了对弘历的纵容，将他的生命阻挡在了十八世纪的门外，他逝世于公元1799年。

十九世纪，注定将成为一个新时代的十九世纪，不需要他了。

魔君

乾隆五十九年，公元1794年7月28日凌晨，法国巴黎。

一束凄厉至极的嘶喊像一把匕首绞破了长空，不由分说地刺透每个巴黎人的耳膜，让他们惊醒、颤抖，让他们浑身泛起鸡皮疙瘩，让他们再也睡不着，披上衣服僵坐床上，在潮热的空气中枯等天明。

这声通透的惨叫从革命广场的断头台传来，向地狱而去，听起来像笑，最猖狂的那种笑，也像哭，最哀恸的那种哭。

牢狱中的玛丽·格劳舒兹，一位三十三岁的妇女，也听到了从断头台方向传过来的这个声音，几天后，自己被送去断头台上枭首时，也会这样惨叫吗？

"玛丽小姐，你出来！"清晨时分，狱卒呼叫一夜未眠的玛丽。

怎么，这么快就轮到我了？上帝……死亡来得如此突然，玛丽·格劳舒兹都忘了该怎样向上帝祷告。

"回家吧。"狱卒说，"国民议会取消了你的反革命身份，赶紧回家吧。"

玛丽愣住了，半晌没回过神。这一年来，没有人进了罗伯斯庇尔的监狱还能活着回来，我怎么会有这等幸运？

"好了，我说的是真的。"狱卒接着说，"另外，出去了直接回家，别到别处去，他们只知道你家的地址，别的地方他们找不到。"

"什么意思？"玛丽不明白。

"听我的，快走吧。"

玛丽走出监狱，踉踉跄跄地走到家门口。有两个人等在那里，其中一人上前问道："您是玛丽·格劳舒兹女士吗？"

"嗯，是我。"

"我们是市政府的，这是市政府寄给您的东西，这是给您的酬劳。"那人递给玛丽一个沉甸甸的大木匣子和一叠轻飘飘的小纸币。

玛丽明白了，指着木匣子问道："这人是谁？"

"不必多问。"市政府的人回答，"玛丽小姐，我们下星期来取货。"就留下满脸惊愕的玛丽走了。

虽然不知道木匣子里是谁，但玛丽知道肯定是一颗刚刚从断头台上捡起来的人头。市政府把它交给玛丽，是要她为这颗人头制作蜡像，这是玛丽的专长。在被雅各宾的爪牙判为反革命而入狱数月之前，玛丽一直受巴黎市政府委托，给被处死的反革命制作逼真的头颅蜡像，供革命政府到处拿去示众，吓唬老百姓们。

玛丽厌恶这种工作，她自幼学习的蜡像技术本该是用作医学或者艺术，而不是制造恐怖。可是，政府叫她做，她又有什么办法呢？只能做。这是她活命的本事。

这还不是一句文学式的夸张。法国国民议会在乾隆五十九年，公元1794年6月10日颁布法令：任何人只要被认定为对国家毫无价值，就可以被处死。玛丽如果不能做好人头蜡像，那么任何一个看她不顺眼的政府官员都可以认定她"对国家毫无价值"，不需要经过任何审判就可以把她拉去断头台了。

这一切，平凡的玛丽无法改变，她能做的只是在给头颅涂上蜡油开始造像之前，尽她所能地为死者整理一下仪容，尽量让制作出来的蜡像看上去不那么恐怖，尽量给死者多一份尊重，尽量让民众少一点惊恐。

玛丽来到她的工作室，这间小屋子已经被她承担的这项任务搞得阴森恐怖。她把木匣放到工作台上，闭着眼睛深呼吸之后，再祈祷一番，然后打开。

一副死不瞑目、七窍流血、面容扭曲的恐怖模样，今天凌晨的那一声凄厉呼号就是从这张嘴里发出的。玛丽早就看惯了这种情景，镇定地用热毛巾为头颅合上双目，擦拭污血。头颅的肌肉在玛丽的用心安抚下松弛下来，终于露出一副让人看得下去的表情。

这是一个中年人，头发已花白，已经为他合上的双眼依然突出且充血，高企的发际线和额头的皱纹也并不是断头台的错，说明此人生前长时间处于高度焦虑下的亚健康状态。

玛丽知道，这种状态下死亡的肌肉很快就会再次紧绷起来，眼睛又会稍微张开，那时要再合上就难了，得赶快上蜡油！

这个人是？转身去取蜡油时，玛丽想起了：罗伯斯庇尔！他是马克西米连·罗伯斯庇尔！

这个魔头怎么死了？谁能杀得了他？玛丽不明白。

除了玛丽的这两个问题，我们还得知道，他是如何成为魔头的。

一年前，即乾隆五十八年，公元1793年7月，马拉遇刺之后，当时已是国民议会主席的罗伯斯庇尔着急忙慌地发动雅各宾成员们把自己选进了国民议会下属的公共安全委员会做委员。主席亲自进来做委员，自然会在公共安全委员会里一言九鼎，同时也使得这个委员会的地位高出了其他机构一大截，意味着维护所谓的"公共安全"将是雅各宾派执政的第一要务。

罗伯斯庇尔有严重的精神洁癖，他热爱"美德"，不容许任何人对"美德"有任何程度的玷污，为此，他神经过敏，执政前就乐于喊打喊杀，执政后，尤其是在马拉遇刺带来机遇之后，罗伯斯庇尔的机会来临，他发誓要用"美德"的利刀狠狠地刮掉法兰西身上一切他看不惯的疥疮。

他的战友，同为雅各宾派领袖的丹东不赞赏罗伯斯庇尔的这种神经质，当罗伯斯庇尔高谈阔论美德的伟大意义时，丹东跟他开玩笑说："美德就是我每天晚上和妻子在床上做的事情。"

罗伯斯庇尔没有当场发作，回家之后却把丹东的这句浑话写在了日记里，用大写字母写得很清楚，作为备忘。

呃……老罗，至少，你这样阴鸷记仇不算是具有美德吧。

公共安全委员会是丹东在这年年初提议设置的，委员人选每月更换。7月，丹东自己刚刚被换下来，而罗伯斯庇尔进入之后，这样的更换就停止了。他每天都来委员会上班，认真参加委员会的每一次会议，正经的国民议会因此无人打理，公共安全委员会，这个特务机构，反倒成了法国的政治中心。

这样做的后果就是，刚刚在国民议会获得通过，本来准备开始讨论部分修正的法兰西共和国宪法草案没人理会了，被雅各宾派以推迟执行的名义束之高阁，取而代之的是来自罗伯斯庇尔控制下的公共安全委员会起草的各种单个法令，在雅各宾党徒们控制下的国民议会走个举手通过的过场后，立即颁布执行。

只要我的目标是对的，那么我为了这个目标，怎么做都是对的！革命已经四年多了，法国依然一片混乱，共和国政府能有效控制的只有巴黎而已，保皇派、斐扬派、吉伦特派的势力还在各地四处放荡，法国随时有可能倒退到1789年之前的境况中去。

我，罗伯斯庇尔，上帝的臣仆、卢梭的门徒，有责任有义务为革命扫除一切障碍，不论手段如何。凡俗的人世，无权议论我的对错，只有上帝有评价我的资格。我在这人世间，就要做好我想做的一切，然后静待上帝的最终审判。

世乱时危，这是事实，并非全是罗伯斯庇尔的臆想。乾隆五十八年，公元1793年9月2日，保皇派在法国南部港口土伦叛乱，将土伦海军基地以及驻扎在此的一整支法国海军舰队拱手送给了英国，希望以此换来英国的干预。

罗伯斯庇尔立即组织各地义勇军组成军队，前往攻打土伦。一个在巴黎流浪的小伙子也跟了去，想倒腾点军火谋生。他叫拿破仑·波拿巴，曾经的正规军炮兵少尉，刚从家乡科西嘉岛闹独立铩羽而归，眼下趁着局势混乱，靠做点掮客生意坑蒙拐骗维生。

且不说他，还说罗伯斯庇尔。

国内外反革命势力的渗透使得罗伯斯庇尔愤怒，他的行动开始逐步走向癫狂。我们前面说过，罗伯斯庇尔这人预设自己是个拥有美德的人，因此，他会真诚地相信自己的癫狂也是美德的一部分。

人啊，不要鲁莽地预设自己的善恶属性，善恶并不是人之为人的必要底层代码，只是一种文化的附加。预设自己是恶人的倒是不多，预设自己是善人的大有人在，这样的人很容易在善的旗帜下做尽天下恶事而不自知。善恶不在人，而在事，所以别把自己当作上帝，承认自己的有限性，保持忏悔反省的精神很重要。

不信？不信，你看看拥有美德的罗伯斯庇尔干了些什么吧。

9月5日，雅各宾派公布了一份议事日程，告诉法国人他们近期要做的事情：

把农村土地平均划分给农民，换取农民参军的热情，使法国成为一个全民皆兵的军营，然后用这股力量对抗外敌。

全面限制日常用品的价格，禁绝商人故意囤积货物的行为，保证普通市民的生活所需。

雅各宾派的断然措施为他们赢得了底层民众的支持，他们狂热地爱上了罗伯斯庇尔和丹东等人，他们开始惟雅各宾派的马首是瞻，雅各宾派说打谁，他们就打谁，罗伯斯庇尔说杀谁，他们就杀谁。

9月17日，罗伯斯庇尔趁热打铁，颁布了《嫌疑人法》：无论是谁，只要其行为或者言辞有支持反革命的任何迹象，都会被捕并处死，该嫌疑人无权自我辩护或请求律师代理辩护。

此言一出，9月底，巴黎的各处监狱一下子被塞进了好几千个等死的人，其他地方也不少。比起大革命开始后先后登台亮相过的其他政治派别，雅各宾派的不同之处在于他们拥有一套从中央到地方自上而下的完整体制。巴黎中央的雅各宾派把执行《嫌疑人法》的权力下放到了各地方支部，于是，断头台如雨后春笋般在法国各地树立，并很快投入使用。

这件事情落实的速度，在同一时间的世界上，只有海峡彼岸的英国人可以与之媲美，不过，在英国如雨后春笋般树立起来的是蒸汽机。

有些地方的雅各宾支部还嫌弃断头台杀人太慢，忙不过来，干脆采取批量解决方案：直接开炮杀人，或者把成群的嫌疑犯赶下河淹死。

罗伯斯庇尔是个讲求实效也强调形式的人，既然要杀人，那就要杀几个出名的人，来突出雅各宾专政的力量和革命大屠杀的伟大象征意义。10月16日，早就被大家遗忘的前法国王后玛丽·安托瓦内特被送上了断头台。那时她不过是一个普通的寡妇，杀她其实已经没有多少实际意义，但这很符合罗伯斯庇尔暴力美学的品位。

王后走上断头台，一个踉跄踩到了旁边刽子手的脚，她还对这个即将取下她首级的人轻柔地说了声对不起，这时，罗伯斯庇尔的暴力美学立马显得荒谬可悲。

杀了王后，接着就轮到雅各宾派的直接对手——曾经执政过的吉伦特派了。10月24日，针对吉伦特派的斗争开始，二十一位吉伦特派高层由国民议会的革命法庭亲自审讯。虽然他们无权为自己辩护，但在为他们定罪时，革命法庭的法官们依然犯难了。

这些人真的有罪吗？他们不过是政治斗争的失败者，对这种失败，最高程度的惩罚不就是逐出政坛吗？现在他们已经这样了，额外的惩罚还有必要吗？

这群法官还算是一群有底线的人。可惜，有底限的人总是输给没底线的人，古今中外都这样。

罗伯斯庇尔跑来革命法庭撒泼："为了使被告人的利益与国家安全得以兼顾，我提议，听审进行三天之后，法庭的裁判长应当询问陪审团，依据自己的良心，他们是否认为，现有的证据已足以证明被告有罪。如果他们的回答是否定的，审讯将继续进行，直到他们认为证据充分，最终做出判决为止！"

作为一个拥有美德的人，罗伯斯庇尔做任何事都要给自己找一个符合美德的招牌。例如这次，他找来的招牌居然是兼顾被告，即他恨之入骨的吉伦特派的利益。

作为一个拥有美德的人，罗伯斯庇尔严于律己，也严于待人，他不仅要求自己践行美德，还要求别人也这样。例如这次，他要求法官根据"良心"而不是根据法律来断案。

作为一个拥有美德的人，罗伯斯庇尔不允许自己控制范围内的任何事有任何违背美德的可能性。如果有，那么就必须把它扼死在变成现实的边缘上。例如这次，他告知法庭，只要不给这些人定死罪，就休想休庭。

革命法庭无可奈何，因为在罗伯斯庇尔的身后有无数刚刚被他喂饱肚子的暴民为他撑腰。

11月初，二十一位吉伦特人——这群理想主义的书呆子——被送上了断头台。临行前，他们高唱《马赛曲》。其中一位中年妇女——有着传奇经历的罗兰夫人傲然昂首长叹："自由啊，自由！多少罪行借着你的名义四处横行！"

记住这句话，能记多牢就记多牢！

什么是罪行？怎么叫自由？罪行为何能够借自由的名义横行？自由能否拒绝罪行的爬跨强奸？

人类能够犯下的罪行实在是太多了，罄竹难书。其中利用公权力有组织、有预谋、成规模、成体系地作恶，无疑是对人类自身影响最大的

⑪魔君

罪行，也是罗兰夫人遗言中的罪恶所指。

历史的发展是经济的发展，是人性的发展。在私有产权普及开来的十八世纪，人们终于认识到有必要也有能力与肆意作恶的公权力展开对抗，以前的人们受经济能力所限，没有能力也没有必要摆脱公权力作恶。法国的启蒙思想家们将这种新生的对抗精神总结为"自由"，落实到法律层面则是"权利"。

当代美国著名律师艾伦·德肖维茨先生指出："我们的权利既不来自上帝或自然法则，也不仅仅来自法律的规定。权利来自人类经历的恶行。"

自由为击毁奴役而存在，权利为对抗权力而诞生。

但自由，这柄魔鬼使用过的倚天剑（王权、公权实际上是人权的异化），在刚被夺回时，激情澎湃的民众并没有认真阅读它的使用说明书。

人类对自由最直接的体验就是我要什么就可以有什么，我要怎样就可以怎样。这是人性的所有属性中与兽性最接近的一点，或者说本来就是一种动物特征。

在人类产生自我意识，认识到自己有"自由"这种特征之后，便时常刻意将其发挥。这种关于"我要"的形式上的冲动，在人类的思维中往往比具体要什么更加清晰强烈。

也就是说，人们往往只知道吵嚷着"我要"，至于具体要啥，反而搞不清楚。于是，就会有人来关怀："你想要这个吗？想要那个吗？"

人贩子就喜欢这样问被他盯上的孩子，只要说到那孩子被家长禁止的某些可爱事物，能勾引起孩子发挥自由本能的欲望，孩子就很大概率会给出肯定的回复："我要！"

"那好，我们去拿吧。记住，路上要听叔叔的话哦，只要听话，就什么都能得到，不听话就得不到哦。"

孩子以为这个人贩子叔叔很可爱，给了自己一个行使自由权利的机会，便高高兴兴地跟着人贩子叔叔走了，走远了。从法国大革命开始的以主动实践某种政治理想为名义的历次革命，虽然形式各异，但究其实质，还是和人贩子拐孩子的方法是一样的。

"你看，你本来有这种自由、那种自由，现在跟我一起去争取吧。记住，争取的路上要听我的话哦。只要听话就什么都能得到，不听话就得不到。"

自由啊，自由！多少罪行借着你的名义四处横行！

"我要"这种自由是一种积极自由，建基于人类作为一种生物，对维持生命的外在资源的本能的索取欲望，与生俱来。人为财死，鸟为食亡，为了行使自由或满足欲望，人们的脑子会变成浆糊，听任他人摆布，最后把自己仅有一次的生命活成一场悲剧也不自知。

积极自由最大的问题，就是容易受人利用。

要想对付人贩子，家长们得教孩子对陌生人说"不"。要想对付利用自由作恶的人，公民得有权利说"不"。

在生命的历程中，人类很快会发现并不是外界的每一件事物都有助于自己的生存，有些甚至是有害的，于是通过学习，人们渐渐懂得了自己可以不要。这是消极方向的自由。

注意，这里的"积极"与"消极"只表示一种语言逻辑上的取向，没有褒贬之意。就像数学上的正负数，正数并不是正义凛然的数字，负数也并不是忘恩负义的数字。积极自由在语言上具有肯定性的逻辑，消极则有否定性的逻辑。

例如在言论方面，积极自由主张言论自由，想说什么就说什么；而消极自由则提醒人们有权保持沉默，什么也不说，有权拒绝他人胁迫自己表态。在社会生活方面，积极的一面是人们有集会结社的自由，可以创建或加入某个社会团体；消极自由则告诫人们有权保持中立，不加入团体，有权拒绝他人胁迫自己追随。

积极自由是有权拥有，消极自由是有权拒绝，是个人有权不受包括

110
魔
君

国家公权力在内的任何组织及他人非法侵犯的自由。积极自由和消极自由几乎同样重要，可若是非要比个高低的话，恐怕消极自由更要紧一些。因为积极自由很容易成为魔鬼的外衣，像罗兰夫人所说的那样为罪行提供遮蔽。到了这种时刻，消极自由就是自由最后的防火墙。

你当然有权利挥舞你的拳头，但这种权利到我的鼻尖为止。如果每个人都能成为拥有消极权利的公民，公权力还哪里有空间耀武扬威、呔五喝六呢？

公元1941年，美国总统富兰克林·罗斯福在演说中将自由的外延阐释为言论、信仰、免于匮乏和免于恐惧四种，人称"四大自由"。其中的免于恐惧就是我们讨论的消极自由。

免于恐惧，大革命中的法国人多么渴望的一种感觉。

吉伦特派就刑之后，罗伯斯庇尔并没有就此收手，他不知道反革命人犯的具体数目，不知道自己杀的这些人够不够，他不能就此收手。

他的杀人逻辑也有了极大的提升。曾经他以为，为了杀掉那几个"该杀"的人而误杀几个无辜者，也算是一件值得惋惜的事情。杀掉的无辜者多了之后，他认为无辜者的牺牲是必然的，是他伟大事业的必要组成部分。既然如此，那些阻止他滥杀无辜的人实际上是在阻碍他的事业，跟他作对，所以也该杀！

由此，罗伯斯庇尔的结论是："如果在和平时期，人民政府的基础是美德，那么在革命时期，它的基础既是美德又是恐怖。如果没有美德，恐怖会造成灾难；如果没有恐怖，美德会失去力量……事实上，恐怖是一种及时、严厉、不妥协的正义。因此，恐怖本身是美德的化身，是应国家最急迫的需求应用民主的结果。"

罗伯斯庇尔的战友圣茹斯特说得比较直接："你必须不仅惩罚叛国者，还惩罚那些漠不关心的人；你必须惩罚在共和国中任何消极和无所作为的人。"

罗伯斯庇尔没有圣茹斯特这么鲁莽直白，他为屠杀找了许多华美高尚的理论依据，例如："共和国的灵魂是对祖国的热爱，是把一切私人利益汇集在普遍利益之中的无限忠诚！"再如："我们不需要在任何个人身上浪费时间，我们需要考虑的是整个国家！"

问题是，一个不爱任何一个具体的、真实的祖国的公民的人，心里所爱着的祖国，是什么样子？别的说不清楚，至少他心里的那个祖国是高度抽象化的，与人无关，与人性无关。

"反革命嫌疑"这个罪名是个肚量惊人的大口袋，什么行为都可以解释成"反革命"。于是，嫌弃过雅各宾派成员的前女友们、挖苦过雅各宾派的教师们、保存着雅各宾派成员的借条的债主们、打扰过雅各宾派成员的邻居们、雅各宾派的冤家仇家们、不对眼的路人们，统统被送上了断头台……

雅各宾派当政时期，全法国共有16594人死于断头台上，另有25000余人被以其他方式处决，监狱里还有至少30万人在等死。

罗伯斯庇尔安慰法国人民说："听我的，公民们，死亡是不朽的开始。"

他心目中的不朽是什么样的？英国历史学家露丝·斯科尔指出：罗伯斯庇尔理想中的法国是一个由爱国者、廉洁者、作风严肃的平等公民组成的严谨的社会。在他设想的共和国里，只有最单纯的快乐，而不允许任何轻浮的娱乐和放荡的行为，所有人都把荣誉看得比金钱重要，正直的品质本身就等于最大的荣誉。

这很好。是的，除了灭绝人性之外，这种不朽在其他方面都很好。罗伯斯庇尔幻想着只要杀尽了牢狱里那30万人——或者更多，因为他一边在拖出去杀，一边还在往里抓，但不论如何总是能杀完的——到那时，他心中的不朽就达到了。

所以，从他的这种逻辑来说，死亡似乎的确是不朽的开始。

丹东终于看不下去了。这位大魔王的小战友，不是不残忍，而是有底线，他觉得现在杀掉的人已经够数了，不该再杀下去。于是，乾隆

⑩魔君

五十九年，公元1794年4月5日下午，丹东也被断头台给断了。

英国历史学家约翰·阿克顿勋爵说："历史上的丹东总是输给历史上的罗伯斯庇尔。"这句话的意思是，在一场不需要道德底线的革命中，有道德底线的人，一定会输给没有道德底线的人。

在审判丹东的过程中，国民议会曾经有过一些胆大的人提出异议。"委屈"的罗伯斯庇尔神经质地用轻微抽搐着的手摆弄着他的眼镜，不想亲自回应这些愚昧的人，他递给他的忠实门徒圣茹斯特一个便笺，上面写着一些自己想说的话。接着，圣茹斯特怒气冲冲地走上讲台，做了一个向下切的手势，提醒众人断头台就在门外，并说道："你们想拯救丹东？因为他是一个名人，一个你们熟悉并景仰的人，你们钦佩他的个人才能。但这种软弱会让你们功败垂成。你们正在创造一个全新的自由世界，现在你们却打算为顾全一个人而牺牲这种自由？"

是啊，自由，多么美好啊，怎么能为了一个丹东而"功败垂成"？提出异议的人们不作声了，不知道是圣茹斯特的话语，还是他的手势起了作用。

丹东死了，罗伯斯庇尔正式成为雅各宾派唯一可供膜拜的神灵。他的法宝断头台被拆下来，搬出了革命广场。哦，不是因为杀戮停止了，而是因为断头台在超负荷运转下刀口卷刃，需要更换，而且断头台下污血招来的蚊蝇严重影响了市容市貌，这与罗伯斯庇尔心中的美感违和。罗伯斯庇尔命令把他的法宝送到郊区重装，并在下面挖出一道水渠，方便"排污"。

现在，罗伯斯庇尔要创立一门新的宗教。他反对无神论，他坚信上帝的存在，因为他不能容许自己心目中无比圣洁的美德起源于污秽的尘世，唯有上帝，开天辟地的上帝，才配得上美德的渊薮。

但是，在罗伯斯庇尔看来，现有的基督教，不论是新教还是旧教，都没有把上帝与美德的伟大展示清楚，都是对上帝、对美德的亵渎。所以，他要废黜原有的宗教，重建一个真正完美的宗教，以此供养他的上帝与美德。

1794年5月，国民议会通过了《崇拜至高无上者》法令。至高无上者，是罗伯斯庇尔为上帝起的新名字，这世间只有他有资格这么做，因为他本身就是至高无上者在世间唯一的代表。这项法令的第一条是：法国人民承认至高无上者以及不朽灵魂的存在。

哪个法国人民跟你老罗当面承认过这个？不要紧，不需要他们承认。先师卢梭有言在先，人类社会存在一种公意，乃是社会中一切公民的绝对共同意志。除了我罗伯斯庇尔，谁能代表这种公意？

乾隆五十九年，公元1794年6月8日，巴黎举行隆重的典礼，庆祝雅各宾派指定的第一个"至高无上者节"。困苦的法国人民倾其所有，把这次典礼办得如罗伯斯庇尔想象中那样极致地庄严肃穆，"大祭司"罗伯斯庇尔在典礼中抒发了心中的狂喜："看吧，这是人类最宝贵的时刻，这是宇宙为我们安排的壮丽景象！自然啊，你是多么崇高，多么令人喜悦，多么富有力量啊！看到这样盛大的节日，暴君们将会感到何等恐惧啊！"

回家之后，打满鸡血的老罗写下日记："我觉得自己比以往任何时候都更纯净了。暴君的罪行和暗杀者的武器使我更严厉地对待人民的敌人，我撕下叛徒用来伪装自己的面具的意愿更加强烈了……以那些已经被革命烈士的鲜血染红，并即将刺向我们的匕首起誓，我们一定要消灭所有企图夺走人民幸福和自由的犯罪分子。"

另外说一下，其实罗伯斯庇尔在巴黎没有家，这个只拿工资、从不贪污的统治者没钱买房，一直租房子住。不必为此而称颂他，钱是用来买东西的，如果一个人不需要花钱就能得到一切，那他还要钱干啥呢？这样的人对贪污的兴趣很低，更何况老罗这种"纯净"的人？

一个疯子越是觉得自己"纯净"，越是会肆无忌惮。

一起床，罗伯斯庇尔就跑去国民议会制定了一项新法令：《人民公敌法》。对人民公敌的定义是"那些企图以任何方式妨碍革命的进步事业以及阻碍共和国发展壮大的人——不管他们以怎样的面具伪装自己。给与被认定为人民公敌的人的惩罚只有一种：死刑。

第三天，罗伯斯庇尔对《人民公敌法》做出重要修正：除了一些稍微具体一点的嫌疑可以将人定为人民公敌外，只要一个人"对国家毫无价值"，也可以纳入人民公敌罪被处死。

"至高无上者节"之后的每一天，罗伯斯庇尔每走一小步，都有新的高度，他的巅峰似乎即将到来。6月17日，巴黎的断头台创纪录地一天处死了61人。7月7日，这个纪录被刷新，有67人被断头台断头。7月9日，如果不是断头台再次因为卷刃而无法工作，从那天排队等着上台的犯人数量来看，这个纪录本该被刷新，那天实际处死了60人。

这一年的7月14日是攻占巴士底狱五周年的纪念日。五年前，巴黎是一座愁城；五年后，巴黎是一座鬼城。人们终于开始反思：我们革命为的就是眼下这片人间地狱吗？启蒙思想教化的就是这样吗？《人权宣言》阐释的就是这样吗？

终究不愧是启蒙运动的发祥地，法国在经历暴政还不到一周年的时候就开始了反思。

7月26日，罗伯斯庇尔按照日程去国民议会演说。他的演说照常言语铿锵、激情澎湃、真诚坚定，讲了四个小时。次日，他的忠实战友圣茹斯特在国民议会上刚开始发言便被打断。"打倒暴君！！！"呐喊声响彻整个国民议会大厅。潜水多时的反对派科洛·德布瓦、让·朗贝尔·塔里安、克劳德·富歇等人关闭了议会大厅，断绝了罗伯斯庇尔及其支持者寻求外援的机会。

让·朗贝尔·塔里安发言，历数罗伯斯庇尔的罪状。每当罗伯斯庇尔想插话为自己辩白时，"打倒暴君"的呐喊声就会再次响起，把他摁回座位。曾经跟在罗伯斯庇尔后面喊打喊杀的那些人见此风头，默不作声。

国民议会当天通过决议，逮捕了罗伯斯庇尔，罪名是"反革命嫌疑"，适用的是去年9月颁布的《嫌疑人法》以及上个月刚刚颁布的《人民公敌法》，根据这些法令，罗伯斯庇尔无权为自己辩护，无权取得聘请律师代理辩护，而且，给他的惩罚是：死刑！

老罗，你不是说要带领人们获得自由吗？现在，你自己的自由呢？

反对派关闭巴黎城门之后，将有关罗伯斯庇尔的决定告知雅各宾派控制下的巴黎市政府。市府依然支持罗伯斯庇尔，他们敲响市政大厅的警钟，命令监狱不准接收来自国民议会的任何囚犯，召集武装人员集结，前往解救他们的"至高无上者"。

他们手上有枪，很快就把罗伯斯庇尔救出来了。

7月28日凌晨一点，市政府里的雅各宾派正在加紧起草签发召集各地雅各宾武装前来首都勤王的命令，罗伯斯庇尔心急火燎地等待着每一道命令草稿送到他面前来签字后发出。

"不许动！"一队士兵闯进来了。那是国民议会调来的正规军，战斗力远高过市府的散兵游勇，缴了他们的械之后，正规军的长枪逼到了罗伯斯庇尔的眉心前。

他的手下是一道发往巴斯克省雅各宾派的动员令，他那冗长的签名还没写完，只写到了Robes，还有pierre没来得及写下来。

完了……

嗯，不能让别人来玷污我生命的纯净，到了这个时候，我该自行了断。罗伯斯庇尔强行控制着再次抽搐的手，悄悄掏出随身携带的一把小手枪，顶着自己的喉咙来了一枪。

他的手抽搐得太厉害了，子弹没有如他所愿冲破他的天灵盖，拽着他的灵魂去见上帝，而是偏向一边，打碎了他的下巴，他痛得受不了，却又死不了。

处决他人得心应手，并不代表处决自己时也能干净利落。

"从前有个国王和王后，国王就是法国国王，王后就是法兰西。他们砍掉了国王的脑袋，把王后嫁给了罗伯斯庇尔，这位先生和这位太太生了一个女儿，名叫断头台。"日后的法国文豪雨果如此形容。

乾隆五十九年，公元1794年7月28日，盖世魔君罗伯斯庇尔来到了他"女儿"的怀抱下。罗伯斯庇尔被推翻的这一过程史称"热月政变"。随后，他的首级被送到了玛丽·格劳舒兹那里制作蜡像，以供示众。

罗伯斯庇尔的故事说明，关于自由与民主，西方需要学习的还有很多。

后来，玛丽·格劳舒兹嫁给了一个叫杜莎的男人，从了夫姓，后人称其杜莎夫人。

未来

　　1793年12月，拿破仑·波拿巴因为成功帮助法国军队收复土伦而被罗伯斯庇尔破格授予准将军衔。热月政变中，由于跟罗伯斯庇尔关系密切，他受到调查。一年后，因成功镇压保王党势力的武装叛乱，拿破仑升任巴黎卫戍司令，跻身法国核心政治舞台。那年是乾隆六十年、公元1795年，拿破仑只有二十六岁，还很年轻。

　　在那一年，后来发明轮船的美国人罗伯特·富尔顿三十岁；近代地理学开山鼻祖、德国人亚历山大·洪堡二十六岁；古生物学创始人、法国人乔治·居维叶二十六岁；德意志古典哲学集大成者黑格尔二十五岁；德意志古典音乐集大成者贝多芬二十五岁；物理电学奠基者、法国人安德烈·安培二十岁；近代数学巨匠、德国人约翰·高斯十八岁；现代化学命名体系的建立者、瑞典人永斯·贝采里乌斯十六岁；后来发明火车的英国人乔治·斯蒂芬孙十四岁；物理学家、欧姆定律的发现者德国人乔治·欧姆八岁；西方非理性哲学奠基者、德国人亚瑟·叔本华七岁；数理弹性理论创立者、法国人奥古斯丁·柯西六岁；后来发明了发电机的经典电磁理论第一人、英国人迈克尔·法拉第四岁；非欧几何的创始人、俄国人尼古拉斯·罗巴切夫斯基三岁……

　　那一年，中国未来的道光皇帝爱新觉罗·旻宁十三岁，未来的民族英雄林则徐十岁。

未来属于谁？

为什么？

未来

主要参考书目

（以作者姓名拼音为序）

〔英国〕阿克顿 著，《法国大革命讲稿》，姚中秋 译，商务印书馆，2012年8月

〔法国〕保尔·芒图 著，《十八世纪产业革命》，杨人楩、陈希泰、吴绪 译，商务印书馆，1983年4月

陈乐民 著，《欧洲文明的进程》，生活·读书·新知三联书店，2014年3月

陈庆英、陈立健 著，《活佛转世及其历史定制》，中国藏学出版社，2010年1月

陈振汉、熊正文、萧国亮 编，《清实录经济史资料》，北京大学出版社，2012年6月

戴逸 著，《乾隆帝及其时代》，中国人民大学出版社，2008年3月

〔美国〕道格拉斯·诺斯、罗伯特·托马斯 著，《西方世界的兴起》，厉以平、蔡磊 译，华夏出版社，2009年6月

丁建弘、李霞 著，《普鲁士精神和文化》，上海社会科学院出版社，2012年4月

段立生 著，《泰国通史》，上海社会科学院出版社，2014年12月

方略馆 编修，《钦定大清会典事例》《钦定巴勒布纪略》《钦定廓尔喀纪略》，中国藏学出版社，2006年12月

方英楷 著，《中国历代治理新疆国策研究》，新疆人民出版社，2006年4月

〔法国〕菲利普·尼摩 著，《什么是西方》，阎雪梅 译，广西师范大学出版社，2009年5月

〔法国〕伏尔泰 著，《路易十五时代简史》，吴模信 译，商务印书馆，2016年7月

高王凌 著，《乾隆十三年》，经济科学出版社，2012年6月

〔美国〕戈登·S.伍德 著，《美利坚共和国的缔造：1776-1787》，朱妍兰 译，译林出版社，2016年6月

葛剑雄 著，《中国人口史》，复旦大学出版社，2005年1月

〔德国〕海涅 著，《论德国宗教和哲学的历史》，海安 译，商务印书馆，2016年5月

〔德国〕汉斯-迪特尔·格勒弗特 著，《德国特征——德国人如何走到今天》，常晅 译，南京大学出版社，2013年5月

黑龙 著，《准噶尔蒙古与清朝关系史研究》，上海古籍出版社，2015年3月

洪振快 著，《亚财政：制度性腐败与中国历史弈局》，中信出版社，2014年3月

〔美国〕加里·纳什 著，《美国人民：创建一个国家和一种社会》，刘德斌 等 译，北京大学出版社，2008年1月

蒋良骐 撰，《东华录》，齐鲁书社，2005年1月

〔德国〕康德 著，《纯粹理性批判》，邓晓芒 译，人民出版社，2004年10月

〔德国〕康德 著，《历史理性批判文集》，何兆武 译，商务印书馆，2017年8月

〔美国〕孔飞力 著，《叫魂：1768年中国妖术大恐慌》，陈兼、刘昶 译，生活·读书·新知三联书店，2012年5月

赖惠敏 著，《乾隆皇帝的荷包》，中华书局，2016年1月

李国荣、林伟森 主编，《清代广州十三行纪略》，广东人民出版社，2006年4月

〔英国〕露丝·斯科尔 著，《罗伯斯庇尔与法国大革命》，张雅楠 译，商务印书馆，2015年1月

〔美国〕罗伯特·达恩顿 著，《启蒙运动的生意：百科全书出版史》，叶桐、顾杭 译，生活·读书·新知三联书店，2005年12月

〔法国〕孟德斯鸠 著，《论法的精神》，许明龙 译，商务印书馆，2012年5月

钱乘旦 主编，《英国通史》，江苏人民出版社，2016年10月

萨囊彻辰 著，《蒙古源流》，中国国际广播出版社，2016年3月

〔德国〕塞巴斯蒂安·哈夫纳 著，《不含传说的普鲁士》，周全 译，北京大学出版社，2016年8月

唐文基、罗庆泗 著，《乾隆传》，人民出版社，2015年3月

〔法国〕托克维尔 著，《论美国的民主》，董果良 译，商务印书馆，1989年1月

〔法国〕托克维尔 著，《旧制度与大革命》，冯棠 译，商务印书馆，1992年8月

魏源 著，《圣武记》，中华书局，1984年2月

〔美国〕约瑟夫·J. 埃利斯 著，《华盛顿传》，陈继静 译，中信出版集团，2017年1月

赞拉·阿旺措成 主编，《嘉绒藏族的历史与文化》，四川民族出版社，2008年11月

〔英国〕詹姆斯·库克 著，《库克船长航海日记："努力"号于1768—1771年的航行》，刘秉仁 译，商务印书馆，2013年4月

〔美国〕詹姆斯·麦迪逊 著，《辩论：美国制宪会议实录》，尹宣 译，译林出版社，2014年7月

张羽新 主编，《清朝治理新疆方略汇编》，学苑出版社，2006年7月

赵尔巽 编，《清史稿》，中华书局，1998年6月

昭梿 编撰，《啸亭杂录》，中华书局，1980年12月

郑昌淦 著，《明清农村商品经济》，中国人民大学出版社，1989年4月

郑非 著，《帝国的分裂：美国独立战争的起源》，广西师范大学出版社，2016年4月

中国第一历史档案馆 编，《乾隆朝满文寄信档译编》，岳麓书社，2011年11月

中国第一历史档案馆 藏，《乾隆帝起居注》，广西师范大学出版社，2002年12月

中国第一历史档案馆、中国边疆民族地区历史与地理研究中心 合编，《军机处满文准噶尔使者档译编》，中央民族大学出版社，2009年10月